盆地世界の国家論

――雲南、シプソンパンナーのタイ族史

加藤久美子

本書は、日本学術振興会より平成一一年度科学研究費補助金「研究成果公開費」の交付をうけて刊行された。

はじめに

本書のタイトルにある「盆地世界」とは何のことか、最初に説明しておきたい。

ヒマラヤ山脈から山なみを東南方にたどっていくと、中国西南部を抜けてインドシナ半島北部にいたる。本書でいう「盆地世界」は、地理的には、中国西南部の、ミャンマー（ビルマ）、ラオス、ベトナムとの国境地帯から、インドシナ半島北部にかけての地域に位置している。そこにはサルウィン河、メコン河、紅河などの河が流れており、それらの河に流れ込む支流がところどころに盆地を形成している。

この地域に展開する盆地の多くは、主に、タイ族の生活空間であった。タイ族は、遅くとも一三世紀までには、一つ一つの盆地を基盤として、ムン、ムアンなどと呼ばれる自律的政治単位を形成していた。ムンが複数連合して一つの国のような形を取ることもあった。この、ムン、ムン連合のタイ族政権は、近代的領域国家に飲み込まれる以前には、相互に関わりをもち続け、同じように外部勢力の影響にさらされながら、この地域の歴史を形作ってきた。その意味で、この地域は、前近代においては一つのまとまりをもった「歴史世界」であったといってよい。

本書のタイトル中の「盆地世界」とは、タイ族の国が盆地を基盤として成り立っていた前近代のこの地域を、一つの歴史世界ととらえた時の呼称である。

さて、この「盆地世界」に展開したムン連合としては、ラーンナー、ラーンサーン、シプソンパンナーなどがある。現在の国名を用いていえば、ラーンナーはタイ国北部、ラーンサーンはラオスに存在したムン連合である。また、シプソンパンナーは、その支配領域の大部分が現在の中華人民共和国雲南省に属するが、その南はすぐにミャンマー、ラオスの国境となっている（図A）。

本書は、具体的には、これらのムン連合のうち、雲南のシプソンパンナーの事例を取り上げ、それがいかなる政治統合であったかということを検討する試みである。

私とシプソンパンナーとの関わりは、一四年前に遡る。当時、大学の三年生であった私は、中国語の語学留学のために一一か月にわたって中国に滞在した。その時、私は、一九五〇年代にシプソンパンナーで行われた調査の報告書が何冊も出版されているのを知って、この地に興味をもった。そして、留学中に二度にわたってその地を訪れ、また、雲南民族学院に短期間滞在してシプソンパンナーのタイ語の基礎を学んだのである。私は、卒業論文のテーマとしてシプソンパンナーの歴史を取り上げ、以来ずっとその地の歴史を研究対象としてきた。それは、このタイ族国家の事例研究を行うことによって、より広く、東南アジア前近代国家研究に貢献できる可能性があると考えたからであった。

「盆地世界」に成立したタイ族ムン連合は、基本的には東南アジアの前近代国家の一形態である。その構造の解明は、東南アジア前近代国家論の重要な部分を占めることになる。「盆地世界」のムン連合の中でも、シプソンパンナーは最北端、すなわち最も中国よりに位置するものの一つであった。その地の支配者は、遅くとも一四世紀終わり以

図 A　主なムン連合の分布

降は、中国王朝に朝貢していた。そして、中国に認められた支配者として官職名を与えられてきた。やがて、一八世紀以降、徐々に、中国の直接的な政治的・経済的影響力が強くなっていき、最終的には、シプソンパンナーは中華人民共和国の領域内に組み込まれるのである。

「盆地世界」の中でより南に位置する他のムン連合と比べれば、シプソンパンナーは中国との関わりが深かったといえる。そして、その関わりの深さゆえに、シプソンパンナーについては、中国側によって書かれた史料が多く残っている。それは、タイ族自らが残した史料とはまったく別の角度からの情報を残してくれている。例えば、比較的新しい時代についていえば、その地が中華人民共和国に組み入れられた後の一九五〇年代になされた調査の報告書は、前近代的国家の解体直前の姿とはいえ、このムン連合の構造を社会経済的側面から描き出すのに適した、かなり詳細な情報を提供してくれる。この種の情報は、他のムン連合に関しては、断片的に少量しか残されていないものである。

つまり、シプソンパンナーの事例を研究すれば、タイ族側の史料に加えて中国側史料も使えるという利点を生かして、一つのムン連合の構造の全体像を描き出せる可能性が大きいことになる。それは、直接に、前近代国家像の一事例を提供するという形で、東南アジア前近代国家論に貢献できる。また、それを叩き台として他のムン連合の分析を行うならば、たとえ他のムン連合に関する史料が断片的であっても、研究が進めやすいのではなかろうか。そのように研究を進めていくことにより、「盆地世界」の前近代国家という、より大きなレベルから、東南アジア前近代国家論に問題を提起することができるだろうと私は考えるのである。

とはいえ、本書はそのための最初の一歩となる研究にすぎず、形としてはシプソンパンナー研究のモノグラフとなっている。本書がこのムン連合の構造をどこまで描き出せているか、それが東南アジア前近代国家論に対する「盆地世界」からの問いかけにつながるものとなっているかどうかは、本書を御覧になった読者の評価を待たねばならない。まずは、本文にお目通しいただき、ご批判・ご教示をいただければ幸いである。

盆地世界の国家論
——雲南、シプソンパンナーのタイ族史

目　次

盆地世界の国家論

序章　東南アジア史研究におけるシプソンパンナーの位置

序-1
雲南省西双版納傣族自治州と州都景洪（ツェンフン）

一　西双版納傣族自治州の地理的・気候的特徴

シプソンパンナーというかつてのムン[1]連合の勢力範囲のほとんどは、現在、中華人民共和国の領域内にあり、西双版納傣族自治州となっている。自治州は、北緯二一・八二度から二二・三六度、東経九九・五六度から一〇一・五〇度の範囲に位置し、その総面積は一万九二二三平方キロメートルである。そのうち約九五パーセントが山地であり、残りの約五パーセントが盆地である。面積一平方キロメートル以上の盆地は四九個存在し、その合計面積は九七八・四三平方キロメートルである［劉隆（他、編）1990：4, 6–8］。

シプソンパンナーのほぼ中央を、メコン河（中国では瀾滄江と呼ばれる）が北北西から南南東へと流れている（図B参照）。そこへ東西両方向から支流が流れ込んでいる。つまり、全体的な地勢としては、北の方が南より高く、東西が中央のメコン筋より高くなっているのである。メコンの東と西とでは、西側の方が総じて高度が高く、西側の山地のほとんどが海抜一六〇〇メートルから二二〇〇メートルの間なのに対して、東側はほとんどが一二〇〇メートルから一五〇〇メートルの間となっている［劉（他、編）1990：8–9］。

この地では、五月から一〇月ごろまでが雨季であり、一一月から四月ごろまでが乾季である［劉（他、編）1990：14；西北師範学院地理系、地図出版社 1984：157］。

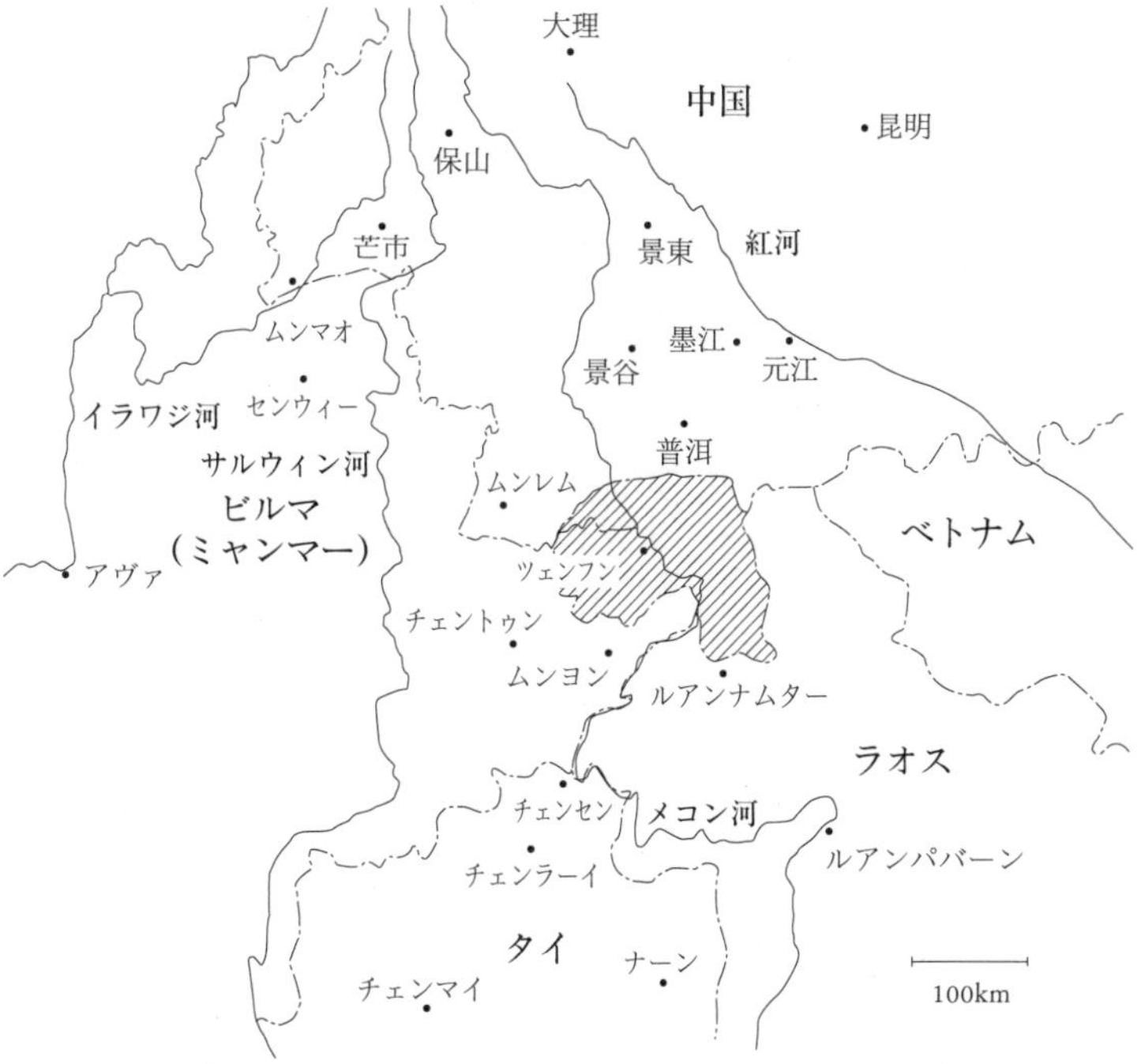

斜線部は，現在の西双版納傣族自治州

図Ｂ　シプソンパンナー周辺図

四月には、インドシナ半島に南東気流と南西気流のぶつかる前線ができ、それに北部湾の湿った気流が合わさる。このため、シプソンパンナーの東部、現在の自治州の行政区画でいうと勐臘（ムンラー）県では雨が降る。五月に入ると南西季節風が吹きはじめ、ベンガル湾を通った湿った空気が流れ込むため、シプソンパンナー全域が雨季に入る［劉（他、編）1990：17］。七、八月には南西季節風が強く、最も降水が多くなる。九、一〇月には季節風は弱くなり、雨量も減少する。年によっては、雨季の最中でも高気圧の影響で雨量が少ないこともあるという［劉（他、編）1990：14］。一〇月末から一一月にかけては雨季と乾季の過渡期で、乾季の原因となる「南支西風」が流れ込みだすものの、一、二回はベンガル湾からの風が強くなることがあり、その際には雨が降る。

シプソンパンナーの年降水量は地形、高度によって違い、一一三八・六ミリメートルから二四三一・一ミリメートルの間である。

気温は地形、高度によってかなり差があり、年平均気温が一五度のところもあるが、自治州の多くの地域では年平均気温が一八度から二二度の間である［劉（他、編）1990：17, 20］。一般に、気温の日格差は激しい。一年の変化を見ると、最高気温は乾季の終わりの四月末か五月に現れ、月全体で見た場合に最も気温が高くなるのが五月、六月である［劉（他、編）1990：17］。最低気温は一月に現れる。二月から四月までは気温の日格差が特に大きく、盆地や谷間では、ところによっては、午後は摂氏三〇度前後、早朝は一〇度前後と大きな気温差がある［劉（他、編）1990：18］。

この地の気温は、中国の他の同緯度地域より高めである。一月の気温は他地域より二・五度から五度も高い。また、年平均気温で見ても、他の同緯度地域より一度から三度高いという。これは、北西に海抜四〇〇〇メートル以上のチベット高原があるため、西から来る気流が山を越して降りてくる際にフェーン現象で温度が上昇するからである［劉（他、編）1990：14］。

二　一九八〇年代までの西双版納傣族自治州

タイ族のムン連合、シプソンパンナーは、一九五〇年以降、中華人民共和国の一部として編成されていった。一九五三年には、それは、一行政単位として「西双版納傣族自治区」と位置づけられ、一九五五年に「西双版納傣族自治州」と改名される（図B参照）。これを外側の枠組みの変化とすれば、内部の政治社会制度が前近代国家の制度から中華人民共和国の一地域としての制度へと改編されたのは一九五六年のことであった［《西双版納自治州概況》編写組 1986：35–37］。

その後、「西双版納傣族自治州」も、中華人民共和国の一部として、大躍進や文化大革命の影響を受けた。文化大革命が終わり、一般外国人の中国入国ができるようなっても、「西双版納傣族自治州」は未開放地区に指定され、外国人が入ることは容易ではなかった。

前もって許可を取ることが必要ながら、「西双版納傣族自治州」が外国人を受け入れるようになったのは一九八〇年代になってからのことである。(2) 私が初めてその地を訪れたのは一九八五年末であった。そのころすでに、自治州内の三県のうち、勐臘（ムンラー）県を除く二県が外国人に開放されていた。そこで、公安局へ行って「西双版納傣族自治州景洪（ツェンフン）県、勐海（ムンハーイ）県」の名を書き込んだ許可証をもらい、直接その地に行ってみることにしたのである。

旅行許可は取れても、そのころはシプソンパンナーに入るまでにかなりの時間がかかった。雲南省の省都である昆明がシプソンパンナーに入るための基点となるのだが、昆明から飛行機で思茅（スーマオ）(3) というところまで行き、次の日に車で半日かけて自治州の州都景洪（ツェンフン）(4) に至るというのが、最も早くその地に着く方法であった。(5) ところが、昆明–思茅便は当時は毎日飛んでいたわけではなく、飛行機もプロペラ機の比較的小さなものだったせいか、(6) 乗りたい人の数の方が座席数より多かった。したがって、航空券を買いに行ってすぐに席がとれることはまずなかった。個人で行く場合は、前もっての予約がしにくいシステムにもなっていた。ということで、飛行機を使いたいのなら、空席があって予約が取れる日かキャンセル待ちで運良く乗れる日まで、昆明で少なくとも数日、長ければ一週間以上も待たなくてはならなかったのである。この他、長距離バスで、途中で二泊しながら行く方法もあり、普通はその方が早くシプソンパンナーに着くことができた。

以下、筆者がシプソンパンナーを訪れるようになって間もない一九八〇年代後半の、州都景洪（ツェンフン）の様子について、記憶をたどりながら記述してみよう。

三　一九八〇年代後半の景洪と周辺タイ族村落

西双版納傣族自治州の州都、景洪（ツェンフン）は、ツェンフン盆地東部のメコン河沿いに立地している。先にも述べたように、中国内地方面から景洪に至るには、少なくとも思茅から先は陸路を使うしかなかった。ツェンフン盆地とシプソンパンナーの別の盆地との間も、山越えの道を自動車で行き来していた。景洪から他の盆地への長距離バスはあちこちに向けて出ており、ツェンフン盆地内の少し離れたところに行く方がかえって不便であった。当時は、タクシーも、景洪郊外まで伸びる路線バスもなかった。自分で自転車をこいで行くか、長距離バスに乗って途中下車するか、誰かのトラクターに乗せてもらうかというのが、普通の移動方法だった。公的にどこかの機関とコンタクトを取っている場合は、その機関所有の公用車を使わせてもらえることもあった。それが、ツェンフン盆地内に行くにしても、他の盆地に行くにしても、最も快適で速い移動手段であった。

景洪の街自体も、現在の市街地の規模と比べるとずいぶんこじんまりしており、今の街の南側、西側の部分はまだ開けていなかった。街を走っている車の数も少なかった。外国人が泊まれる場所のほとんどは公的機関の招待所で、いわゆる普通のホテルではなかった。

街の東沿い、メコン河にそって南へのびる道を行くと、バーンツェンラーン（曼景藍）というタイ族の村に至る。当時は、ひとたび村の区域に入れば、木造の高床式の家が集まる、タイ族の人々の静かな生活空間が広がっていた（写真1）。

一軒一軒の敷地の周りは竹垣で囲んであり、竹垣にそってサボテンなどの木が植えられている場合もあった。門は、数か所同じ高さに穴を開けた太い竹筒を両端に立てて、そこに竹の棒を穴の数だけ横に渡し、抜き差しして開け閉めするものであった。家畜や犬が入ってこないようにするためには、それで十分である（写真2）。

この地のタイ族の家屋はほとんどが木製で、一部に竹、煉瓦、コンクリートが使われており、屋根は瓦葺きであった。柱も床もほとんどの部分は木材を使ってあったが、寝室とバルコニー状の部分はそうではなかった。寝室は、柱は木だが、床には竹に縦に何本も割れ目を入れて開いたものが使われていた。暑い時期に寝苦しくないようにするための工夫だろうか。バルコニーは、郊外の村では柱も床も竹製であったが、バーンツェンラーンでは柱が煉瓦、床がコンクリートで作られていた。どちらも、バルコニーが水場となるため、水を流してもよいような作りになっているのであろう。当時、すでに、家屋の柱すべてに煉瓦を使っている家も少数見られた。

高床の床下の高さは、人が歩ける高さ、二メートルかそれより少し高いくらいであった。床下は、種々の用具やトラクターをおいたり、豚を飼ったりするのに使われていた（写真3）。

居住空間は床上である。タイ族は家の中で靴を履かないのが普通であった。郊外の村では階段の下で靴を脱ぐ家も多かったが、バーンツェンラーンでは階段を上がったところで靴を脱ぐようになっていた。階段を上がると、屋根の下ではあるが壁で囲まれていないテラスのような広い空間がある。テラスの端の、外側に接した側には、長椅子状に板が取り付けてある場所があり、座ってくつろげるようになっている。内側の方は木の壁で、そこに扉がつ

写真 1　ムンハーイにて

写真 2　ムンツェンフンのバーンサーイにて

いていて屋内に入ることができる。入るとそこは居間である。

屋根付きテラスからつながって、屋根のないコンクリートのバルコニーがある。野菜を洗ったり食器を洗ったりといった水を使う台所仕事はそこで行われる。バルコニー側からも屋内に入れるようになっていて、入ると台所のスペースである。調理場では、丸太を横に切った円形のまないたと小型のなたのような包丁を使う。調理は囲炉裏を使う場合が多かったが、この村では竃を作る家もちらほら現れていた。

屋内への入り口は、屋根付きテラス側からと屋根無しバルコニー側からと、一つずつあるが、実は台所と居間は屋内でつながっていて、一つの広いスペースを形成している。スペースは広いが家具は少ない。食器や調理機具のほとんどは、台所側の壁に取り付けられた棚におかれていたが、別に小さな食器棚がおいてあることもあった。居間側におく家具としては、棚や引出しのついたユニット家具を作るのが当時はやりはじめていた。そこにはテレビをおくスペースもあるのだが、テレビ自体は、ない家の方が多かった[7]。洗濯機も掃除機もなかったが、足踏みミシンを持っている家はあった。

居間の奥には竹を割ったものを編んだカーペットが敷いてあり、そこでは床に座ったり横になったりもできた。泊まり客がある場合は、そこに布団を敷いて蚊帳を吊る。暑い時期の午後など、そこで昼寝することもできる。タイ族の家は天井をつけないので、寝転んで見上げると梁の木や屋根の形がそのまま見えて、広々として快適であった[8]。

寝室は居間の奥にある。居間と寝室は板壁で仕切られていて、そこに二つほど入り口が開けてあり、カーテンをかけて中が見えないようになっていた。中は、二世帯以上が住む場合など、仕切る必要があれば板で間仕切りをするそうである。この村ではベッドを使っている家も多かったが、床に直接布団を敷いてもよい。寝室は普通、家族

写真3　ムンウェンにて

写真4　ムンツェンフンのバーンツェンラーンにて

以外のものは入らない。私も昼間に着替えをする時ぐらいしか入らせてもらったことはない。

さて、このような高床の家屋がひとところに集まって集落を形成しているのだが、集落に隣接して、村人たちが薪を取るための林（写真4）、畑地、養魚池があった。畑では野菜やバナナを栽培していた。バナナは、果実を食べたり食べ物を包むのにその葉を使ったりする他、茎を削って煮ると豚の飼料となる。今は潰されて市街地になってしまったが、バーンツェンラーン所属の水田もあった。郊外の村では水牛を使って耕起を行っていたが、バーンツェンラーンはそのころにはすでにトラクターを使うようになっており、水牛の姿はもう見かけなかった。水田は少なくとも自給用には十分なようであり、各戸が籾米を蓄えて、必要に応じて脱穀しては食べていた。

バーンツェンラーンの隣の村、バーンティンへと続く道も、その脇にはタイ族の民家しかなく、店といえば一軒だけ、タイ語でハオ・ソーイ、中国語でミーカンと呼ばれる、米の粉で作った麺を食べさせる店を、道に面する敷地内で開いている家があった。

ここまで紹介したのは、西双版納傣族自治州の州都、景洪（ツェンフン）とその近郊の、一九八〇年代後半の状況である。本書で議論の対象とするのは、タイ族の政権によって支配されてい一九五〇年代以前のシプソンパンナーであり、三〇年もの時間差がある。にもかかわらず、あえて紹介したのは、一九九〇年以降に急激に変化した景洪に比べれば、八〇年代後半の姿は幾分はタイ族の政権下の面影を留めているかもしれず、読者の方々がかつてのシプソンパンナーをイメージする時に参考にしていただけるだろうと考えたからである。

序-2

研究対象としてのシプソンパンナー

さて、本論に入るのに先だって、まず先行研究と史料について概観し、その後、問題設定、考察対象時期について述べておきたい。先行研究は、最も研究者の数が多い中国におけるものの全体的傾向についてのみ紹介し、個別の問題を扱った個々の論考は、本文中で論を展開する際に、関連のものをその都度、整理、検討、批判することにする。(9)

一　中国における先行研究と史料

タイ族政権下のシプソンパンナーを対象とした研究は、中国においても中国以外においても、水利灌漑、土地制度、政治社会組織といった面から、シプソンパンナーやそれを構成するムンの政治権力の性格を明らかにしようとした研究が圧倒的多数を占める。

その中で、中国人研究者による研究は、一九五〇年代後半になされたものと一九八〇年代以降になされたものとに、大きく二分される。

シプソンパンナーが一九五〇年に中華人民共和国の一部とされたその直後に、土地改革に備えて社会の実情を把握するための実地調査が行われた。[10] 一九五〇年代後半の研究［馬曜 1955（歴二）；繆鸞和（編）1958；雲南調査組（編）1958；雲瀾 1959］は、実地調査に引き続いて発表されたものであり、調査で得られた具体的情報の中から、あるテーマに関わるものを一括して提示しなおす部分がかなりの比重を占める。そこに注目すれば、それらは、論考というより二次的な報告書と位置づけられよう。もちろんシプソンパンナーの社会や政治権力をどうとらえるかという解釈も付されてはいるが、どの論文におけるものも、その時点での中国の公式的歴史認識に基づくものであり、それぞれの論者の見解の独自性は示されていない。また、ムン間の差にあまり注目せず、ツェンフンで見出された事象を説得的検証なしにどのムンにも当てはまる普遍的なものとして扱う傾向がある。

一方、一九八〇年代のもの［宋恩常 1980, 1981, 1982, 1986；曹成章 1980, 1982, 1985, 1986, 1988；張公瑾 1981；張元慶 1981, 1982］は、文化大革命終了後に研究者が論文を発表できるようになった時期以後のものである。個々の研究者が個別の問題を設定している点では、一九五〇年代後半のものとは違った、新しい傾向を示している。だが、それらの研究も、公式的歴史認識の枠内での解釈しかなされておらず、他国の研究動向をほとんど参照してこなかった点では、一九五〇年代後半の研究と共通している。また、個々のムンで見出された事象を、どのムンにも当てはまる普遍的なものとして扱いがちであることも変わらない。

さて、史料としては、土地制度や灌漑システム、ムンレベルや村落レベルの政治、行政組織などの具体的・個別的記述がなされているものとして、先に述べた、一九五〇年代の調査の報告書がある。それが、《中国少数民族社会歴史調査資料叢刊》として公刊された一九八〇年代以後、中国人以外の研究者もその情報を利用することが可能になった。[11]

これらの報告書は、先に述べた先行研究と同様、シプソンパンナーのタイ族社会に対する「公式的見解」に沿うようにまとめられている。言いかえれば、報告書中に、個々の情報から帰納的に導かれた解釈の代わりに、この公式的見解をそのまま示した部分が散見されるのである。

以下、その内容を簡単に紹介しておきたい。

シプソンパンナーのタイ族社会は「封建社会」の初期の段階にある、すなわち「封建領主経済」の特徴を持った社会である。そこでは、シプソンパンナーの最高統治者ツァオペンディン、各ムンの首長(ツァオムン)たち、および、それら統治者層から封じられた村のリーダーたちは、「封建領主」と位置づけられる。それに対して、その他のいわゆる被統治者たちは「農奴」とされる。そして、実際には、「封建領主」も「農奴」もそれぞれ、さらにいくつかの「等級」に区分される。地租の形態としては労役地租が主であるが、一部は実物地租に変わっている。このような「封建領主経済」は、「農村共同体」の基礎の上に打ちたてられたものである。

シプソンパンナーの社会が、彼らのいう「封建領主経済」の特徴を持った社会であったかどうか、また、その社会を構成する人間を「封建領主」と「農奴」に分けてとらえるのが適切であるかどうかを問うことは、本研究の直接の問題関心に沿うものではない。よって、ここではその問題には立ち入らないことにする。

二　政治統合シプソンパンナーの構造——本書の問題関心と位置づけ

本書の問題関心は、「はじめに」でも述べたように、シプソンパンナーがいかなる性格、構造的特質をもった政治統合であったかという点にあるが、それは先行研究で扱われた前述の諸問題、すなわち水利灌漑、土地制度、政治社会組織の問題とも密接に関連している。先行研究を批判して新たな見解を提出すること、あるいは、先行研究を発展的に継承することにより学問的貢献をするという歴史学の一般的手続きを取るならば、まずは、先行研究で扱われたそれらの問題を直接の検討課題として、ムン連合シプソンパンナーに迫っていくことができるであろう。
その際、実証的作業を進めるための主な情報源とできるのは、現在のところ、前述の、一九八〇年代に出版された、一九五〇年代の調査報告書（以下『調査報告』と呼ぶ）をおいて他にはない。ただ、『調査報告』を用いるには、中国のいわゆる公式的見解を示す部分を注意深く見抜いて排除し、そのうえで個々の具体的情報を取り出して自ら再構成するという姿勢が必要である。(12)

また、『調査報告』を主要史料として用いるということは、直接的に考察対象とする時期が、二〇世紀半ば、すなわち、シプソンパンナーにおいてムン連合やムンの政治組織が解体されて中国という領域国家の一部分として取り込まれる直前の時期ということになる。それより前の時代については、シプソンパンナーの政治統合としての性格、構造的特質を帰納的に導きだせるだけの史料は残されていない。

本書で分析するのは、二〇世紀半ばという特定の時代に現れたシプソンパンナーの性格、構造的特質にすぎない。だが、それより少し時間を遡った時代について考える時、二〇世紀半ばのシプソンパンナーのあり方を叩き台として利用すれば、断片的な史料しか残ってない場合でも考察がしやすいだろう。史料に現れる内容を二〇世紀半ばのモデルに当てはめてみて、整合的に説明できない部分に変更を加えた新たなモデルを考えることができるからである。そのような作業を、順次、時代を遡って繰り返していけば、時代の変遷にともなうシプソンパンナーの性格、構造の変化の大枠が、徐々に見えてくるのではないだろうか。シプソンパンナーの構造の通時的変化に一定の方向性が見いだせるのかどうかということや、長期にわたって共通する、より大きなレベルでの構造と言えるものがあるのかどうかということを明らかにしたいと私は考えている。本書は、その出発点となる研究と位置づけることができよう。

さらに言えば、「はじめに」でも述べたように、より古い時代のシプソンパンナーと同様、分析の対象とできる関連史料が少ない他のムン連合についても、その政治統合としての構造を分析するための叩き台として、本書で描きだすシプソンパンナーのモデルを使うことができるのではないか。そして、シプソンパンナーの事例とその他のムン連合の事例の研究結果を相互に参照しあっていくことによって、ムン連合の普遍的特質と個々のムン連合の独自の特徴とが徐々に明らかになっていくだろう。それは、最終的には、「盆地世界」の前近代国家論というレベルで東南アジア前近代国家論に貢献するところまでつながっていくことが期待できる。本書は、その一角を形づくる研究と位置づけられるのである。

三　シプソンパンナーをどう分析するか――具体的検討課題

さて、水利灌漑、土地制度、政治社会組織について検討するといっても、考察を進めるにあたっては、いま少し具体的に検討課題を設定しなければならない。以下、個別の具体的課題を提示し、合わせて、本文中で論を進める順序について示すことにする。

(1)　ムン連合としてのシプソンパンナー史

第一部では、シプソンパンナー全体を分析対象とするが、その構成要素であるムンという単位に留意して考察を行いたい。

まず第一章では、シプソンパンナーがムン連合としての体裁を整えていく過程およびその後の変化の過程を、主にムンツェンフンとその周辺の政治権力との関係に注目して概観したい。

(2) 政治権力の、農業への関わりと被支配者の把握

第一部第二章で扱うのは、シプソンパンナーの各ムンの政治権力が、どのようにムン内の人々に働きかけ彼らを支配していたかという問題である。本書においては、シプソンパンナー内の主要なムンの農業的・人口的基盤について考察することを取りかかりとして、ムン統治のあり方を考察していきたい。

まず、シプソンパンナーの比較的規模の大きいムンについて、その水田面積、村落数、種々のカテゴリーごとの水田面積、村落数などに関する比較を行いたい。そのうえで、各ムンにおける税徴収のシステムを相互に比較したい。そこまでの作業を通して、シプソンパンナーの各ムンでは、ムン権力がどのように農業と農民たちを把握しようとしていたか、そして、ムン権力の経済的基盤がどのようなものであったかということを明らかにできるだろう。

そこで、特に注目されねばならないのが、シプソンパンナーの中心的ムンと位置づけられていたムンツェンフンである。各ムンは基本的には一つの独立した「小国」であったが、一方で、ムンツェンフンの首長であるツァオペンディンはシプソンパンナー全体の支配者と位置づけられており、ツェンフンにはシプソンパンナー全体の事柄を扱う審議機関があった。「中心ムン」[13]であったムンツェンフンは、他のムンと比べて何か特殊性をもっていたのだろうか。この点についても分析を行いたい。

(3) ムンツェンフンにおけるムン統治

第二部では、「中心ムン」であるムンツェンフンにおいて、ムン権力の農業への関わり方や被支配民の把握のしかた、さらに支配される側の人々がムン支配をどのように受け入れていたかを検討する。

第三章では、第一部第二章でも概観した、ムンツェンフン内の農業把握、農民把握と徴税方法について、さらに詳しく見ていく。ムンツェンフンは、シプソンパンナーの中心ムンであり、その内部支配と財源の把握はシプソンパンナー全体のあり方にも関わる重要なものだと考えられるからである。

ムン権力の農業把握を考える際に、耕地の把握ということ以外にもう一つ重要なものとして、水利灌漑へのムン権力の関わり方の問題がある。第四章では、ムンツェンフンの農民支配の全体的構造の中で、ムン権力の水利組織への関与のしかたについて考えてみたい。

第五章では、村落側の視点からムン支配をとらえなおす作業を行いたい。村落内でムン支配がどう認識されていたか、あるいは村落間の関係にムン支配がどう関わっていたかなどの視点から、支配される側がムン権力による支配をどう受け止めていたかということを考察したい。

第六章では、ムンツェンフン内で、周辺村落より優位に立っている一村落の事例を考察し、村落にとってムン支配とは何であったのかということを、さらに突きつめて考えたい。

註

(1) 南西タイ諸語中の各語によって音、声調の差があるが、本書ではそれらを総括するものとして、ムンという表記を用いる。ムンは、都市的集落そのものを指すと同時に、その都市的集落を中心として形成された、数個から一〇〇個ほどにも至る村落を内包する小国の枠組みを指す言葉でもある。

なお、現在のタイ国語では、この言葉は「国」という意味で使われると同時に、県庁所在地の町を表す言葉として使われる。

（2）少なくとも一九八二年末の段階では、「西双版納傣族自治州」は全域が外国人に対しての未開放地域だったことが確認できる［佐々木 1984：281–282］。

（3）思茅もかつてはムンラー（勐臘とは声調が違う）と呼ばれるタイ族のムンであり、少なくとも一八世紀まではシプソンパンナーの勢力範囲内にあったと思われる。

（4）かつての王都のツェンフンとは、別の場所にできた新しい町である。王都は現在の町の東南方の丘の中腹にあった。

（5）この時の状況も、それより三年前の一九八二年末の状況と変わらないようである［佐々木 1984：21, 131］。

（6）一九八五年一一月一六日から一九八六年三月一五日まで有効の時刻表によると、昆明―思茅便は、月曜日と木曜日が二便、火曜日、金曜日、土曜日が一便飛んでおり、水曜日と日曜日は便がなかった。機体は、Antonov 24が使われていた［中国民航宣伝広告公司（編）1985］。

（7）一九八二年末の段階では、まだ昆明からのテレビ電波が届かず、テレビ受像機も販売されていなかったという［佐々木 1984：283］。

（8）西双版納のタイ族民家の一般的構造については、『雲南民居』参照［雲南省設計院《雲南民居》編写組 1986：214–241］。

（9）日本におけるシプソンパンナー研究については、本書の議論と直接には関わらないものも含めて、巻末で簡潔に紹介することにする。

（10）一九五六年の「民主革命」はその結果に基づいたものであった。

（11）《中国少数民族社会歴史調査資料叢刊》のシプソンパンナーに関するものを、本書内で用いる略称（［　］内）とともに、以下、列挙する。

《民族問題五種叢書》雲南省編輯委員会（編）

1983a『西双版納傣族社会総合調査㈠』昆明：雲南民族出版社［総一］

1983b-f『傣族社会歴史調査（西双版納之一～五）』昆明：雲南民族出版社［歴一、歴二、歴三、歴四、歴五］

1984a『西双版納傣族社会総合調査㈡』昆明：雲南民族出版社［総二］

1984b『傣族社会歴史調査（西双版納之六）』昆明：雲南民族出版社［歴六］

雲南省編集組（編）

1985a, b『傣族社会歴史調査（西双版納之七～八）』雲南民族出版社［歴七、歴八］

1987『傣族社会歴史調査（西双版納之十）』雲南民族出版社［歴十］

1988『傣族社会歴史調査（西双納納之九）』雲南民族出版社［歴九］

なお、これらの内容の大部分は一九五六年より前の調査資料あるいはタイ語文献の訳であるが、一九五六年以後行われた調査の記録も合わせて記載されている。

(12) その他の関連史料としては、年代記や水路・田地の状況を示す記述などを含む、タイ・ルー語（シプソンパンナーのタイ語）の各種写本が存在する。その中には漢語訳されて出版されたものもある。この他、筆者自身が一九八六年から一九八九年にかけて断続的に現地で聞き取りをした、一九五〇年代についての情報も、補足的に用いることができる。

『調査報告』内の史料も含め、個々の史料の性格とその利点、限界性については、本文中でその史料を用いて分析を行う際に、具体的に検討することにする。

(13) ムンツェンフンの首長が、シプソンパンナー全体を支配する立場にあったという意味で、本書ではムンツェンフンのことをシプソンパンナーの中心ムンと呼ぶ。

第Ⅰ部　タイ族盆地政権連合、シプソンパンナーの成立と展開

第1章　シプソンパンナーの成立と展開

1-1 タイ族盆地政権連合の一つとしてのシプソンパンナー

「はじめに」でも触れたように、本書でいう「盆地世界」、すなわち大陸東南アジア北部一帯[1]には、一つ一つの盆地を基盤としたタイ族の自律的政治単位ムンが存在し、ムンが複数連合したムン連合国家ともいうべきものも形成されていた。その地は、今でこそ、中国、ミャンマー（ビルマ）[2]、ラオス、タイと国境で分かれてしまっているが、実際は、戦争において敵対したり同盟関係を結んだり、あるいは、各ムンの首長（ツァオムンと呼ばれる）[3]の家どうしで婚姻関係を結んだりすることによって、ムン連合間の直接的交渉が頻繁にかわされていた。また、どのムン連合も、ビルマや中国、シャムといった外部の勢力の動静から、強弱の差はあるものの、同じように影響を受けてきた。つまり、これらのムン連合は、同一の歴史的環境を経験したという意味で、一つのまとまりとして歴史研究の考察対象とすることができる[4]。

第一部ではシプソンパンナーというムン連合が成立し、変化していくさまを追うが、その際、それが「盆地世界」のムン連合の一つであるという視点で、周辺の他のムン勢力、ムン連合勢力との関係にも注意しながら見ていきたい。

さて、シプソンパンナーを構成したムンの数は、多い時で三〇弱であった。序章でも述べたように、その中心となっていたのはムンツェンフンというムン[5]であり、そこにはそのムンを直轄地としながらシプソンパンナー全域の支配者とされる王がいて、ツァオペンディンと呼ばれていた。

　ムンツェンフンの年代記によれば、このムンは一一世紀から存在していたという。しかし、ムンツェンフンを中心とするムンの連合体が、その時代にすでに確立していたわけではない。本章では、シプソンパンナーが諸ムンの連合体としての体裁を整えていく過程およびその後の変化の過程を、主にムンツェンフンとその周辺の政治権力との関係に注目して概観する。周辺の政治権力というのは、具体的には、ムンツェンフン以外の周辺諸ムンおよびビルマ、中国である。その際、主要史料として用いるのはツェンフンの年代記であるが、必要に応じて先行研究内の記述も参照する。(6)

1-2 小規模ムン連合の形成——一三世紀前半までの動き

一　ムン連合の萌芽の可能性

　タイ族による前近代的国家というものを考え、その統合状態を見ようとした場合、大陸東南アジア北部一帯全般において、その問題を論じるのに参考になる一二世紀までの史料は非常に限られている。その数少ない史料も雲南(7)の「蛮族」の様子を中国側の視点から書いたものがほとんどである。また、シプソンパンナー(8)地域と限定してしまえば、まったく関連の史料がないことになる。

一般に、タイ族が国家的統合を形作るのは一三世紀と言われる。これは、複数のムン勢力の連合体が作られたということと同義である。では、それ以前に複数のムンが連合して国家のような形を取ることがなかったのかというと、一二世紀ごろからそれらしいものがあった可能性がある。

そのうちの一つは、現在の北部タイ、メコン河支流のコック川流域を中心とした、ヨーノックなどと呼ばれるムン連合である。その中心は、現在の北タイとラオス、ミャンマーの三国国境が接するあたり、グンヤーン（チェンセン）にあったという。[9]グンヤーン王家は、ラーンサーン、ムンケオ、ツェンフンの王家と姻戚関係を結んだとされている。[10]ラーンサーンは、現在のラオス北部のルアンパバーン（ルアンプラバーン）盆地に拠点を持つ勢力、ムンケオは現在のベトナム領内の勢力、そしてツェンフンは前述したようにシプソンパンナーの中心ムンである（図A、B参照）。

この、四つのムン勢力間の姻戚関係は、ツェンフンの年代記[11]にも現れる。その記述によると、ムンルー（ムンツェンフン）[12]に最初の王パヤーツンが立ったのが一一八〇年で、その後戦争に勝利してラーンナー、ムンケオ、ムンラーオをおさえ、それぞれの地に息子を送って王としたとなっている。

ムンケオはグンヤーン側の史料に出てきたのと同一の勢力をさすと考えてよい。ラーンナーは北部タイの勢力であり、グンヤーン勢力あるいはそれに連なる後の北タイ勢力をさすのだろう。ムンラーオはラーオの勢力、すなわちルアンパバーン盆地に拠点をもつ勢力であり、グンヤーン側の史料でラーンサーンと呼ばれているものである。このように、呼称は異なるものの、ツェンフン年代記とグンヤーンの年代記の両者に、同じ四勢力の存在が示されているのは注目に値する。

ただし、この記述中に、本当の意味で一三世紀より前の歴史的状況がどれほど記載されているかは確認できない。

一三世紀以後の四勢力の盛んである状況を、一三世紀より前のこととして過去に遡ってうつし出した可能性もある。また、たとえこの内容が実際に一三世紀以前に記されていたのだとしても、後代筆写を重ねていくにしたがって、その時代の読者に理解できるように呼称などを書き換えた可能性はある。例えば、グンヤーン年代記中のラーンサーンという呼称は、おそらく、ルアンパバーン盆地勢力がムン連合を形成した後の呼称であって、早くとも一四世紀にならないと現れない呼称と考えた方が自然である。同様に、ツェンフン年代記中のラーンナーという呼称も、北タイのチェンマイ盆地勢力が中心となってムン連合を形成した後の呼称であって、それが使われるようになったのは早くとも一三世紀終わり以降と考えるのが普通である。ツェンフンという呼称も、ツェンフン年代記には、一五世紀後半にムンロン、ムンフンとラーンナーの「ティローカラート」王の合同の軍勢に攻められた（後述する）ことにより遷都した、新都の名として初めて現れる。それをグンヤーン年代記は一三世紀より前の出来事を記述する際に取り入れているのである。

ともあれ、一三世紀より前に、ムンの中でいくつか特に力の強いものが出てきていた可能性、そして中には、周りのより力の弱いムンとともにムン連合を形成したものがある可能性は十分にある。

また、ツェンフン年代記では、ツェンフンと他の三つの勢力とは姻戚関係を結んだのではなく、ツェンフンが戦争に勝利してそれぞれの地に息子を送って王としたとある。一三世紀以前の段階では、ツェンフンが父王の住む故地、他の三ムンが王子たちの治める支配地であったと、この記事が書かれた時点では、ツェンフン側が位置づけていることになる。親子関係になぞらえてムン間の優劣を示すという方法を用いてツェンフンが自らの優位を主張したのだと考えることができよう。

二　シプソンパンナーのコアエリアの形成——一三世紀前半

以下、主にツェンフン年代記の記述にそって、シプソンパンナーの事例について考えていく。

二代目の王サームハイヌンが王位を継承したのは一二〇一年ということになっている[13]。また、サームハイヌンは息子に、ムンフン、ムンハーイなどの三つのパンナー[14]を継承させたことになっている。これにムンツェーらしき地名を加えてあるテキストもある。ムンフンは面積約八六平方キロメートル、ムンハーイは約五一平方キロメートルで、後のシプソンパンナー域内のムンの中では、かなり大きな盆地に依拠している。特にムンフン盆地はシプソンパンナー内の盆地の中で第二の広さをもつ。一方、ムンツェーはシプソンパンナー最大の盆地に依拠している。その面積は約一四三平方キロメートル、現在の中国雲南省西双版納傣族自治州の主な盆地の面積を合計したものの一六パーセントほどを占め、一つだけ抜きんでて大きい（第二章参照）。もし史料中に現れる年代が確かであるなら、ツェンフン勢力が一三世紀の初めの段階で、

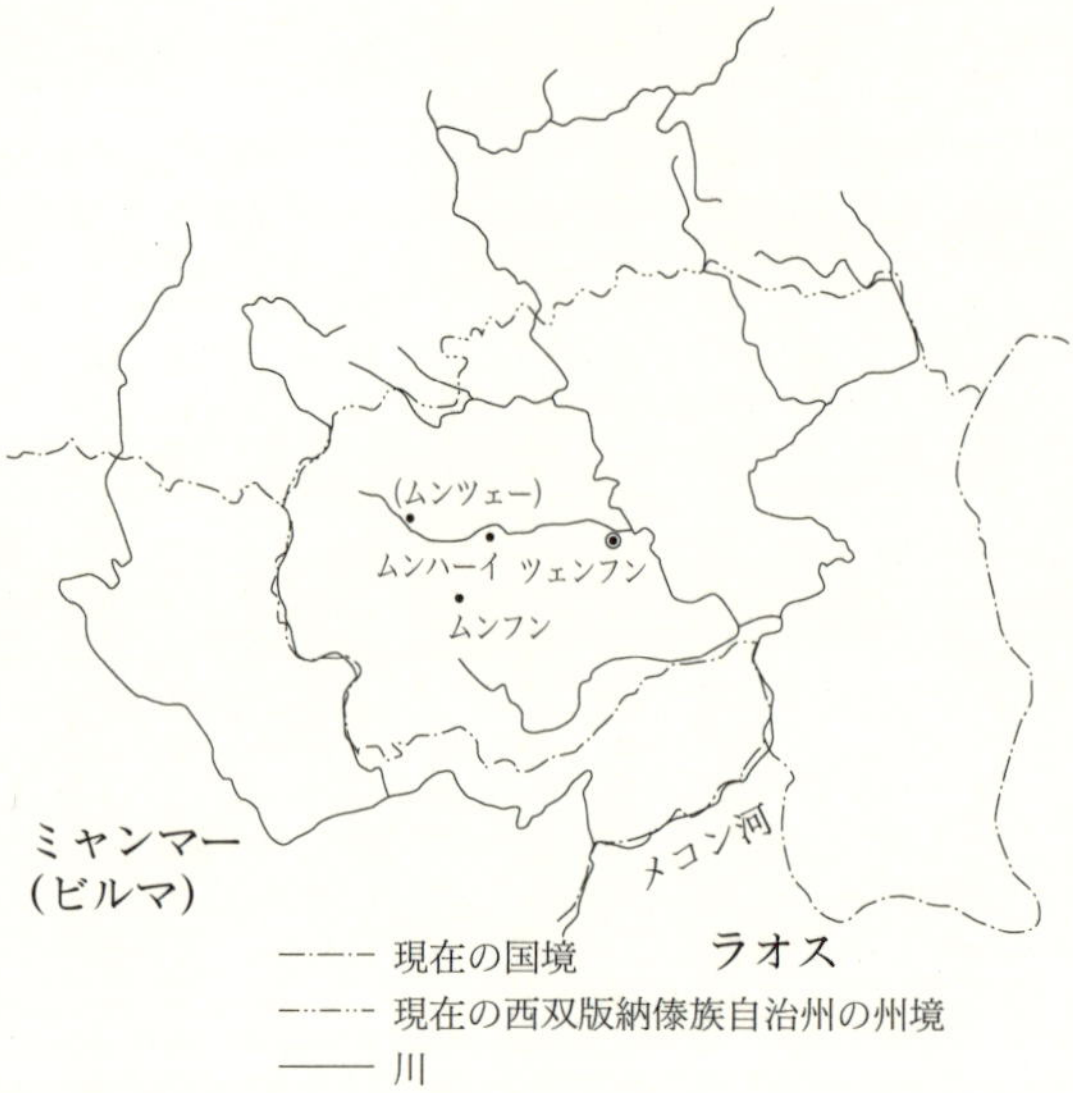

図 1-1　ツェンフンの勢力範囲（13 世紀初め）

その周辺の大盆地に勢力を拡大しつつあったことになる。ただし、後のシプソンパンナーの広がりから見れば、この時点でのツェンフンの勢力範囲はそのコアエリアとでも呼ぶべき範囲にとどまっている（図1‐1）。

一二三四年（あるいは一二四五年）に即位したことになっている四代目の王ターオ・ルンケンチャイは、一二三七年に娘をラーンナーのパヤーラーオ[15]に嫁がせたという。そして、その娘から一二三九年に生まれた子が後にターオ・マンラーイ（パヤーマンラーイ）、すなわち、ラーンナーのマンラーイ朝の初代王となったとされる[16]［刀永明 1989：12-13］。ツェンフン年代記のテキストの中には、ツェンフン王は孫の様子を見るために毎月チェンラーイ[17]に人を派遣していた、そしてマンラーイがラーンナー各地を制覇したあと、彼はツェンフンを父母と見なして毎年貢ぎ物を送っていたと書いているものもある［刀永明 1989：13］。

それが、この時期に実際あったことかどうかはさておき、ここで、ムン連合ラーンナーを形成する前の北タイ勢力との[18]婚姻関係が示されているのは注目に値する。ムン連合ラーンナーの始祖がツェンフン王の孫であったという位置づけは、外祖父―孫の関係を用いて、ツェンフンがラーンナーに対して優位にあったことを示す言説とも考えられる。一三世紀以前のツェンフンとラーンナー、ムンケオ、ムンラーオとの関係が親子関係となっているのと同様、一三世紀のツェンフンとラーンナーの間に姻戚関係と外祖父―孫の関係を設定して、ツェンフンが自らの優位を主張した可能性がある。

三　有力ムンと中国勢力――一三世紀終わりから一三八〇年代まで

一二九二年（至元二九年）、元軍は初めてラーンナーに侵攻しようとして、通り道であるシプソンパンナー地域に至る［『元史』巻六十一地理志第十三、歩魯合答伝：刀永明 1989：16；江 1983：193–195］。そして、六代王ターオ・プートック在位中（一二九四年―一三〇八年）にあたる一二九六年に徹里軍民総管府が元によりたてられたとある［『元史』本紀第十九成宗二］。これらの記述から、一三世紀終わりごろには、ムンツェンフンと中国王朝との接触が確実にあったことが確認できる。[20]

年代記中では、ツェンフンからムンフォン（場所不明）に養子に出されてそこでムンフォンのツァオムンとして即位したターオ・イペンラークサーイに、兄である六代王ターオ・プートックが攻撃されている。その時、弟側に協力したのがムンマオロンであり、戦った場所はムンツェーである［刀永明 1989：15］。ムンマオロン（ムンマオ）は、雲南西部の、現在の瑞麗あたりに比定できる（図B参照）。

また、中国側の記述では、この時期、徹里すなわちシプソンパンナーの勢力は兄の治める大徹里と弟の治める小徹里の二つに分裂し、大徹里は中国に降り小徹里は八百媳婦（ラーンナー）の勢力と結んで中国に対抗したという［『招捕総録』八百媳婦、車里；『元史』本紀第十九成宗二；江 1983：194–195］。これをツェンフン年代記の記述と付き合わせてみると、大徹里がターオ・プートック、小徹里がターオ・イペンラークサーイの勢力と考えることができる。

二つに割れたシプソンパンナーのそれぞれの勢力が、どこまで及んでいたかは定かでない[21]が、両方合わせても後のシプソンパンナーほど広い範囲にわたっていたとは考えにくい。だが、少なくともムンフン、ムンハーイ、ムンツェーあたりまでは、どちらかの勢力の影響下にあったと見てよいだろう。

以上のように、この時期には、二つに分かれたシプソンパンナーに、中国元朝勢力と周辺有力ムン勢力とが介入して、戦争状態にあったことが認められる。この分裂は、中国側の史料には、一三二六年までは存在したものとして記述される［刀永明 1989：24］。

大車里と小車里（あるいは車里）[22]、八百媳婦が中国に対して「乱」を起こした、あるいは降って象や地方物産を献上したという記述は、一三〇九年、一三一一—一二年、一三二三—一六年、一三二八年、一三四一年のこととして中国側史料に現れている［『元史』巻二十九、三十、三十二、四十：刀永明 1989：23–25］。

その後、八代王あるいは九代王にあたるターオ・カーンムン王の時代には、シプソンパンナーは明朝の兵と抗明の兵の戦いに巻き込まれる。ターオ・カーンムン王はムンツェーまで逃げ[23]、明朝の兵はムンツェーまで侵攻した。結果として王は明に降り、王がムンツェンフンにもどったのが一三八二年だったという［刀永明 1989：27］。この時期、車里の明への朝貢の記事が一三八三年から一三八五年にかけて毎年見られる。明は一三八四年あるいは一三八六年には車里軍民宣慰使司をおき、ターオ・カーンムン王を宣慰使に任命している［刀永明 1989：28–29］。

以上をまとめてみると次のように言えるだろう。一三世紀終わりから一四世紀初頭までは、シプソンパンナーには二つの有力勢力が存在し、その二勢力の対立に、周りの有力ムン勢力や中国元朝勢力も関わっていた。その後、一四世紀八〇年代までは、シプソンパンナーは中国王朝に対して反抗、恭順を繰り返した。このころ、ツェンフンの影響域[24]はムンツェーあたりまで広がっていたのは確実だが、それは、一三世紀の初めのこととして記述された影響域と同程度ということになる。シプソンパンナーの影響域がそれ以上に拡大していたかどうかに関する情報はない。

1-3

シプソンパンナー勢力の拡大――一四世紀終わりから一五世紀前半まで

一　勢力拡大と対明朝関係――一四世紀終わりから一五世紀初頭まで

一三九一年に即位した王、ターオ・セーダーカムは、シプソンパンナーの西南方の有力ムン、チェントゥン（ケントゥン）の王の妹と結婚している。また、ターオ・セーダーカムの弟ピューファイファーはシプソンパンナーの西北方の有力ムン、ムンレムの王の娘と結婚している。また、ターオ・セーダーカムの長子はムンプンへ、三番目の息子はムンヒン（普藤、現在の普文）へ分封されている［刀永明 1989：31–34］（図1－2参照）。

一方、ターオ・セーダーカム王の弟ピューファイファーとムンレムの王女との間の息子であるスーロンファーは、伯父である王の養子となり、まずムンプンを封地として与えられ、その後、王の妃と密通したことによって一度左遷されたものの、ムンフン、ムンハーイ、ムンガートあるいはムンツェー（またはムンガートとムンツェーの両方）の「三パンナー」を治めるよう王に命じられる。この「三パンナー」はムンレムに近く、母方の祖父にあたるムンレム王からの力添えを常に受けられる位置にあった（図1－2、図B、参照）。スーロンファーの影響域は、北はムンメーン（普洱）まで至ったという［刀永明 1989：32–35］（図1－2参照）。スーロンファーの勢力をシプソンパンナー勢力に含まれるものと見なせば、シプソンパンナーは一四世紀終わりごろから勢力を拡大しつつあったといえよう（図1－1、1－2参照）。

さて、一四〇三年、ターオ・セーダーカム王は威遠（景谷）まで勢力を延ばそうとした（図B参照）。威遠は明朝の統治下にある州という形を取っていたが、タイ語ではムンモーと呼ばれるムンであり、知州、刀算党もタイ系であった［刀永明 1989：36–7］。威遠すなわちムンモーへの侵攻は、ターオ・セーダーカム側にしてみれば、さらに北方のムンにシプソンパンナーの影響域を拡張しようとしたにすぎない。だが、威遠は明朝に助けを請う。結局、ターオ・セーダーカム側は明朝の圧力に屈し、威遠への勢力拡張をあきらめる［刀永明 1989：36］。シプソンパンナーの北方への影響域拡張は、明朝に阻まれて、北はムンメーン（普洱）までということになる（図1-2参照）。

図 1-2　ツェンフンの勢力範囲（14 世紀終わり―15 世紀初め）

この時期、シプソンパンナーは明朝に対して、一三九一年、一三九四年、一三九五年、一四〇二年、一四〇三年と頻繁に朝貢している。一四〇三年に威遠侵攻を明朝に阻まれたのちも、一四〇四年から一四一一年まで、一四〇七年を除く毎年、シプソンパンナーは明朝への朝貢を繰り返している［『太宗永楽実録』巻三十一、三十六、三十九：刀永明 1989：35–41］。

明朝の側は、一四〇四年、シプソンパンナーを含む、現在の雲南南部から大陸東南アジア北部の勢力を、明朝の宣慰使として制信符、金字紅牌を与える、あるいは与えようとする。これが、木邦（センウィー）、八百大甸（ラーンナー）、麓川平緬、緬甸（ビルマ）、車里（シプソンパンナー）、老撾（ラーオ）の六宣慰使である。間接統治ではあるが、南方にその勢力を広げようとしていた、このころの明朝の動きが確認できよう。

一四〇五年、ツェンフンは、ラーンナーが明朝の招諭に応じないという理由で、ラーンナーに兵を出すよう明朝に請う。そして、雲南西平侯の沐晟、シプソンパンナー、センウィー、チェントゥンは兵を合わせてラーンナーに出兵する［『太宗永楽実録』巻三十一、三十六、三十九；刀永明 1989：38–40］。これは、シプソンパンナー、センウィー、チェントゥンがラーンナーの脅威に対抗するために、明の兵力を借りようとした動きと位置づけることもできる。

以上より、一四世紀終わりから一五世紀初頭にかけて、シプソンパンナーは、周辺への勢力の拡大を試みていたことがわかる。ツェンフンの直接の影響域は、ムンフン、ムンハーイ、ムンガート、ムンツェーに加えて、ムンプン、ムンヒン（普藤、現在の普文）まで広がった。スーロンファーの影響域という点でいえば、北はムンメーン（普洱）までがそうであった。景谷への勢力拡張は、明朝によって阻まれている（図1-2参照）。

一方、チェントゥン、ムンレム（図B参照）とは姻戚関係を結ぶだけであり、王の息子たちの封地とはされていない。チェントゥン、ムンレムの王族の自律性は侵されていないのである。史料だけからでは、ツェンフンがチェントゥンやムンレムを自らに従属させていたという事実は読み取れない。対等な同盟関係にあった可能性の方がむしろ大きいといえよう。

二　分裂からスーロンファーの時代へ——一五世紀半ば

一四一三年、史料中では暴君と言われているターオ・キームンが即位する。その弟ターオ・ハムッティーは、兄王を追放・殺害し、実権を握る。だが、すでにムンプンに分封されていたターオ・キームンの長子を擁立するグループとの間に王位継承争いが起こり、二つの勢力が分立する。[25] この争いを反映して、中国は一四二一年に車里宣慰司とは別に靖安宣慰司を設ける。この分立は、結局、封地のムンフン、ムンハーイ、ムンツェー（またはムンフンのバーンツェー）に逃げていたスーロンファーによって統一され、一四三四年、車里靖安宣慰司は車里軍民宣慰司に一括されるのである。この時、スーロンファーは、母方の親戚であるムンレム王の弟カンランファーの援軍を受けている。以後、シプソンパンナーは一四五七年まで、スーロンファーに統治される［刀永明 1989：34, 45, 49–50, 59–66］。

注目したいのは、シプソンパンナー内が二勢力に分裂すると、中国もそれを二勢力と認めたという点である。これは、一三世紀の終わりから一四世紀の初めにかけての大徹里、小徹里の例と似ている。異なる点は、それぞれが中国に働きかけてそれぞれ土司（土着の非漢族支配者）として認証されている点である［刀永明 1989：49–50］。また、同じツェンフン王家の血筋とはいえ、ツェンフンで混乱があると、ムンプンやムンフン・ムンハーイ（・ムンツェー）側からのシプソンパンナー掌握の動きが起こっていることにも注意したい。つまり、ツェンフン勢力は全体としてはムンプン、ムンフン、ムンハーイを（あるいはムンツェーをも）その影響下におきながら、ムンプン勢力とムンフン・ムンハーイ（・ムンツェー）勢力はそれぞれ分立して動くことができたということである。ムンフン・ムンハーイ（・ムンツェー）勢力には、ムンレムの支持があったことにも注目しておきたい。

さて、統一後、スーロンファーは各地に息子を分封する。分封地は、ムンロン、ナームンロン、ムンバーン、[26]ムンウー（ムンウーヌー）、ムンフン、ムンガートおよびムンハーン、ツェンルーである。また、ターオ・キームンの息子の一人、サームポールタイを養子にしてムンプンに分封する［刀永明 1989：63–64, 87］。ここまでがこの時の直接の勢力範囲と考えられよう（図1-3参照）。戦功のあったムンレム王の弟カンランファーは、最初ナームンロンを封地として与えられるが、ムンレムに近いムンツェーに移ってしまう［刀永明 1989：66］。一方、スーロンファーは、ツェンフン、ムンフン、ムンツェー、ムンハーイ、ムンヤーン、ムンヒン、ムンヌン、ムンメーン（普洱）の各地に妃をおき、江東（メコン東岸）に一年、江西（メコン西岸）に一年のペースで動き回ったと、年代記には書かれている［刀永明 1989：73–74］。

スーロンファーの時期の領域は、東は墨江と普洱の間の把辺江の「鉄橋」までであり、[27]南はムンヨンと境を接していたという［刀永明 1989：71–72, 234, 404］（図B参照）。ムンメーン（普洱）の付近の地はかつて、一時は単独で中国側の一行政区を形づくっていた[28]が、一四五三年にはそれらの地はシプソンパンナーの管轄下におかれた[29]［刀永明 1989：71–72, 234, 404］。その他、スーロンファーはムンパーンとムンウォー（景谷）を管轄下におき、[30]ムンヒン（普文）のツァオムンの息子をその地に分封をしたという記述も年代記中に見られる。だが、これは、明朝に阻まれて結局は果たせなかったターオ・シーダーカム時代の景谷進出のことが、年代期中に後の時代のこととして書かれている可能性もある［刀永明 1989：72–73］。

ランサーン、ムンヨン（ラーンナー）、ムンクン（チェントゥン）、ムンレムといった国が中国に朝貢する時、まずムンルー（ツェンフン）に行って貢ぎ物をして印信をもらわなくてはならなかったという記述もある[31]［刀永明 1989：69–70, 234］。それは、明に叛して結局敗走したムンマオロン[32]の王をとらえるのにツェンフンが協力したため、明がツェ

図 1-3　ツェンフンの勢力範囲(15 世紀前半)
注：[　]内の地はツェンフンの勢力範囲外の別勢力で，ツェンフンの勢力範囲はそれより内側までであったことになる．

ンフンの職権をランサーン、ラーンナー、チェントゥン、ムンレムより高くしたからであるという[33][刀永明 1989：69]。ツェンフンが、これら周辺のタイ族政権より優位に立つという関係の背後には、中国による支持がかなりの影響力をもって存在していたと考えられる。

　スーロンファーは、また、娘を嫁がせることによって、周りの有力ムンと姻戚関係を結んだ。一番目の娘はムンツェーのツァオムンとなったカンランファーに嫁いだという説とムンパヤーク[34]に嫁いだという説がある[刀永明 1989：65]。二番目の娘はランサーンに嫁ぐが、その時、ムンウーヌーとポンサーリー(ポンサームムーン)[35]、ムンヨーなどの地を持参金としたという[36]。三番目の娘はムンツン、すなわち元江に嫁ぐ。四番目の娘はチェンラーイへ、五番目はチェンカムへ嫁いだという[37][刀永明 1989：400]。

以上からわかるシプソンパンナーの影響域は、ツェンフンの王族を分封できるという意味では図1-3のようであり、前の時代よりかなり広がっていることが確認できる。また、中国への窓口として、ツェンフンが周辺のタイ族政権より優位に立っていた可能性もある。ただ、注目しておきたいのは、このころムンツェーがツェンフン勢力の直接の影響下からはずれており、ツェンフンよりむしろムンレム寄りであったと考えられることである。また、ムンウーヌー、ポンサーリーなどのムンは、王の娘が嫁ぐに伴ってランサーンの影響下に入っているようである。シプソンパンナーの直接影響圏は一方で広がりつつも、一部は周辺有力ムンの勢力に引きつけられ、ツェンフンの影響下から離れていったのである。

1-4 潜在的内部分裂と相対的安定の時代——一五世紀後半から一六世紀前半まで

一四五七年には、ターオ・キームンの子でありスーロンファーの養子としてムンプンに分封されていたサームポールータイが王位につく。まもなく、一四五八年には、ムンロン、ムンフン、ラーンナー[38]がツェンフンとムンツェーを攻撃してくる[刀永明 1989：86-91]。ムンロン、ムンフンはスーロンファーの実子たちの封地であるので、シプソンパンナー内部で見れば、これは、スーロンファーの息子たちとサームポールータイとの王位継承争いであると位置づけられる。その時ツェンフンの側についたチェントゥンは、その見返りとして、戦後、ツェンフンからムンマー

（勐麻）、ムンラー（勐拉）を割譲された［刀永明 1989：91］。また、サームポールータイは娘をチェントゥン王の弟に嫁がせており、その後、女婿を支援してチェントゥン王家内部の争いにも介入している［刀永明 1989：95–96］[39]。

一四六二年には、これもスーロンファーの実子が治めるムンガートがラーンナーに助けを求め、ラーンナーからの軍四万[40]の護衛で、ムンガートのツァオムンはシプソンパンナーから落ちのびる。ラーンナーに向かう途中で通ったムンヨン（現在のシャン州内にある。注31参照）に人がいないのを見て、ムンガートのツァオムンはそこに入植する。この後、ムンヨンはラーンナーに隷属することになったという［刀永明 1989：92］。

一四六八年に、ムンフンは再びツェンフンに戦いを挑む。ムンフンのツァオムンは、一時、兄であるムンロンのツァオムンのところに身を寄せたりもするが、結局ツェンフンに敗北する。この時、ムンフンの民はツェンフンとムンツェーに移され、人がいなくなったムンフンは荒廃してしまう［刀永明 1989：94–95］。

一方、ムンツェーは、サームポールータイの第二夫人がムンツェーのツァオムンの家系であることもあって、ツェンフン寄りの立場に立ちながらも、独自の動きを見せている。一四六五年には、その王統を同じくするムンレムにも戦争をしかけている［刀永明 1989：93］。一四六八年には、ムンツェーで父の後を継いで新しいツァオムンが即位する。その弟たちは、父がツァオムンであった時代にムンガート、ムンハーンのツァオムンに封じられており、一四六二年ごろの戦争で人のいなくなったそれらの地を再び繁栄させたという［刀永明 1989：94］。ムンガートとムンハーンのツァオムンが、ツェンフンではなくムンツェーによって送り込まれていることは、この時ツェンフンはムンツェー、ムンガート、ムンハーンには直接の影響力を持てず、代わりにムンツェーがそれらのムンを影響下においていたということを意味する。

以上をまとめると、サームポールータイの治世の初期には、「スーロンファーの息子たちの治めるムンロン、ムンフン、ムンガートとラーンナーの援軍」対「サームポールータイの治めるツェンフンにムンツェー、チェントゥンが連合した勢力」という対立関係があったといえよう。つまり、その時点では、ツェンフンは、スーロンファーの実子たちの封地を掌握しきれていないのである。また、ムンツェーも、基本的にはツェンフンとほぼ対等な同盟関係を結んでいるようであり、ツェンフンに従属しているわけではない。シプソンパンナー内部だけ見ても、ツェンフン勢力、ムンツェー勢力、ムンロン・ムンフン・ムンガート勢力という三つが並立していたことになるのである。

戦争の結果、ムンフンはツェンフン勢力とムンツェー勢力によって「分割」[41]され、ムンガートはムンツェー勢力の影響下に入る。また、サームポールータイは三番目の息子をムンウーへ、四番目の息子をムンヌンへ分封している[刀永明 1989：97]。よって、サームポールータイ時代の最終的なツェンフンの「直接影響域」として確実に認められるのは、ツェンフン、ムンヌン、ムンウーというメコン東岸の北半分ということになろうか。

ラーンナーやチェントゥン以外の外部勢力としては、中国との関係がシプソンパンナーにとって引き続き重要であった。ツェンフンは、一四六一年、一四六六年、一四八〇年に中国に朝貢している。そのうち一四六六年を除いて、ランサーンやチェントゥンとともに朝貢している[刀永明 1989：98–99]という点は興味深い。ランサーン、チェントゥンが中国に朝貢する時、まずツェンフンに行って貢ぎ物をして印信をもらわなくてはならなかったというスーロンファー時代の取り決めがこの時も効力をもっていたとしたら、一四六一年、一四八〇年の朝貢は、あるいは、ランサーン、チェントゥンの朝貢にツェンフンが名を連ねているだけかもしれない。そうであるなら、中国との関係を通して、ツェンフンがランサーン、チェントゥンより優位に立っていた可能性がある。

一五世紀終わりから一六世紀前半にかけては、ムン間の関係や外部勢力との関係について、年代記はほとんど触れていない。これは、年代記の一系統のものが一五世紀後半に書かれているらしいこと[42]とも関係があろう。そのあと一六世紀後半に至るまで詳細な動態を記述して残そうという動きがなかったのかもしれない。

1-5 ビルマ勢力の拡大と「シプソンパンナー」の成立――一六世紀後半から一七世紀まで

一五六三年にビルマのタウングー朝の軍がシプソンパンナーに攻め入り、シプソンパンナーを破っている。その前後には、現在のビルマのシャン州地域やラーンナー、アユタヤもその攻撃を受けている。(43) ツェンフンの王はフイサイ（ムンサイ）(44)に連れて行かれ、シプソンパンナーとムンラーオ（ランサーン）、ラーンナーとの境界を決めさせられたという。その時、フイサイはシプソンパンナー領になり、ムンヨン、ムンパヤークなどはチェントゥンが治めることになった［刀永明 1989：110–112］。

その後、一五六九年に即位したツェンフンの新王ターオ・インムンは、中国を父、ビルマを母として敬慕したという。(45) ターオ・インムンは、ビルマの王女を妻にし、その里帰りの時に貢ぎ物を持たせた。その貢ぎ物を集める単位として定めたのが、メコン河東岸（江東）に六、メコン河西岸（江西）に六の計一二のパンナーである［雲南省少数民族古籍整理出版規劃弁公室（編）1989b：245–250（「四十四代召片領世系」）；李佛一（編訳）1946：19–27；刀永明 1989：115–116］。このムン連合の名称、シプソンパンナーは、「一二のパンナー」を意味している。初めて一二個のパンナーができたのがこの時点であるとしたら、シプソンパンナーというムン連合の名称もこの時以前は用いられていなかったと言える。一五八三年には、ツェンフンの王は、シプソンパンナーの統治者としてビルマから称号を与えられている［刀永明 1989：118］。

シプソンパンナーはいったんはビルマの影響下に入ったように見えた。だが、一六一六年のビルマのチェントゥン攻撃の時、チェントゥンに助けを求められたシプソンパンナーは、兵一万人、象一〇頭の援軍を出し、その報復としてビルマに攻撃されることになる。最終的には、ツェンフンの王とムンツェーのツァオムンはビルマにとらえられ、シプソンパンナーの江西の民はビルマの首都アヴァに連れ去られ、あとには少数の人しか残らなかったという［刀永明 1989：123-125］。そこで、シプソンパンナーは、ムンカートから人を連れてきて入植させるなど人力の回復を目指すが、一七二八年の時点では、まだ荒廃して人が少ない状況は回復していなかったという［刀永明 1989：125］。

このように、一六世紀後半以降ビルマの影響力がかつてないほど強くなったのは、周辺勢力との関係の変化という意味では、シプソンパンナーにとって大きな変化であった。

一方、中国に対する関係も、朝貢を繰り返していることから判断すれば、それまでより弱くなったとはいえない[46]。その後のツェンフンの王は、中国、ビルマ双方の「宣慰使」となったという年代記の記述もある［[刀永明 1989：129, 136：李佛一（編訳）：28］。この時代、シプソンパンナーは中国、ビルマ双方の間接統治下に入るのである。中国とビルマからシプソンパンナーの支配者と認められ、双方に貢納するという状況はそのあと何代も続くことになる[47]。

ビルマのシプソンパンナーへの関わり方が、中国の関わり方と違う点として注目すべきは、一二の貢納単位が形成され、そこからシプソンパンナーという呼称が生まれる状況を作り上げたのはビルマ勢力であるということであろう。その後、一七世紀までは、シプソンパンナーにとって、ビルマの方がより大きな直接的脅威であったといえる。それに対して中国側の圧力は、清成立以後に強まっていく[48]。

1-6 清朝勢力の侵入と新土司の認証——一八世紀前半

一七世紀終わりから一八世紀初めにかけて、ツェンフンの王、ツァオペーンムン（一六七六年—一七二六年）は、娘をムンウォー（景谷）とムンパーンにそれぞれ嫁がせる［刀永明 1989：143-144］。景谷と姻戚関係を結ぶのは、ムンラー（思茅）やムンヒン（普文）よりさらに北方の独立政治権力と関係を結ぼうというツェンフンの政策と見ることができる。だが、中国は、そのような独立政治権力の存在自体をおびやかす行動に出た。一八世紀初めには、中国内から派遣した官僚（流官）による支配を、それまでタイ族の自律的政治権力が存在していた地域にも拡大しようとしたのである。

中国側の史料によると、シプソンパンナーでもメコンの東岸に、一七二八—九年ごろ中国清朝の勢力が入ってくる。元江府の成立後、一七二九年にはシプソンパンナーの影響圏内に普洱府が置かれている。このような動きに対して橄欖壩（ムンハム）や普思（普洱と思茅）などで中国に反抗する戦いが起こるが、結局は中国側が武力でおさえ込む。その戦いの際に、中国側に協力したという理由で、シプソンパンナー内のいくつかのムンの首長（ツァオムン）が中国から土司（土着の非漢族支配者）の職を与えられることになる。例えば、「橄欖壩（ムンハム）の乱」にあっては、普藤（ムンヒン、現在の普文）とムンツェーに土守備、ムンガートとムンロンに土千総、ムンバーンとムンウーと易武（イグー）に土把総の職が与えられている。また、「普思の乱」にあっては、倚邦（イパン）、ムンラー（思茅）に土千総、整董（ツェントン）に土把総の職が与えられている[49]［『普洱府志』巻三：14–16］。

ツェンフン年代記中では、同じころ、ラーオホーカーオ（白頭ラーオ）と呼ばれる勢力が中国に対して戦いを挑んだという記述がある。シプソンパンナーの中では、ツェンフンはラーオホーカーオの側について中国を敵にまわしたのに対し、ムンツェー、ムンガート、ムンヒン（普文）、ムンラー（思茅）、そしてシプソンパンナーの西北に位置するムンレムはラーオホーカーオ側にはつかなかった。結局ラーオホーカーオ側は敗れ、当時のツェンフンの王はつかまって殺される。一方、シプソンパンナーの中でラーオホーカーオにつかなかったムン、つまりムンヒン（普文）、ムンツェー、ムンガート、ムンラー（思茅）は、中国から土司の職を与えられることになった［雲南省少数民族古籍整理出版規劃弁公室（編）1989b：253–254，436（「四十四代召片領世系」），317，339，528，564–567（「先王世系」）：刀永明 1989：146–147，153–154］[50]。

ツェンフン年代記中で中国の土司となったと書かれているムンの名を、中国史料中のそれと比較すると、年代記中に現れるものは、ムンラー（思茅）を除いて、中国側史料で「橄欖壩（ムンハム）の乱」に際して土司となったムンの中に含まれている[51]。逆から見れば、中国側史料で「橄欖壩の乱」で土司となったと書かれているもののうち、メコン西岸のものとムンヒン（普文）、ムンラー（思茅）がツェンフン年代記中に現れてきている。このことから、ツェンフン年代記に現れる「白頭ラーオ戦争」は、中国側史料に現れる橄欖壩の乱と同一のものを指す可能性が大きいと言えよう[52]。

ツェンフン年代記の方には、新しく土司となったムンの権限が実質的にどのように変化したかについても記述がある。例えば、それらのムンは非タイ族の住む山地、シプソンクウェン（一二のクウェン）を分けあって統括することになった[53]。また、ムンツェーとムンガートには中国から年金が与えられたが[54]、それら二つのムンを含む数個のムンは中国に対して銀を納めなければならなくなっている[55][李拂一（編訳）：49–53；雲南省少数民族古籍整理出版規劃弁公室（編）1989b：254, 436（「四十四代召片領世系」）, 317–321, 339, 529–536, 565（「先王世系」）；『普洱府志』巻十八：4–19]。

また、ツェンフン年代記には、特にムンツェーの地位上昇についての細かい記述がある。中国側史料ではムンツェーはメコン西岸のムンの中では最高位の土司職を与えられているが、年代記中でもそれにふさわしく、ムンツェーはメコン西岸を統括することになっている。そして、「ムンラー（思茅）三万畑、ムンツェー四万田」（サームムーンハイ・ムンラー、シームーンナー・ムンツェー）と、思茅とともに、その広さ、豊かさをたたえられるようになる［雲南省少数民族古籍整理出版規劃弁公室（編）1989b：254, 436（「四十四代召片領世系」）］。

実際、この時期、ムンツェーはツェンフンに代わってシプソンパンナー全体を治めたこともあった。ツェンフンの王、ターオ・ギンパオ（在位一七二四—一七二九）の死後、後を継いだターオ・サオウィンは幼かったので、ムンツェーのツァオムン（ムンの首長）が一七三四年までの五年間、その代行を務めたのである［刀永明 1989：150］。

以上をまとめると、一八世紀前半には、中国勢力がシプソンパンナーに入ってきて直接統治をしようとしており、メコン東岸の北の方には中国直接統治の拠点ができる。メコン西岸には、直接中国の手は入らないが、主要なムンに中国から土司の職が与えられ、銀による納税が課せられる。これをムンツェンフンの立場から見れば、ツェンフンが最高位の職、宣慰使の職を持っているとはいえ、他にも中国に正式に認証された有力勢力が確立したということになる。特に、ムンツェーはその力を振るい、ツェンフンの対抗勢力という立場にたつようになったのである。

1-7 ビルマと中国のシプソンパンナーをめぐる関係——一八世紀後半

ビルマでは、タウングー朝は一八世紀前半には弱体化しており、一八世紀の半ばに滅亡する。[56] そのあとの権力の座を勝ち取ったのはコンバウン朝であった。一七六六年ごろ、シプソンパンナーの地にコンバウン朝のビルマ勢力が進入し、ツェンフンの王、王族のほとんどはビルマに臣従した。それに対して中国は軍隊を送り、結局はシプソンパンナーからビルマ勢力を退けた。そして、ビルマに恭順の意を表したツェンフンの王を退位させ、ムンツェーのツァオムン（ムンの首長）、ターオ・インターに宣慰使の仕事を任せるのである［刀永明 1989：155-164］。

ムンツェー勢力のシプソンパンナー支配は長くは続かなかったが、[57] この時点でムンツェーがツェンフンの対抗勢力となりうる力をもっていたことは確かである。また、中国はビルマにシプソンパンナーを取られまいとしたこと、少なくともシプソンパンナーが中国の影響下から抜け出ていくことを阻止しようとしたことを、この事件にあたっての中国の態度から読みとることができよう。シプソンパンナー内において、メコン東岸に直接支配の拠点をおきメコン西岸のムンに銀を納めさせることに成功した中国は、この時点に至って、完全な直接支配地ではないものの、それに近いものとしてシプソンパンナーの地を認識するようになったと言えないだろうか。

これ以後も、ツェンフンの王は、基本的に中国とビルマ双方からシプソンパンナーの支配者として認証されることになる。[58] ただ、中国は、官吏や駐留軍の派遣や徴税など、より直接的な取り込みを試みているのに対し、ビルマ側はそれまでと変わらず間接支配を維持している[59]。

一八世紀の特徴として前節と本節をまとめてみると、シプソンパンナー内部のムン間関係としては、一八世紀にはムンツェーを中心とするメコン西岸グループの独自の動きとツェンフンの相対的弱体化があったことが指摘できよう。また、中国もビルマもシプソンパンナーを従属させることに関心を示すが、特に中国はシプソンパンナー地域の直接統治化の動きを見せはじめていることに注意したい。

1–8 繰り返される王位継承争い——一九世紀

一九世紀に入ると、ビルマの支配を脱した北タイ、カーウィラ朝の勢力が、シプソンパンナーを軍事的に脅かす新勢力として出現する。シプソンパンナー側の年代記には、一八〇二年にカーウィラ朝の軍勢が侵入したことが示されている。その時、ツェンフン王家は、カーウィラ軍に反抗するものと、カーウィラ朝にしたがって援助を求めるものとの二つに割れ、その間で王位争いが展開される。これにともなって、カーウィラ軍は、シプソンパンナーとその周辺から多くの人をラーンナーの地に強制移住させたために、シプソンパンナー、とりわけツェンフンのあたりは荒廃してしまった［刀永明 1989：171, 175；李 1946：35］。中国は、一八一五年に、幼いツェンフンの新王ターオ・ションウーの叔父ターオ・タイハーンを宣慰使代理として、逃げた官民を招撫してもとどおりに復興させるよう命じている［『清宣宗実録』、巻 61；刀永明 1989：175］。

正式な中国側の宣慰使はターオ・ションウーであった（在位一八〇三年―一八三四年）が、のち、一八一八年には叔父のターオ・タイハーンがビルマ側の「宣慰使」に任命された。その後、両者の間に政権争いが起こる。ターオ・ションウーは、六順（ムンラー・ホー）、ムンヒン、ムンバーン、ムンウーなど、メコン東岸北部のムンとともに、ターオ・タイハーンを攻撃した（一八一七年―一八二二年）［刀永明 1989：172］。そこへビルマ軍も介入してきて、結局ターオ・ションウーはアヴァに捕われの身となる。[60]やがてターオ・ションウーはツェンフンに帰ることを許され、中国側の宣慰使としても復職するが、結局、一八三四年に宣慰使をやめさせられている[61]［刀永明 1989：173］。

その後も、ツェンフンの王位継承争いは、一九世紀の終わりに至るまで断続的に繰り返される。その際には、中国、ビルマそれぞれによる官名や称号賜与、すなわちシプソンパンナーの王としての地位の認証が必要不可欠であった。ビルマの認証を求める際には、その者が王となることを主要ムンがそろって承認し、使者をビルマへ送らねばならなかった。[62]また、主要ムンが会議を開いて次の王を決めたという例もある。[63]これらのことから、王位継承に関しては、シプソンパンナー内部の主要ムンの承認を要するというシステムが、この時期にはできあがっていたことが確認される。

メコン西岸の諸ムンとメコン東岸の諸ムンが、王位継承争いに際して、それぞれまとまって別々の人物を支援する例[64]もこのころからたびたび見られるようになる。特に、メコン東岸北部、すなわち中国の直接支配が進みつつある地域が、シプソンパンナーの他のムンとは離れて統一的な意志表示をしている。また、中国、ビルマの直接的・間接的介入もあった。[65]

一方、ツェンフンの王あるいは王位争い中にある者たちが、外部勢力やシプソンパンナー内の有力ムン勢力と姻戚関係を結んだということにも注目すべきであろう。例えば、王位争いをしたツァオモムシアンとツァオモムハムルーは、それぞれ各地勢力と姻戚関係を結んでいる。

ツァオモムシアンは、ビルマ、チェントゥン、ムンレムなどシプソンパンナーの外からばかりでなく、ムンハーイ、ムンツェー、ムンハム、ムンラー、ツェントン、ムンフン、ムンヤーンといったシプソンパンナー内の有力ムンからも妻を娶っている［刀永明 1989：193］。これが、それらの地の王、支配者たちと姻戚関係を結び、それによって各地政権の支持を得ようとした行為である可能性は大きい[66]。

一方、ツァオモムハムルーも、正式に王としての地位を得たあとの一八八八年に、チェントゥン王の妹を娶っている。結局、夫婦仲が悪くなってその妻はチェントゥンに帰ってしまうのだが、その後チェントゥンはシプソンパンナーに軍を送っている［刀永明 1989：197］。ツァオモムハムルー王夫妻の対立がシプソンパンナーとチェントゥンとの関係の悪化を招いたのか、それともその逆にシプソンパンナーとチェントゥンとの関係悪化が王夫妻の対立を招いたのかはわからない。ただ、この例から、少なくとも、二勢力の間に姻戚関係が結ばれていることと政治的友好関係が保たれていることとは相互に関連があるとは言えるだろう。

1-9 柯樹勛勢力の侵入から「シプソンパンナー」の終焉まで

一九〇八年にムンハーイのツァオムンの継承争いが起こった際、ムンツェーとツェンフンはそれぞれ別の勢力に味方し、その二勢力の間に戦争が起こる。ツェンフンは、その時ちょうどシプソンパンナー方面に力を伸ばそうとしていた国民党の柯樹勛に援助を求め、一九一一年に勝利を得る。だが、それは柯樹勛勢力をシプソンパンナーに引きこむという結果をもたらした。一九一二年には、柯樹勛を総局長とする普思沿辺行政総局ができ、形のうえでは、ツェンフン政権と柯樹勛政権がシプソンパンナーを共同支配するということになったのである[67][刀永明 1989：198]。

この時のツェンフンの王だったツァオモムハムルー（中国名、刀承恩）は、娘たちを嫁がせることによって、ムンロン、ムンラー（六順）、ムンツェー、ムンハーイ、ムンヌンといった周辺ムン勢力と姻戚関係を結んでいる。また、ツァオモムハムルーは、三番目の息子をムンパーンの、六番目の息子をムンハムの、七番目の息子をムンフンのツァオムン（ムンの首長）としている。それより以前に、ムンハム、ムンフンのツァオムンとして五番目の息子と九番目の息子をそれぞれ送り込んでいたが、どちらもその土地の人々の反対にあってツェンフンに帰り、その後、結局タイ国に出て行ってしまったという[刀永明 1989：199]。以上から、この時、ムンパーン、ムンハム、ムンフンは、在地のツァオムンの家系がとだえてツェンフンから分封できる状態になっていたこと、それでもその土地の人々の反対にあえば分封されたものは出ていかねばならなかったことがわかる。

一九二七年には、中国はシプソンパンナーに県制を敷くが、タイ族政権による支配はまだ維持されていた[刀永明 1989：202-203]。一九四一年には国民党軍がやってくる。一九四四年には、当時の王の死によって、中国内地に留学していた刀世勛（ツァオモムハムルー）が跡を継いで即位するが、彼はその後も南京と昆明で勉強を続ける。やがて、一九五〇年には中国人民解放軍がシプソンパンナーに入ってくる。そして、一九五六年には、シプソンパンナーのそれまでの支配体制が改編させられ、ツァオムン（ムンの首長）も王族たちも特権をなくし、シプソンパンナーは中華人民共和国の一部となっていったのである。

1-10 シプソンパンナーのムン連合としての変遷——まとめとして

以下、シプソンパンナーのムン連合としての変遷の大筋をまとめておく。

シプソンパンナー地域において、ツェンフン勢力が周辺の盆地にも勢力を拡大しはじめ、のちのシプソンパンナーのコアエリアともいうべき範囲をおさえたのは一三世紀のことであると考えられる。一三世紀終わりから一四世紀初頭にかけては、シプソンパンナー地域には二つの勢力が存在した。それは、兄弟の関係にあるツェンフンの王子二人の勢力であった。一四世紀の終わりごろから一五世紀初めにかけて、シプソンパンナーは周辺への勢力の拡大を試みてかなりの成功をおさめるのだが、景谷以北への勢力拡張は中国によって阻まれている。

一五世紀初めには、叔父と甥の間の王位継承争いに基づいたシプソンパンナーの分裂が見られる。その分裂に乗じて、ムンプン勢力およびムンフン・ムンハーイ(・ムンツェー)勢力のシプソンパンナー掌握の動きが起こっている。結局、ムンフン・ムンハーイ(・ムンツェー)勢力が権力を掌握し、拠点をツェンフンに移す(68)。再統一がなされた後、ツェンフンの新王は、近隣のムンに一人ずつ妃をおき、その外側の周辺ムンには王子たちを分封し、さらにその外側のシプソンパンナー外の有力ムンには王女たちを嫁がせる。このころツェンフンは、シプソンパンナー周辺の他の有力ムンより高い地位にあると中国から位置づけられていたようである。ツェンフンの周囲は、同心円的に、妃をおくムン、王子を分封するムン、王女を嫁がせるムン、ツェンフンより地位が低いと中国に承認された独立ムンといった形に整備されたのである。このころが、ツェンフンを中心とするムン連合の拡大の最盛期である。ただ、ムンツェーだけは、ツェンフンに近いにもかかわらず、ツェンフンの分封地とはならず、外部の有力ムンであるムンレムと結んで独立的な動きを見せる。また、この時期には、王女を嫁がせるのにともなってランサーンに周辺ムンを譲りわたすという動きも見られた。

一五世紀後半には、シプソンパンナー内には、ツェンフン勢力、ムンツェー勢力、ムンロン・ムンフン・ムンガート勢力という三つが並立していた。この三者が争い、ムンフンはツェンフン勢力とムンツェー勢力によって分割され、ムンガートはムンツェー勢力の影響下に入る。ツェンフンの直接影響域は、ツェンフン、ムンヌン、メコン東岸の北半分の部分と縮小される。また、このころ、戦争の際にツェンフン側に味方した見返りとして、ツェンフンはチェントゥンに対して周辺ムンを譲りわたしている[69]。

一六世紀後半からはビルマ勢力の影響が大きくなる。シプソンパンナーにはビルマに対する貢物を集める単位として一二のパンナーが作られ、ツェンフンの王はビルマから文字どおり「シプソンパンナー」の王としての承認を受ける。この時期は、ビルマからの一定の強制力により、ツェンフンを中心とするムン連合「シプソンパンナー」という形が安定した時期といえよう。このころ年代記が盛んに編纂されているらしいのもその表れであろうか。

一八世紀に入ると、中国勢力によるメコン東岸の直接統治が徐々に浸透していき、メコン西岸の主要なムンのツァオムン（ムンの首長）にも中国から土司の職が与えられ、独立した勢力として中国の承認を受けることになる。中でもムンツェーは、ツェンフンの対抗勢力という立場にたつようになり、一八世紀後半には一時的ではあるが、ムンツェーのツァオムンがシプソンパンナーを支配していた。一八世紀には、ムンツェーを中心とするメコン西岸グループの自律と、ツェンフンの相対的弱体化があったのである。

この時期、王位継承に関しては、シプソンパンナー内部の主要ムンの承認を要するというシステムができあがっていた。一方、メコン西岸のムンとメコン東岸のムンがそれぞれまとまって意志表示をするようにもなっていた。言い替えれば、ツェンフンの弱体化によってツェンフンの求心力からある程度自由になった諸ムンは、内部でそれぞれの「ムン連合」を作り上げていたのである。

また、ツェンフンは、一九―二〇世紀になると、シプソンパンナー外の有力ムンと姻戚関係を結ぶのと同時に、シプソンパンナー内のムンとも盛んに姻戚関係を結んでいる。これは、シプソンパンナー内のムンとも、周辺の独立的ムンと同様、分封ではなく姻戚関係という形でしか関係を取り結べなくなっていることの表れとは考えられないだろうか。それだけ、ツェンフンの弱体化は進んでいたのである。そのような状況のもとで、シプソンパンナーの直接支配を目指した中国勢力により、一九五〇年代に至って、最終的にシプソンパンナーは解体されたのである。(70)

以上が、ムン連合シプソンパンナーの通史的な概観である。

註

(1)「一帯」という言葉をつけて表現しているのは、いわゆる東南アジア諸国の国境外の地域を含めて、もう少し広い範囲を示したいからである。具体的には、タイ国北部、ラオス北部、ミャンマーのシャン州、ベトナム西北部、中国の雲南南部は少なくとも含むことを確認しておく。また、この地域に住むタイ族は、李方桂の分類にしたがえば、南西タイ諸語を話す人々である［三谷 1984：66］。タイ族は、雲南の西の方からシャン州、インドのアッサム州にかけても存在しており、やはり山間盆地に居住しているが、とりあえず本書での考察の対象としては想定していない。

(2)本書においては、前近代国家の段階ではミャンマーではなく、ビルマという呼称を用いる。

(3)本書においては、各ムンの首長は、そのタイ語の呼称にしたがってツァオムンと呼ぶ。ただし、ムン連合を統括する立場にあるムンツェンフンの首長（ツァオペンディンと呼ばれる）については、その立場を強調するために、必要に応じて王と呼ぶことにする。

(4)にもかかわらず、この地域をひとまとまりとして具体的考察を行った研究はまだ存在しない。大陸東南アジア北部の歴史は、これまで多くの場合、現在の国境によって分断されたうえで各国史の「辺境」として描かれてきたのである。また、この地域をひとまとまりとして研究を進めるためには、個々のムンやムン連合の事例研究がある程度蓄積されねばならないが、その量はまだあまりに少ないと言わざるをえない。

　このような全体情況の中でも、これまで比較的、歴史研究の対象にされることが多かったのが、ラーンナーとシプソンパンナーである。

　ラーンナーに関する研究が比較的多い理由としては、ラーンナーの故地が現在のタイ国の領域内にあることが挙げられよう。ごく最近まで、ラオス、ミャンマー、中華人民共和国、ベトナムといった諸国においてよりもタイ国においての方が、外国人が研究のために訪れ、滞在し、史料やその他の情報を収集するのに制限が少なかった。また、タイ人の研究者の層も徐々に厚くなっており、世界的に見て高いレベルの研究活動を行っているタイ人研究者の数も近年かなり増加している。その中には、タイ北部の歴史としてラーンナーを研究するものも存在する。

　ラーンナー研究をするにあたっての史料として、現在入手可能なものの大部分は貝葉に書かれた、王統年代記、慣習法、占い、医薬書などの文書である［Social Research Institute of Chiang Mai University：1986］。そのうち、これまで歴史研究によく用いられてきたのは王統年代記や慣習法だが、そこにはムン内部の支配のあり方や経済情況の実際についての記述はあまり見あたらない。したがって、研究動向としても、社会経済史や国家構造に関する研究はほとんどなく、(1)各王の事績やその治世に起こった事件として、政治権力間の「外交」関係や仏教関係の出来事を扱ったもの、(2)時代が特定されないまま「伝統文化」について論じたものなどが多かった。また、ラーンナーから見た姿として、近隣のタイ族ムン連合に言及した研究もある。

　最近、この地域を一つの文化圏としてその歴史を考察しようという主張がなされるようになった。飯島明子のタム文字文化圏、新谷忠彦のシャン文化圏［新谷 1998：2-17］といったとらえ方である。タム文字とは、これらムンに住むタイ族が共通して使用していた文字であり、サーと呼ばれる紙や貝葉に文書、経を書く時に用いられていた（飯島の論文参照［Iijima 1980：8］）。

(5) ムンの名としては、ムンツェンフンと呼ぶのがより正確だが、本書では、王都を指すのかムンを指すのか混乱が起こらない場合は、ツェンフンという略称をムンの名として使うこともある。

(6) ツェンフン年代記については、テキストの違いによる記載内容のずれをめぐって、これまでに議論されてきたいくつかの問題がある。また、これまで取り上げられなかったが、テキスト間の比較を行うことによって検討されるべき問題は他にも多くある。しかし、そのような先行研究を批判・検討したり新たな問題について史料の厳密な検討を行ったりするためには、多くの時間とページを割く必要がある。また、それを行うこと自体は、本書で明らかにしたい研究課題とは直接に結び付かない。したがって、本書においては、基本的には、雲南省少数民族古籍整理出版規劃弁公室編の『車里宣慰使世系集解』の中の刀永明の注釈［刀永明 1989］にしたがって、シプソンパンナーのムン連合としての変遷を通史的に概観することとする。刀永明は、ツェンフン年代記の諸テキストを比較し中国側史料とも突き合わせることによって一二世紀以来二〇世紀に至るまでのシプソンパンナー地域の歴史を描き出そうとしている。それは、史料を網羅的に見ている点、テキスト間の詳細な比較を行っている点で、同種の先行研究の中では、かなり信頼性の高いものとして評価できる。

(7) 史料中では必ずしも雲南という言葉を使っているわけではなく、また現在の雲南省の領域全体が想定されているわけでもない。本研究では、現在の雲南省内の少なくとも一部の地域に言及している史料を、雲南に関する史料ととりあえず呼ぶことにする。

なお、タイ系の民族は雲南以外に貴州、広西などにも分布しているが、雲南以外の地のタイ系民族は東南アジアの他の政治権力との交渉をほとんど持たなかった。また、彼らの形成していた「伝統的国家」が東南アジア「伝統的国家」と共通する特徴をどれだけそなえていたかということも不明である。よって、ここでは雲南のタイ族のみを議論の対象とする。

(8) シプソンパンナーという名称がツェンフンを中心とするムン連合を指すために使われるようになるのは、後述するように一六世紀後半である。だが、ここでは、それ以前であっても、ツェンフン勢力の支配が及んだ地域を意味するものとしてこの言葉を用いることとする。

(9) いま一つ、よく知られているのは、コーサンビと呼ばれるムン連合で、雲南の西の方からシャン州にかけての地域に存在したとされる。

(10) この時代の出来事を書いた史料としては、『タムナーンプーンムアンチェンマイ』『タムナーンチェンセン』などがあるが、同時代史料とは言えない。

なお、『タムナーンチェンセン』には多くの異本があり、呼称が『タムナーンチェンセンルワン』『タムナーンヨーノック』『タムナーンチャーンセン』『タムナーンシンハナワットクマーン』であることもある［Sarasawadii 1986：6-10］。

(11) 以後の時代については、主要史料としてムンツェンフンの年代記を用い、補足的に中国側の史料を使用する。

ムンツェンフンの年代記は、今の段階で原語のタイ・ルー語で読むことができるものが六種類ある。

そのうち一つは、筆者が一九九〇年に中華人民共和国雲南省西双版納傣族自治州で写真撮影した写本である。旧ムンツェンフン領内にあるサーイ村 Baan Saai 在住の当時七八歳の男性が、最後の王の弟にあたる人から譲り受けたものであるという。この男性は、出家したことがあり、有名なツァーンハプ（「歌手」）でもある。この史料を、ここではサーイ村本と呼ぶ。もう一つは、高立士の一九八二年の「《西双版納召片領世系》訳注」に添付されたタイ・ルー語原文である［高立士 1982］。残りの四つは、『車里宣慰世系集解』の中に中国語訳文とともに収録されており、中国語のタイトルは「四十四代召片領世系」「車里宣慰世系」「先王世系」「車里宣慰使世系及礼儀大事記」である［雲南省少数民族古籍整理出版規劃弁公室（編）1989b］。

その他、中国語の訳文でのみ読むことができるものが六種類、筆者は未入手で内容を確認することはできないが、その中で言及している年代がわかっているものが二種類ある［刀永明 1989：15］。

これら、合計一四種類のそれぞれの扱っている年代を示したのが表1である。それを見ると、年代記はおよそ三種類に弁別できること

表1　ツェンフン年代記の言及年代

	始	終
①	1180	1470
②	1180	1497
③	1180	1497
④	1180	1497
⑤	1530	1864
⑥	1568	1950
⑦	1698	1874
⑧	1844	1950
⑨	1180	1782
⑩	1180	1943
⑪	1180	1943
⑫	1180	1950
⑬	1180	1953
⑭	1180	1956

がわかる。つまり、一一八〇年から一五世紀終わりごろまでを扱ったもの、一六世紀中葉以後を扱ったもの、一一八〇年から二〇世紀半ばまでを通史的に扱ったものの三つである。

一一八〇年から一五世紀終わりごろまでを扱ったものは四つ（表中①～④）であり、一五世紀半ば以降の記述が相対的にかなり詳しい。そのことから、それ以前に同時代的な記述が積み上げられてきたかもしれないが、ツェンフン年代記が最初に総まとめという形で編纂されたのは一五世紀終わりであった可能性が大きいと筆者は考える。年代記のテキストとしては、ムンハーイに伝えられていたものが多いのだが、それは、ムンハーイを領地としていたスーロンファーが一四五七年までシプソンパンナーの王の地位にあった（本文でも言及する）ことと関連があろう。

一方、十六世紀中葉以後を扱ったという範疇に厳密にあてはまるのは二つだけ（表中⑤⑥）で、終わりの時期も一九世紀後半と二〇世紀半ばと差がある。また、その他のものは、一六世紀中葉以後の時代のうち一部のみを扱ったものが二つ、すなわち、一七世紀終わりから一九世紀後半を扱ったものが一つ（⑦）、一九世紀半ば以降二〇世紀半ばまでを扱ったものが一つ（⑧）と、扱われた時代はかなり前後している。

(12) ムンルーはムンツェンフンの古名である。

(13) サームハイヌンを宋が九江王に封じたと江応樑は書いているが、史料的根拠は示されていない［江 1983：193］。

(14) 後述するように、一六世紀には、ビルマへの貢納単位として、一つから数個のムンを含むパンナーというまとまりが設定されたが、ここでいうパンナーをどうとらえたらいいかについては別に議論が必要だろう。

(15) パヤーラーオとは、直接にはラーオ人の「支配者」、「首長」を意味する。ただし、ラーオといった時、今のラオスに住んでいた人々ではなく、北タイ（ラーンナー）の人を指す場合もある。パヤーラーオの代わりにチャオチェンラーイ（チェンラーイの首長）となっているテキストもある。

(16)『タムナーンプーンムアンチェンマイ（チェンマイ年代記）』などのラーンナー側の年代記にも同様の記述がある。

(17) チェンラーイは、チェンマイが新都として建てられる前の、「ラーンナー」勢力の中心であり、一時都が置かれていた。注15参照。

(18) ここでもテキストによっては、ラーンナーという呼称が使われているが、それはもともとチェンラーイのあった勢力がチェンマイに移りムン連合を形成した後の呼称と考えた方がよいだろう。よって、まだその勢力の拠点がチェンラーイにあった時代にラーンナーという呼称が使われていることから、この部分がラーンナーという呼称が一般的になった後代に書かれたか、あるいは実際に筆写された時代の読者に理解できるように呼称を書き換えたかのどちらかであると予測できよう。

(19) 後述するように、その後も徹里（車里）勢力は中国勢力に対して「反乱」を起こし、一三二五年にあらためて車里軍民総管府がおかれたという［『元史・巻二十九』；刀永明 1989：24］。

(20) 一二五七年（テキストによっては一二六八年）即位の五代目の王ターオ・レーンロンは、初めて中国側から姓を賜わった、と書いているテキストもある［刀永明 1989：15］。

(21) 明史など後代の史料から見ると、大徹里はメコン河の西岸、小徹里はメコン河の東岸であったとされる［刀永明 1989：18-19；『明史』地理志、雲南車里宣慰司条など］が、元代にその勢力の及んだ範囲はわからない。

(22) 徹里と車里は、異なった漢字が使われているが、同じものを指すと考えられる。なぜなら、徹と車は同音であり、漢字表記する際にどの字を充てるかに違いが出ただけのものとしてよいからである。

(23) テキストによっては、そのあとムンラーオまで逃げたことになっている［李拂一（編訳）1946：5-6］。

(24) ここでは、影響域という言葉を使う。各ムンでは基本的に自治が行われていたと見てよく、「支配領域」や「勢力範囲」などの言葉ではそのニュアンスが出しにくいと考えたためである。

(25) このころ、明は「反乱」を起こした麓川勢力への対応で忙しいためか、シプソンパンナーの紛争には介入していない。

(26) ムンバーン（勐旺）の代わりにムンロンナムターとしているテキストもある。ムンロンナムターは現在のラオス北部のルアンナムターをさす可能性もある。

(27) 元江と墨江は元江金殿府の管轄であった。

鉄橋とは墨江と普洱の間の把辺江の旧鉄橋だという注記がある［刀永明 1989：71］。そうだとしたら、その鉄橋が作られた後の時代に年代記のその部分が書かれたことになる。だが、それが本当の鉄橋ではなく、「鉄橋」という意味のタイ語の地名にすぎない可能性もあると筆者は考える。

(28) 宋、大理の時代、元代におかれた歩日部のことであり、明の洪武年間に廃された［刀永明 1989：70］。

(29) ムンルー（ツェンフン）は、普洱あたりの地を一つのパンナーにしてツェンフンに対する各種徭役を課し、また、王田（テキストによっては家族田）を設けて耕作させ、それをヘットナイ（内役）とした（テキストによっては王田耕作のためのレークノイという範疇の従属農民とした）［刀永明 1989：42, 71］という。

(30) ムンパーンのパーンは中国語音訳では班の字が当ててある。ムンウォーについては、別のテキストでは、ムンポー、ムンモー（中国語音訳ではそれぞれ博、磨の字が使われている）とも書かれている。この二つのムンの他に、ムンカートが含まれているテキストもある。その年号も、一四四七年、一四五一年、一四五七年とテキストによって差がある。

（31）テキストによってはランサーンの名が特に挙げられていないものもある。また片かな表記では違いを表せないが、「ムンヨン m　g yon (yuan)」はラーンナーのことであり、現在のシャン州内のムンヨン m　n y～ではない。

（32）麓川の反乱をさす。反乱は一四四一年から一四四九年にかけて起こり、明は三回遠征している。麓川はタイ・ルー語年代記中ではムンマオロンと記されている。現在の瑞麗盆地に拠点をもっていた勢力と考えられる。

（33）この功により、ツェンフン（車里）は景泰年間以前の差発の足りない分の免除も受けたという［刀永明 1989：85］。また、ターオセーダーカムの時代のこととして、ムンユンチアンは金二四両五銭、ムンレムは銀二三両、チェントゥンは銀二〇両を通行税としてツェンフンに支払っていたという記述もある［刀永明 1989：42］。ツェンフンがランサーン、ラーンナー、チェントゥン、ムンレムにとって、中国への経由地となり窓口となりうる地に位置していたのは確かなことであろう。

（34）チェンセンの北西約三〇キロ、現在のタイ国メーサーイからサーイ川を渡ったビルマ側に位置するムンである。

（35）現在のラオス北部のポンサーリーを指す可能性もある。

（36）このうち、ムンウーヌーは、一九世紀の段階ではシプソンパンナーの影響下にあり、その後の中国とフランス領インドシナとの国境確定の時点でフランス領になった。

（37）チェンラーイはチェンセンの北西約五〇キロ、チェンカムはナーンの北西約一〇〇キロ、両者とも現在はタイ国領内にある。

（38）この時のラーンナーの王は、アユタヤの攻撃をしりぞけたうえ、ラーンナーの勢力を拡張したことで知られるティローカラート王である［Sarasawadii 1986：34］。

（39）チェントゥン王の弟に嫁いだサームポールータイの娘は、ムンツェーのツァオムンにとっては姉の子、すなわち姪にあたる。ムンツェーのツァオムンも姪の夫に味方するという形でチェントゥン王家内の争いに介入している。

（40）ラーンナーのティローカラート王は、ラーンナー内の有力ムンであるチェンラーイとチェンセンに命じて軍を送らせた。

（41）ムンウーには、北側のウーヌーと南側のウータイと二つある。ここでいうムンウーはその両方を指すのか、ウーヌーだけを指すのかは不明である［刀永明 1989：97］。

（42）スーロンファーとサームポールータイの時代の記述が異様に詳しいが、それはこの理由によると考えられる。

（43）シャン州北部、東部は一五五五年、一五五七年にビルマ勢力に襲われている。ラーンナーは一五五六年にビルマに攻められ、一五五八年にその支配下に入っている。その後ビルマは一五六三年と一五六八年にアユタヤも攻めている。

（44）現在のラオス北部のホイサイをさす可能性もある。

（45）長谷川清は、ここにおいてシプソンパンナー王権は外部の政治権力との関係に自らを適応させた政治システムを創出したのだという。

そして、さらに、それはシプソンパンナーがムンの集合体からムンの統合体へ至る政治的求心化の過程であったと位置づける［長谷川 1991：383-4］。

(46) 一五八六年、一五九〇年、一六一二年にはツェンフンから中国への朝貢の記事が見られる。一五九八年と一六一三年にはランサーンとともに入貢しているようである［刀永明 1989：122-123］。この時も、ランサーンが中国に朝貢する時、まずツェンフンに貢ぎ物をして印信をもらわなくてはならないというスーロンファー時代の取り決めがまだ効力を持っていたとしたら、これはランサーンの朝貢にツェンフンが名を連ねているだけの可能性がある。

(47) その状況は、清朝になってからも続く。

(48) ツェンフンが清朝に帰順すると一六六一年には宣慰使に任命され、元江まで管轄域を広げている［刀永明 1989：129］。呉三桂の乱が一六八一年に収束したあとにも、ツェンフンの王が宣慰使であることが再び確認されている［刀永明 1989：135-136］。

(49) この他、一七三二年に思茅、元江でラフ族が「反乱」を起こして普洱を攻めている。一七三四年に起こった「反乱」鎮圧に協力したことに対して一七三五年には、ムンツェーに土守備、ムンヒムに土千総、などの土司の職が与えられている。

(50) 年代記によって、この時に土司となったムンの中にムンラー（思茅）の名を挙げているものといないものがある。

(51) 年代記によっては名の挙がっているムンラー（思茅）は、中国側史料では「普思の乱」と関係して土司となっている。

(52) その場合、ツェンフン年代記では、メコン西岸は視野の中にあるが、メコン東岸地域においてはムンヒン（普文）、ムンラー（思茅）にしか注意が払われていないということになる。これは、年代記が書かれた当時、メコン東岸については、普文と思茅以外の地が、ツェンフンの周辺認識においてあまり重要な位置を占めていないということを意味するだろう。

(53) ムンレムが六、ムンツェーが三、ムンガートが一のクウェンを分けて統括するとなっているテキストもあれば、メコン西岸の南部と西部では四クウェンをムンツェー、二クウェンをムンガートが、メコン東岸の北部をムンラー（思茅）が、その他をムンパーンが統括するとするテキストもある。どちらのテキストでも、同時に土司になったはずのムンヒンの名は見えない。

(54) 史料中にはホーンルアンという銀の単位で示してあり、ムンツェーが年額一六ホーンルアン、ムンガートは年額十ホーンルアンである。

(55) 詳細は、拙稿［Kato 1997］参照。

(56) タウングー朝滅亡より前、一七四〇年代に、現在のビルマのシャン州東部、シプソンパンナーのすぐ南で、整謙（ツェンケン?）とムンヨンの争いが起こる。整謙勢力はムンロンに逃げ、それを追ってきたムンヨン軍がムンロンを攻めようとしたので、ムンロンはツェンフンとともに迎えうとうとする。そのころ、整謙もムンヨンも、現在の北タイのチェンセンに従属しており、チェンセンはさらにビルマにしたがっていた。そこでビルマ側はツェンフンに手紙を出して、ムンヨンに来て和解するように言う。それに対してツェンフンは、中国側の顔色をうかがっている［刀永明 1989：154；『清高宗実録』巻一百七］。その時の中国の対応は、夷を以って夷を治め「内地」を騒がせないように、しかし普洱府の各ムンにはしっかり防衛するよう命令するというものである。ここから、この時期、普洱府の範囲までは自らの影響下にある地域として中国が関心を持っていたことが読み取れる。

(57) 結局、前ツェンフン王の正当な血筋をひくターオ・スワンが王位につく（一七七七年—一七九六年）。その長女はムンレムへ嫁いでいるが、「持参金」としてムンピン、ムンラン（パンナー・ピンラン、丙朗県）をムンレムに譲っている。また、次女はムンウーに、四女はムンプンに嫁いでいる［刀永明 1989：169］。

(58) 一七九七年にはツァオマハーウォンが中国側宣慰使に、伯父のツァオディンがビルマ側「宣慰使」になる、すなわち、二人のツェンフン王が立つという事態が発生する。その後、ツァオディンはムンヨンのツァオクワンの勧めにしたがってビルマに反する。一八〇〇年にツァオディンは病没し、ムンツェーのパヤーロンが使者としてビルマに派遣されて、ツァオマハーウォンが正式にビルマ側宣慰使として認められることになる［刀永明 1989：169］。

(59) これはあるいは、東南アジア的な支配原理と中国的な支配原理の違いと言えるものかもしれない。

(60) 清宣宗実録、巻六十一では、連行された先がムンナーイとなっている［刀永明 1989：175］。

(61) 続いて宣慰使となったターオ・チンツンは、一八三七年には、ムンツェー、ムンヒン、チェントン、ムンプンがビルマ王に願い出たことによりビルマ側「宣慰使」にもなっている（一八三四年—一八六四年）。

(62) 注61参照。また、一部のムンの支持しか得られないまま、ビルマ側に認証を求めて拒絶された例もある。

(63) ツァオモムソー（中国名、刀金安、在位一八六四年—一八七六年）が即位する時は、ムンハーイ、ムンツェー、ムンフン、ムンパーン、ムンマーンのツァオムンたちとパヤーロンパーン（ツァオペンディンがシプソンパンナー全体の王であるため、ムンツェンフンにおいてはパヤーロンパーンという者が、名目的に、他のムンのツァオムンと同等の地位にあるとされる）がムンラー（思茅）で会議をして、ツァオモムソーを跡継ぎと決め、僧籍にあったツァオモムソーを還俗させてツァオペンディンとして即位させた［刀永明 1989：186］。

(64) ツァオモムハムルー（刀承恩）とツァオモムシアンとの王位争奪の際、メコン東岸の六ムンはムンラーがリーダーとなってツァオモムハムルーに加勢し、メコン西岸の八ムンはムンツェーがリーダーになってツァオモムシアンについた。

その争いの具体的経過は次のようである。ツァオモムシアンは、兄のツァオモムソーを殺し、ビルマにシプソンパンナーの王となることの承認を求めるが、ビルマはイギリスが攻めてきてそれどころではない。一方、チェントゥン王はツァオモムハムルーに王位を継がせようとし、自身の妹をツァオモムハムルーに嫁がせる。そして、チェンセン、チェンユー、チェンワー、チェンレイ、ムンワンに命じて兵を出し、ツァオモムシアンを攻撃し打ち負かすのである［刀永明 1989：187-8］。

(65) この他の外部勢力としては、杜文秀勢力（中国に対して反乱を起こした勢力）や西洋勢力もシプソンパンナーに影響を及ぼしている。

例えば、一八六〇年代の杜文秀の乱では、ツェンフンの王が、杜文秀と戦う思茅、普洱を助けにいって、結果的に命を落としている［刀永明 1989：183-184］。

西洋勢力は植民地の領土を拡大するという方向で、シプソンパンナーに関わりを持ってくる。例えば、ボーティン、ボービエというムンラーの村落が両広漢人によって西洋人に売られたり、ムンウーがやはり漢人によってフランスに一万二〇〇〇フランで売られたり（一八九五年）している［刀永明 1989：191］例がある。

(66) ビルマからの妻を第一夫人、チェントゥンからの妻を第二夫人、ムンレムからの妻を第三夫人と、外部勢力から嫁いだ妻が、内部のムン出身の妻より高位にある［刀永明 1989：193］ことにも注目すべきだろう。

(67) 実質上は、ツェンフンによるシプソンパンナー支配の形態はそれまでと変わらず、柯樹勛政権は新しい「税」の項目を作り、農民からのその「税」を受け取るという形でしか存在しなかった。

(68) このような、周辺ムンが独立した動きを見せて権力の掌握を目指したことは、ウォルタースの「マンダラ国家」［Wolters 1982：石井 1991：13–14, 1994：140；Sunait 1990：90］やタンバイヤの「銀河系的政体」［Tambiah1976：112–113；関本 1987：14–15］といったモデルで説明できる動きである。

ウォルタースは、強者と弱者を含む複数の政治統合が並存する空間を「マンダラ」と見る。その「マンダラ」の内部において支配服従関係のネットワークが成立し、最強者はマンダラ内部における覇権の獲得を目指すというのが、彼のいうマンダラ的政治統合の形態である。マンダラの内部では、神的で「全世界的」な権威を持つとされる一人の王が、そのマンダラ内の他の支配者に対して覇権を主張していた［Wolters 1982：16］。しかし、実際には、マンダラとは、はっきりした境界をもたない漠然とした領域における、特殊な、時として不安定な政治状況を意味し、そしてその領域は拡大することもあれば縮小することもあるものである［Wolters 1982：17］。マンダラ内の他の支配者たちは、機会が訪れれば従属的立場を拒絶して自身の従属国のネットワーク、すなわち自身のマンダラを打ち立てようとした［Wolters 1982：17］。ウォルタースのいう「マンダラ」の王と「マンダラ」内の他の支配者との関係は、シプソンパンナーにおいてはツェンフンの王ツァオペンディンと各ムンのツァオムンの関係に置き換えて読むことができよう。

タンバイヤは、大小さまざまな数多くの政治単位の同型性と自律性に注目する。それらの一つ一つは、中心はあっても明確な国境をもたず、中心の影響力は中心から遠ざかるほどに弱まっていき、やがて消えてしまう。中心の力が強ければ勢力圏も広い範囲におよび、周囲の小さな政治単位を引きつけて一つの体系を作り上げる。中心の力が弱まれば、周囲の小政治単位は離れていき、別の大きな中心に引き付けられて別の体系を構成する。それは一個の銀河系型の構造であり、中心に位置するものの周りを、いくつものより小さな同型物が回転し、分裂と合体の絶えざる運動を繰り返すというものであったとタンバイヤは考える。これをシプソンパンナーの事例と対応させると、ツェンフンを、周囲の小さな政治単位を引きつける力の強い中心と見なすことができる。

しかし、ウォルタースやタンバイヤのイメージする、周辺勢力が強大になり、もとの中心から従属国を奪い取って自らを中心とするネットワークを作り上げるという図式は、シプソンパンナーにおいてはそのままは適用できない。その理由としては、まず一つめには、シプソンパンナーの事例では、周辺からの権力掌握の動きといった場合、周辺勢力といっても結局はツェンフン王家の勢力が分封されたものであり、一つの王家の中の権力争いという性格が色濃くでるということがある。二つめには、周辺勢力が権力を把握しても、その後すぐ拠点をツェンフンに移動してくるため、地理的に見たかぎりでは中心は移動しないことがある。ムンの名も、もとと同じツェンフンと呼ばれ続ける。

一方、戦乱で人がいなくなったために、一時的に政治統合として存在しなくなったムンの例もしばしば現れる。そして政治権力が消滅してしばらく間をおいたあと、同じ地に別の政治権力が移ってくる例が少なからず存在したことにも注目したい。その場合も、ムンの名はもとと同じものを使うことが多い。これらの点も、ウォルタースやタンバイヤが注目してこなかった側面である。

(69) 周辺勢力がツェンフンという中心を離れて別の勢力につくようになる理由として、ツェンフンが弱体化したからではなく、ツェンフンが他の有力勢力との政治的駆け引きの中でツェンフン自身の意志によって、周辺勢力へ中心ムンとして影響力を行使するのを放棄したからという場合が多いのも、ウォルタースやタンバイヤの想定しなかった要素である。

ツェンフンは、実際には、王女を嫁がせるのに伴って周辺ムンをランサーンに「譲渡」したり、戦争の際ツェンフン側についた見返りとして、チェントゥンに周辺ムンを「割譲」したりしていたのである。周辺勢力の立場から見れば、貢納を行い軍事的忠誠を誓う対象としてどの「中心」につくかは、自らの判断で選びとるのではなく、「中心」同士の取り引きによって決められたということになる。

(70) 東南アジア伝統国家にとっての外部権力による承認の重要性は、先行研究の中でしばしば言及されてきた。一例を挙げれば、矢野暢は、大国家から称号や神話等を付与されることによって「国家」となる政治単位を「受認知」型国家と呼び、東南アジア伝統的国家の六類型の一つとしている［矢野 1984，1986］。

シプソンパンナーの場合、検討に値するのは、中国勢力とビルマ勢力の影響であろう。

まず、中国勢力について考えてみたい。

一三世紀終わりに、シプソンパンナーと中国勢力との接触が始まるが、その段階では、ツェンフンがシプソンパンナーで支配権を打ちたてるために、中国に与することがそれほど大きな意味を持ったとは思われない。一四世紀の終わりごろから一五世紀初めにかけて、シプソンパンナーが周辺への勢力の拡大を試みた際には、景谷以北への勢力拡張を阻むなど、中国はシプソンパンナーにとってむしろマイナス要因となっている。

一八世紀に入ると、中国勢力によるメコン東岸の直接統治が徐々に浸透していく。メコン西岸の主要なムンにも土着の支配者としての称号が中国から与えられ、ツェンフンとは別の独立した勢力として中国の承認を受けることになる。その中でも、ムンツェーはその力を振るい、ツェンフンの対抗勢力という立場にたつようになった。一八世紀後半には、中国は、ビルマに協力的な姿勢を見せたツェンフンの王を退位させ、ムンツェーのツァオムンにシプソンパンナー支配を任せている。それまでもムンツェーは、潜在的にツェンフンに敵対するおそれのある独立的勢力であり続けてきた。中国のムンツェー支持は、この傾向に拍車をかけ、ムンツェーが勢力拡張を実際化するのを助けたと言えよう。それは、シプソンパンナーを、強力な中心をもったムン連合ではなく、拮抗した勢力をもつムンの集合体に分裂させることを意味した。

このように、ツェンフン年代記に表れる限りで判断すれば、中国の勢力は、ある特定のムン権力を承認することによってその力を強化、安定化させようという意図を持ってはいなかった。むしろ、シプソンパンナーの力を削ぐことを意図していたように見えるのである。シプソンパンナー側から見れば、中国の承認を得ることは、各ムンにとってはシプソンパンナー内で自らの立場を安定させるために有用だったが、シプソンパンナー全体としてはその連合状態をかえって弱体化させるものであった。

一方、ビルマ勢力の影響は、一六世紀後半から一気に増大している。ツェンフンはビルマに対する貢物を集める単位として一二のパンナーを作り、ビルマから文字どおり「シプソンパンナー」の王としての承認を受け、一時的にせよ安定したシプソンパンナーを作りあげたのである。ビルマは中国とは逆に、ツェンフン中心にシプソンパンナーがまとまるのに重要な役割を果たしたと言えよう。

第2章 ムン権力の耕地・農民の把握

2-1 はじめに

第二章においては、シプソンパンナー内のムンについて、ムン内に存在する耕地の種類や量、村落の種類や数を相互に比較し、さらに、各ムンで耕地や住民が課税対象としてどのように扱われていたかを検討したい。[1]

ムン内の耕地(水田)の量[2]や村落数[3]は、まず、社会的な意味でのムンの大きさを反映していると考えることができる。また、一般に、耕地と村落は、ムン権力にとって課税対象となりうるものである。ムン内の耕地の種類や量は、そこからムン権力がどのようにどのくらいの税を得るかということを考え合わせれば、ムン権力を支える農業的基盤の強弱を表す指標となる。村落の種類や数は、やはり、課税対象としてどのように扱われていたかということを考え合わせた上で、ムン権力が依ってたつ人口的基盤として検討すべきものである。[4]特にムン権力の「付属地」や「付属村落」が存在する場合は、それらからムン権力へともたらされる富やサービスは、「付属地」以外の耕地や「付属村落」以外の村落からの税とはまた別の意味で、ムン権力を支える経済的基盤の重要な部分を占めていたと予測される。また、ムン権力がどのように農業に関与しどのようにムン住民を把握していたかのシステムについて考えることは、ムンという政治統合の性格を明らかにするために避けては通れない重要な問題であろう。[5]

分析にあたっては、どのムンにも共通する普遍的な農業関与、住民把握の方法があると最初から想定したうえで論を進めることは避けねばならない。むしろ、ムン間の差異に注目することが、ムン連合としてのシプソンパンナーを考察する場合に重要であると筆者は考える。(6) 以下、ムン間の差異に着目して、ムン間の比較を行っていきたい。(7) 考察対象としては、個別の統計資料が入手できた、現在の中国雲南省西双版納傣族自治州領域内にあったムンを中心に比較を行う。(8) まず、その区域における主要盆地の面積と分布について見ていきたい。

2-2 主要盆地の面積と分布

昆明師範学院地理専業による『雲南壩子統計表』中に示されている面積一平方キロメートル以上の盆地は、西双版納傣族自治州内に四九個あり、合計面積は九七八・四三平方キロメートル、自治州総面積の約五パーセントを占めているという［劉（他、編）1990：6–8］。一方、旧シプソンパンナーにおける自治的政権の存在していたムンは、年代記に現れる限りでは三〇個ばかりである。その各ムンが基盤としていた盆地を、面積一平方キロメートル以上の盆地四九個の中から拾ってみると、表2－1（巻末資料。以下、本章の表については、巻末資料を参照していただきたい）のようになる。

面積の最も広いのは、ムンツェー（図表中の記号ではn）(9)、ムンフン（k）、ムンツェンツン（j）の三つのムンを含む盆地で、二二九平方キロメートルとなっている。しかし、ムンツェー盆地（ムンツェンツンの領域を含む）とムンフン盆地は別々の盆地と考えることもでき、佐藤哲夫によればムンツェー盆地は約一〇〇平方キロメートル、ムンフン盆地は約六〇平方キロメートルの面積を持つ。(10) 両盆地の数値を合計すると約一六〇平方キロメートルとなり、昆明師範学院の求めた数値の約七割となっている。佐藤がムンハーイについて求めた数値も昆明師範学院の求めた数値の約七割になっていることから考えて、両者の違いは計測基準の違いであり、佐藤の計測基準によると昆明師範学院の計測基準の約七割の数値が出てくるだろうことが予測される。よって、佐藤の数値を昆明師範学院の計測基準によって求められるであろう数値に換算してみると、ムンツェー盆地は約一四三平方キロメートル、ムンフン盆地は約八六平方キロメートルということになる。その数値をもって、あらためて他の盆地と比較して見ると、この二つの盆地は個別に考えても他の盆地より大きいことになる。ムンツェー盆地が最大で、シプソンパンナー全ムンの盆地面積の一六パーセントほどを占め、一つだけ抜きんでている。そして、ムンフン盆地が第二の広さを持つことになる。

ムンフン盆地の次には、ムンハム（b）、ムンロン（h）、ムンツェンフン（a）と、ムンフンと同じく七五から八五平方キロメートル級の盆地が続く。それらから少し間があき、ムンハーイ（i）、ムンプン（z）がほぼ五〇平方キロメートルの面積を持つ。以上に列記した合計七つの比較的規模の大きい盆地だけで、シプソンパンナー全ムンの盆地面積の六二パーセントを占める。

この七盆地の分布を見ると、ムンハム（b）とムンプン（z）がメコン河の東側、その他五つはメコン河の西側にある。そのうちメコン本流に面しているのは、ムンツェンフン（a）とムンハム（b）である（図2-1参照）。

ムンツェー（n）、ムンフン（k）、ムンハーイ（i）、ムンツェンフン（a）は、いずれも、メコン河に西から流れ込む支流、流沙河の流域に開けた盆地である。佐藤によると、流沙河は全長約一一〇キロメートルで、初めはかなり急勾配だが、メコン河との合流点より上流九〇キロメートルの地点から勾配が一〇〇〇分の三程度に緩やかになり、それがメコン河との合流点より上流二〇キロメートルの地点まで続き、そのあと再び急勾配になるという。ムンツェー、ムンフン、ムンハーイはメコン河との合流点より上流九〇キロメートルから二〇キロメートルまでの緩傾斜部に位置している。ムンツェー盆地とムンフン盆地は別々の川筋に開けており、その二つの川筋の合流点で相互に接している。その合流点より一〇キロメートルほど下流から開けているのがムンハーイ盆地である。これら三つの盆地はほとんど山地を隔てずに相互に接近している（図2-2参照）。

ムンハーイ盆地よりさらに下流にいくと、流沙河は再び急勾配になってツェンフン盆地に至る。流沙河はツェンフン盆地の東端でメコン河に合流するが、その前に南からナムオート川、北からナムヒー川という支流がツェンフン盆地内で流沙河に流れ込んでいる（図2-2、図2-3参照）。

一方、ムンハム盆地もツェンフン盆地と同じくメコン本流に接して開けているが、ムンハム盆地を貫流してメコン河に流れ込む支流は規模が小さい。ムンロン盆地は、ナムガ川というメコン河の支流流域にできた盆地である。ナムガ川の流域面積は一五四四平方キロメートルで、流沙河の二〇一九平方キロメートルの四分の三ほどである。ムンプン盆地は、メコンの支流、ナムラー川の流域にできた盆地で、東側ムンラー盆地を通る川筋と西南側ムンシン盆地（現在のラオス領内にある）を通る川筋、そして南側ムンマーン盆地を通って

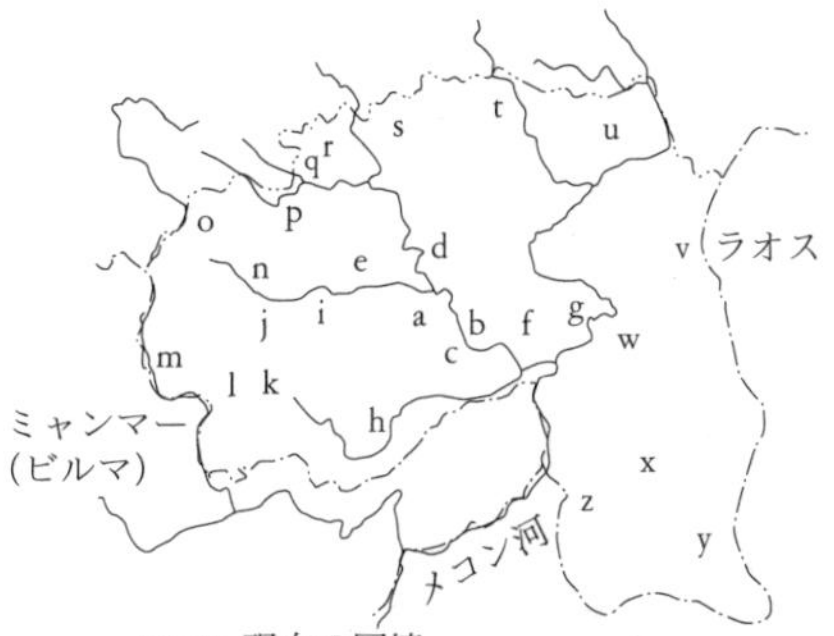

-·-·- 現在の国境
-··-··- 現在の西双版納傣族自治州の州境
—— 川

ツェンフン	a	ムンツェー	n
ムンハム	b	ムンマーン	o
ツェンハー	c	ムンガート	p
ムンヤーンノイ	d	ムンハーン	q
ムンスーン	e	ムンワン	r
ムンホン	f	ツェンヌー	s
ムンヌン	g	ムンヒン	t
ムンロン	h	ムンバーン	u
ムンハーイ	i	ツェントン	v
ツェンツン	j	ムンヘム	w
ムンフン	k	ムンウェン	x
ムンパーン	l	ムンラー	y
ツェンロー	m	ムンプン	z

図2-1　シプソンパンナーの主なムンの分布

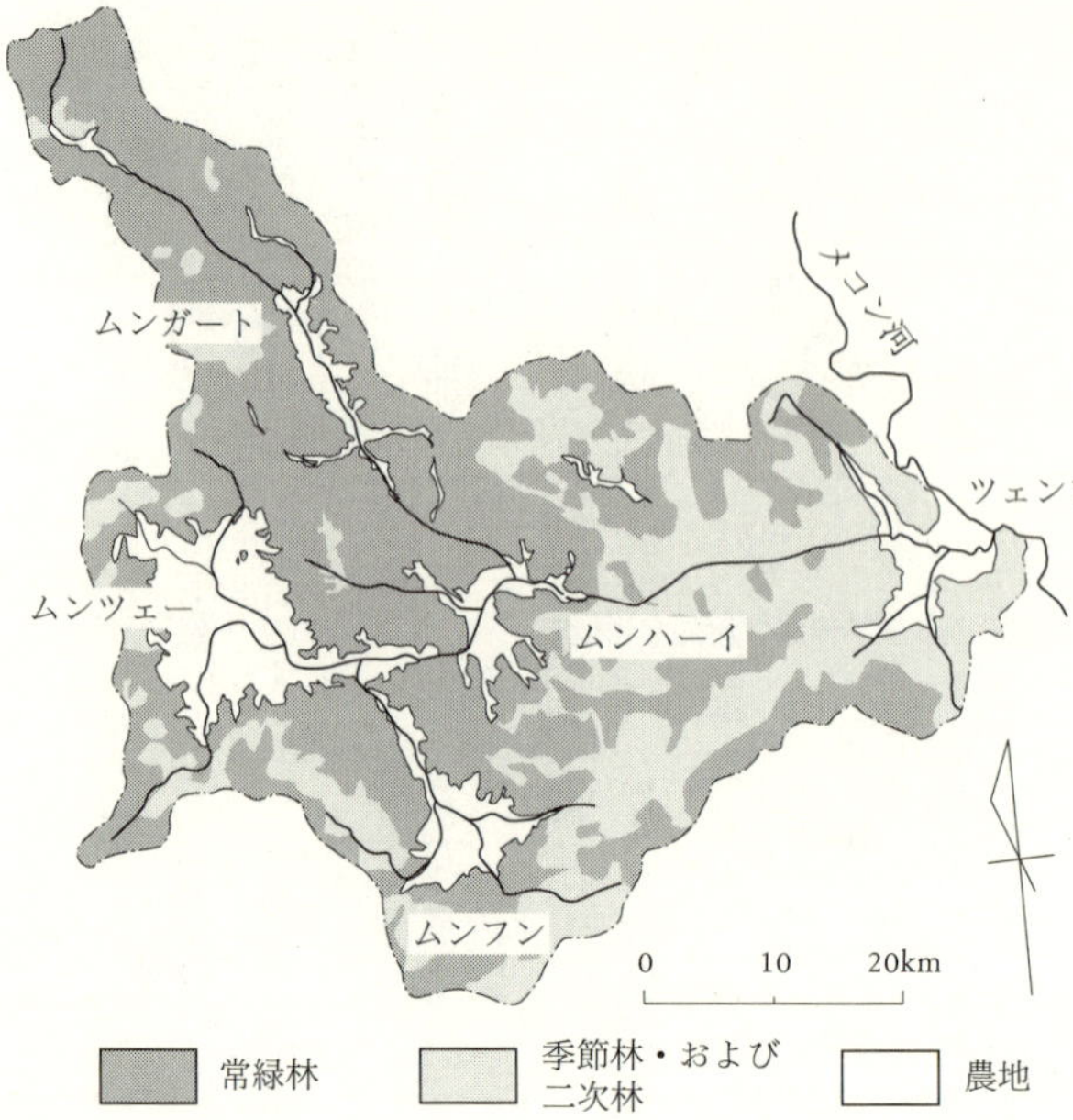

図 2-2　流沙河流域の盆地
（1994 年 9 月 8 日付けの佐藤哲夫氏から筆者への私信中の地図を原図として，筆者が手を加えたもの．流沙河支流の河筋は，主なもののみ記入した．）

くる川筋とが合流したところに位置している。

さて、長谷川は、シプソンパンナーがメコン[11]水系のムンの集合体として編成されており、王都のおかれたツェンフンがメコン河に面したムンである[12]のに対し、その他のムンはメコン河に合流する中小水系に点在していることに注目する。シプソンパンナー内部の最大の行政単位であるパンナーは、二つか三つのムンから構成されることが多く、一つのパンナーを構成するムンは、一般にみな同一支流の水系に属しているということも彼は指摘している[13]。そして長谷川は、大水系のメコン河沿いに形成されたツェンフンが、地域ごとに分立するムンをあたかも一つのネットワークに束ねあげているかのような河川水系モデルを想定するのである［長谷川 1991：385］。このような状況を総合して考えれば、シプソンパンナーをまとめあげる王がツェンフン盆地に出現した理由が生態学的条件から説き明かせないだろうかとも、長谷川はコメントしている[14]［長谷川 1991：385］。

支流ごとの盆地群のまとまりを、本流に面するムンツェンフンがまとめるという長谷川のモデルは、上述した盆地の分布のしかたから見てもうなづけるものである。付け加えるべきことがあるとしたら、それは、流沙河流域が、多くのメコン河の支流の中でも特に重要な位置を占めていたということである。前述したように、流沙河流域には大盆地がいくつも開けており、ムンツェー盆地やムンフン盆地といったツェンフン盆地より大きな盆地も存在する。

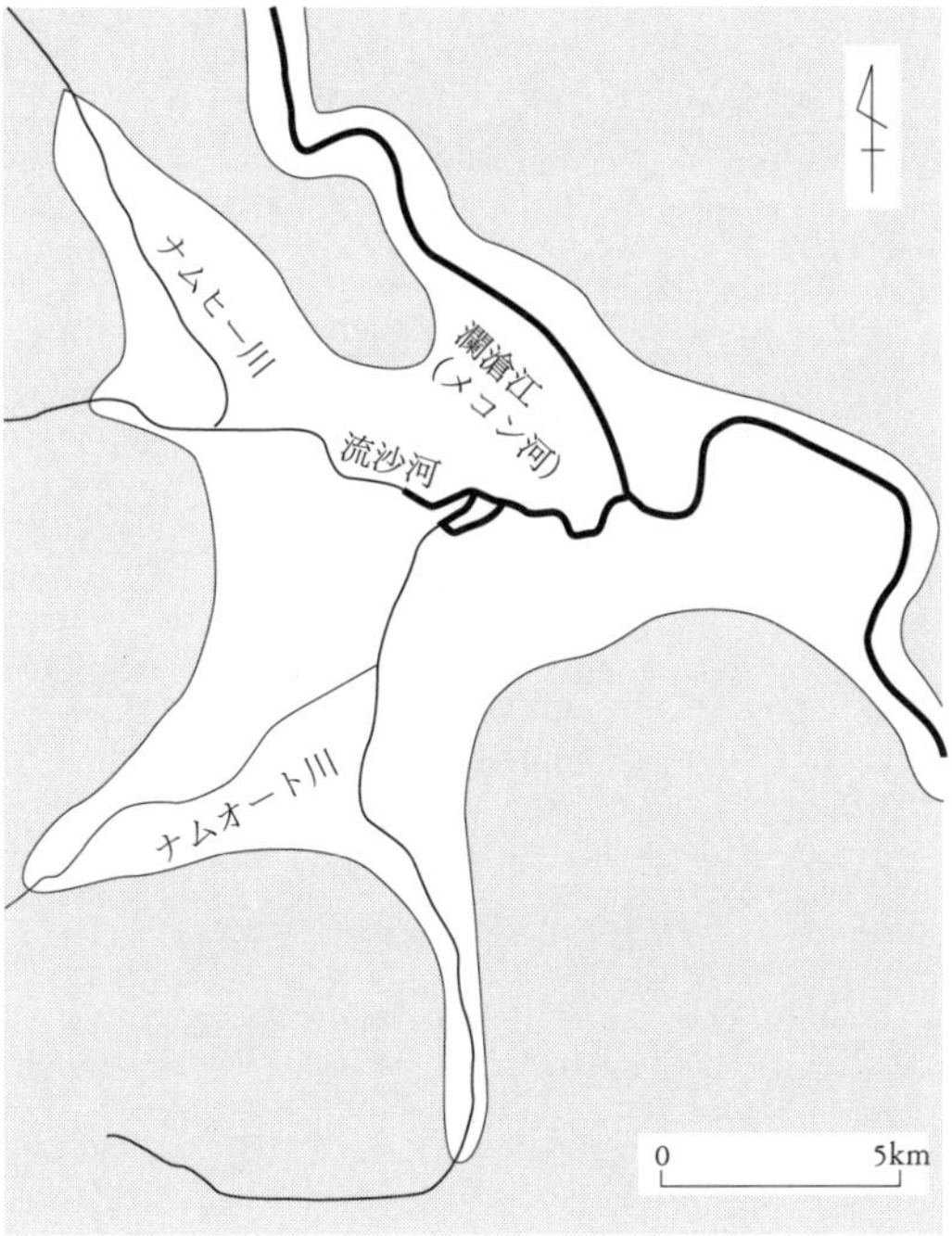

図 2-3　ツェンフン盆地の河川

そして、第一章で見たように、これらの盆地に依拠するムンは、実際に歴史上、しばしば大きな力を持つに至っている。流沙河流域のムンツェー盆地、ムンフン盆地に依拠した政治権力は、ツェンフン勢力と拮抗する力をもつ可能性を潜在的に秘めていた、シプソンパンナーのもう一つの「中心」であるということができる。シプソンパンナーの核心域を図示するとしたら、横倒しのT字型で示すことができよう（図2－4）。

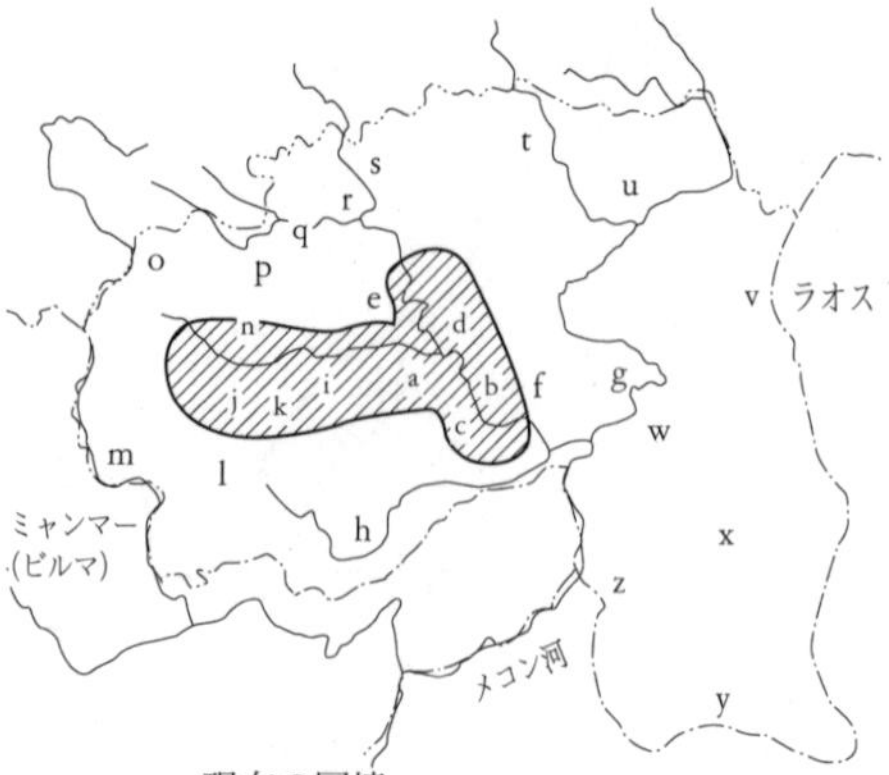

一部のムン名は省略してある.

ツェンフン	a	ムンツェー	n
ムンハム	b	ムンマーン	o
ツェンハー	c	ムンガート	p
ムンヤーンノイ	d	ムンハーン	q
ムンスーン	e	ムンワン	r
ムンホン	f	ツェンヌー	s
ムンヌン	g	ムンヒン	t
ムンロン	h	ムンバーン	u
ムンハーイ	i	ツェントン	v
ツェンツン	j	ムンヘム	w
ムンフン	k	ムンウェン	x
ムンパーン	l	ムンラー	y
ツェンロー	m	ムンプン	z

図 2-4　シプソンパンナーの核心域（斜線部分）

2-3　水田総面積と村落総数から見たムン間の差異

一　水田総面積

『調査報告』の中で、水田面積あるいは別の示し方[15]で水田の広さ（量）がわかっているムンは二五ある。表2-2

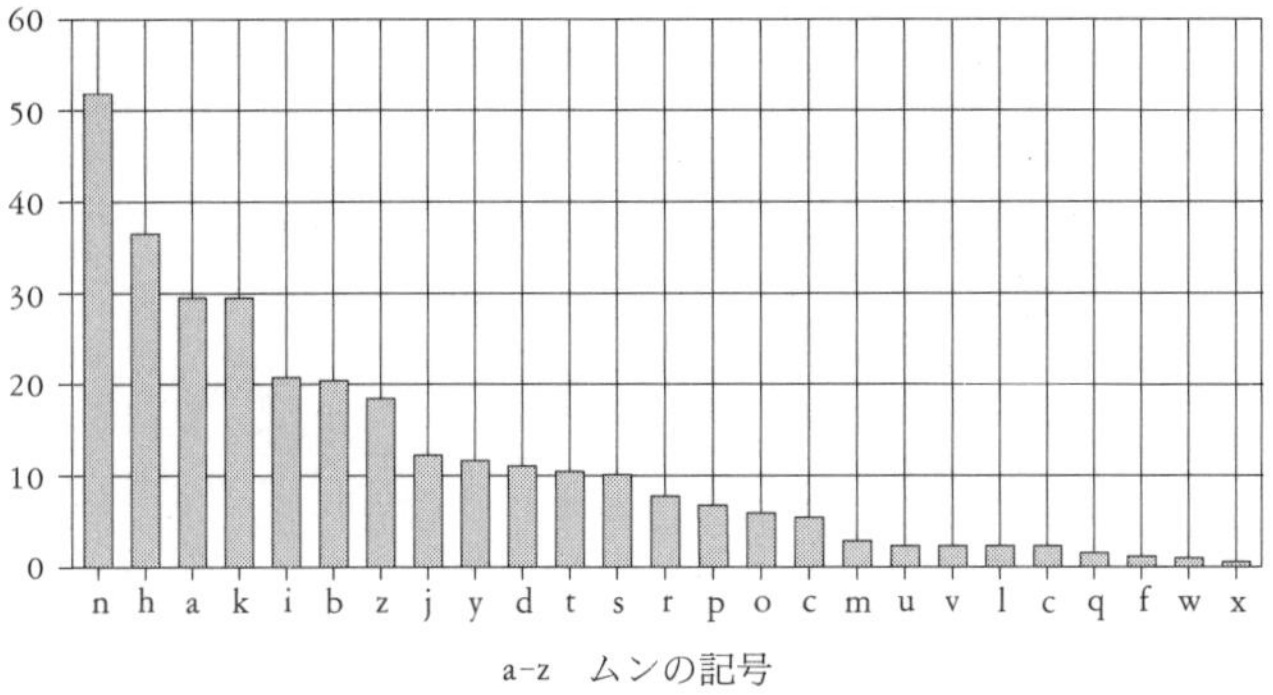

グラフ 2-2-1　水田総面積
単位：1000 ムー

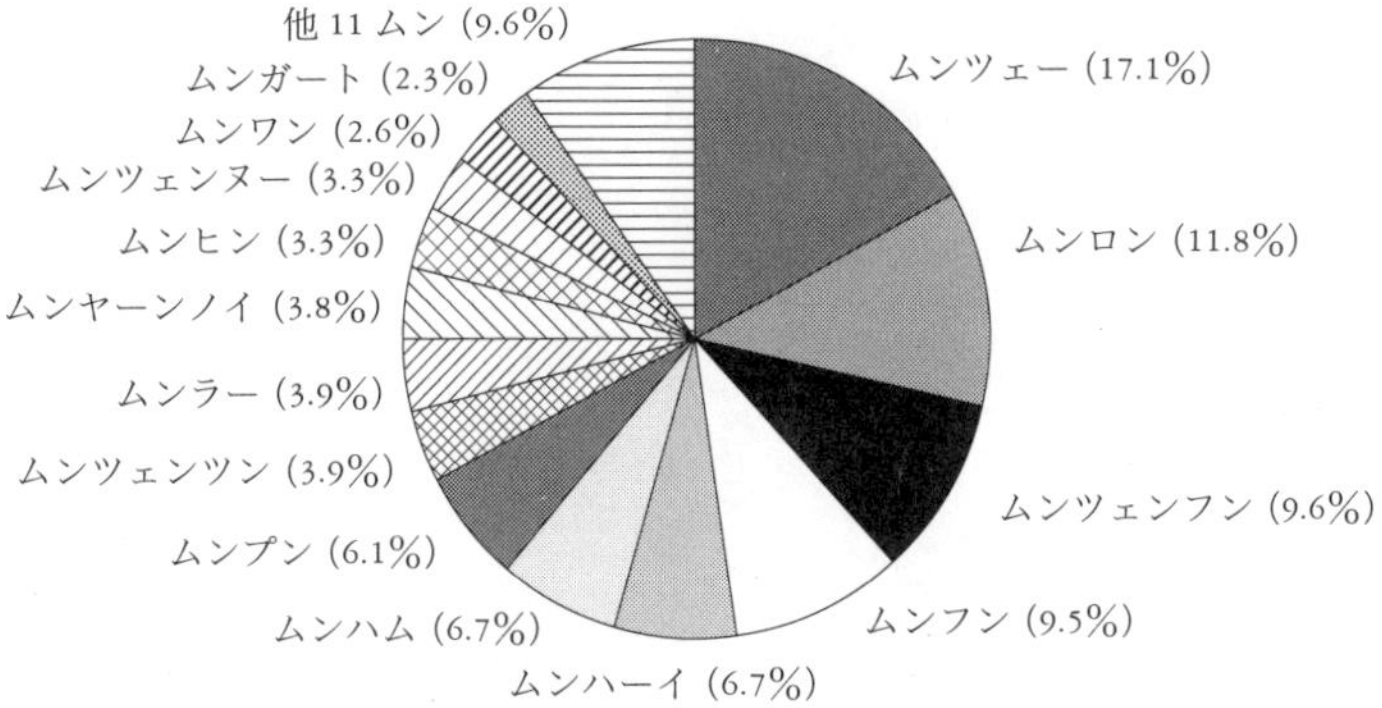

グラフ 2-2-2　水田総面積
シプソンパンナー全体に占める割合 (%)

は、ムー（畝）という面積単位に換算した各ムンの水田面積とシプソンパンナー全体において各ムンの水田面積の占める割合を示したものである。それを視角的に比較できるように、棒グラフにしてムンごとの面積を示したのがグラフ2-2-1、円グラフにしてムンごとの全体に占める割合を示したのがグラフ2-2-2である。

二五のムンの中で最大の水田面積を持つのは、ムンツェー（n）である。ムンロン（h）がそれに次ぎ、「中心ムン」ムンツェンフン（a）は三位である（グラフ2-2-1、

2-2-2)[16]。

水田面積と盆地規模との比較（表2-3）をすると、ムンツェンフンは、盆地規模からいえば第五位であるのが、水田面積では第三位と順位を上げている。だが、それでも、ムンツェンフンより多くの水田を持つムンが二つもあるのである。特に、ムンツェーは盆地規模も最大であるのに加え水田面積も最大であり[17]、ムンツェンフンの約一・七倍の水田を持っていることになる。ムン内の水田面積という面から見れば、ムンツェンフンは「中心ムン」たる優越性を示しているとは言えない。

二　村落総数

表2-4とグラフ2-4-1、2-4-2は、ムンごとの村落数およびシプソンパンナー全体の村落数を考えた場合にそのムンの村落数の占める割合を示したものである。

最も村落数が多いのは、ムンツェンフン（a）とムンツェー（n）である。この二つのムンにはそれぞれ八九村がある。八九村という数は、シプソンパンナー内全村落数の約一四パーセントを占める。それらに続くのはムンロン（h）、ムンハム（b）、ムンプン（z）で、ここまでの五つのムンで、シプソンパンナー内全村落数の約五四パーセントを占めている（グラフ2-4-1、2-4-2）。

ムンツェンフンは村落数では第一位である。ムンツェーも同数で第一位であるが、ムンツェーは盆地面積も水田面積も他のムンよりはるかに大きいので、ごく自然に考えれば、最も多くの村落があって然るべきムンである。それに対してムンツェンフンは、盆地規模では第五位、水田面積では第三位であるにもかかわらず、村落数では第一位なのである。[18]

各ムンの水田総面積と村落総数の比較からわかる大まかな傾向をまとめると以下のようなことが言えよう。

［1］　ムンツェーの自然条件に基づく優位性

盆地面積が最も広いムンツェーは、水田総面積においても村落総数においても第一位を占めている。

［2］　ムンツェンフンの「中心ムン」としての優越

盆地面積では第五位のムンツェンフンは、水田総面積においては第三位、村落総数においては第一位と、

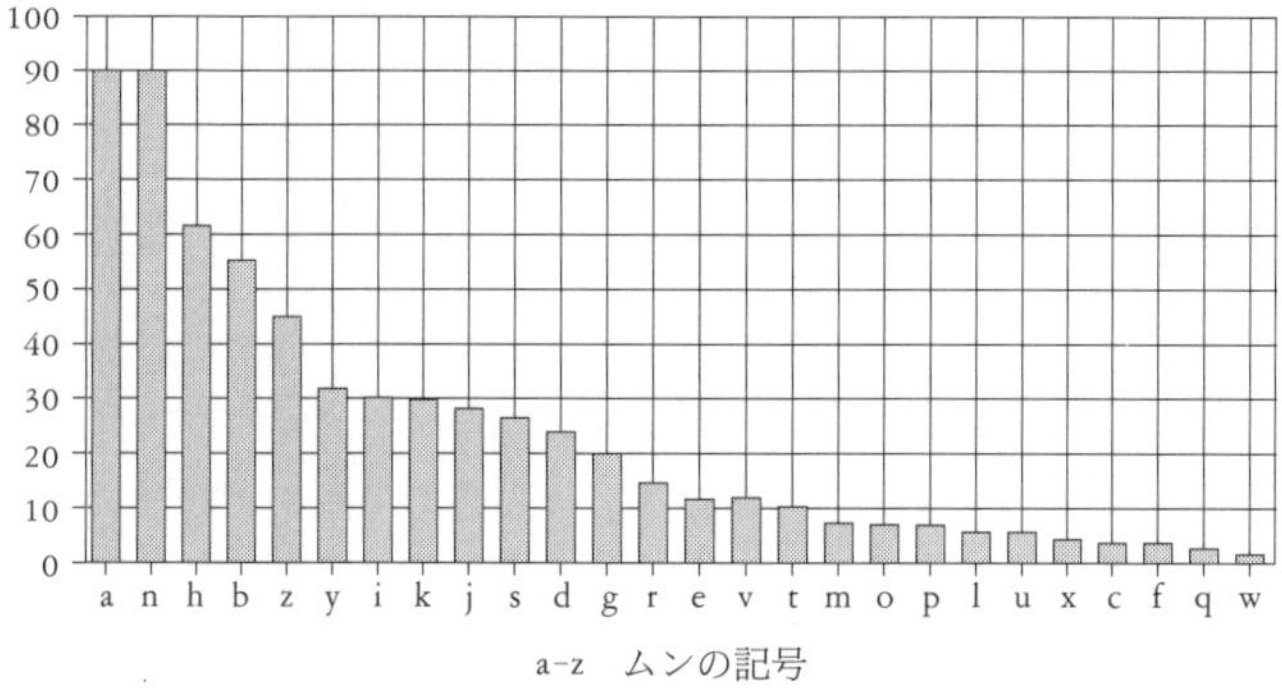

グラフ 2-4-1　村落総数

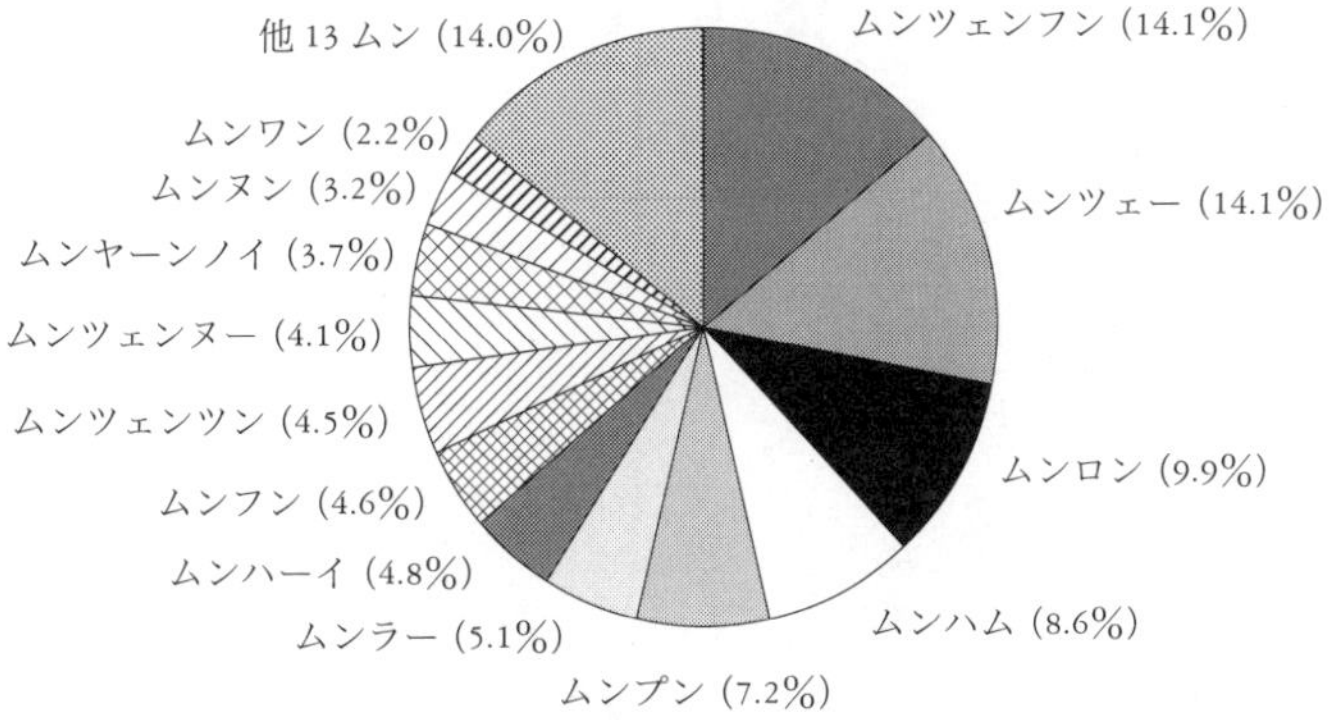

グラフ 2-4-2　村落総数
シプソンパンナー全体に占める割合 (%)

水田としての土地利用率と村落密度[19]が比較的高い。このこととムンツェンフンが「中心ムン」であることとの間には、何らかの関係があると予測される。

2-4 農民所属の水田と王族所属の水田

『調査報告』の各ムンの記述を見ると、水田には戸、一族、村落など一般農民[20]側に所属すると位置づけられるもの（以下、農民所属田と呼ぶ）とツァオムン（ムンの首長）、ポーラーム（ムンの大臣、高官）などの支配者である王族[21]に所属すると位置づけられるもの（以下、王族所属田と呼ぶ）があったことがわかる。農民所属の水田は、一般に農民側の管理に任せられており、その地からの収穫が支配者層である王族への米上納と直接結び付くことはなかった。一方、王族所属の水田は、全部であれ一部であれ、その土地から収穫できる米そのものが、決められた官職にある王族に納められることになっていた。水田のカテゴリーと統治者への「税」の種類や量との関係は後述することにして、まずは、各ムンにおける農民所属田と王族所属田それぞれの面積と両者の間の割合について見ていこう。

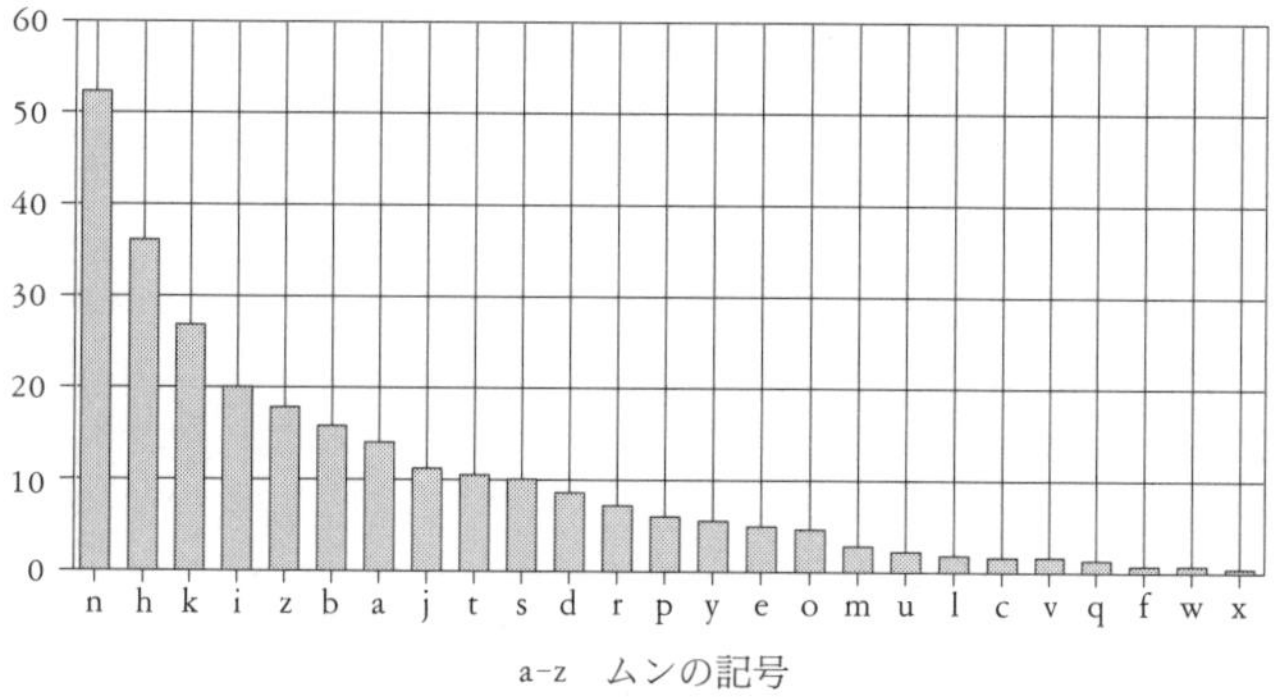

グラフ 2-5-1　農民所属田
単位：1000 ムー

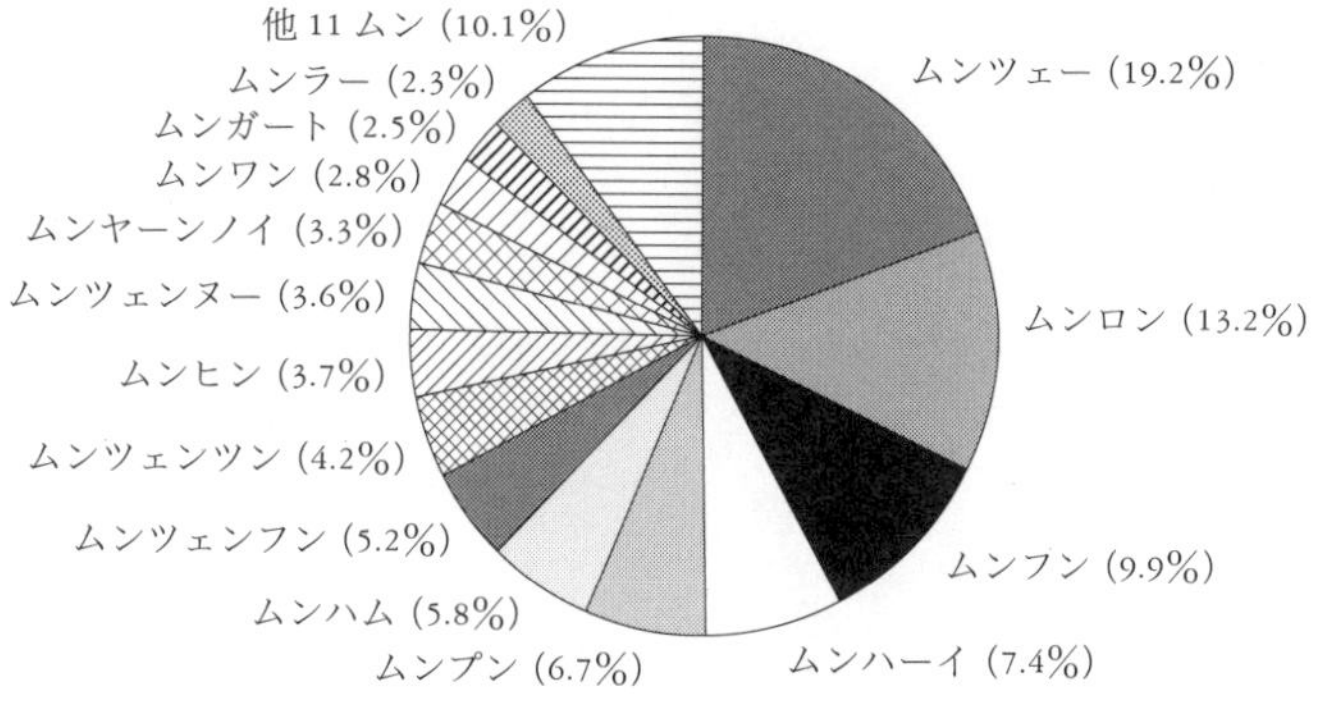

グラフ 2-5-2　農民所属田
シプソンパンナー全体に占める割合（%）

一　農民所属の水田

表2-5は、ムンごとの農民所属田の面積とそのシプソンパンナー全体の農民所属田において占める割合である。農民所属田は、さらに、村落所属田（村田、ナー・バーン）、一族所属田（族田、ナー・ハクン）、戸あるいは個人の所属田、村落やそれを超えた自治単位の役職者の職田[22]に分けられる。グラフ2-5-1、2-5-2は、各ムンにおける農民所属田面積の合計を、その実面積と割合のそれぞれについて、視角的に把握できるように棒グラフと円グラフで表したもので

である。

水田総面積におけるのと同じように、第一位を占めているのはムンツェー（n）である。以下、ムンロン（h）、ムンフン（k）、ムンハーイ（i）と続き[23]、そして、七番目にやっとムンツェンフン（a）の名が見える[24]（グラフ2-5-1、2-5-2）。

農民所属田面積で第七位までのムンの名は、水田総面積でも第七位までにすべて現れている（表2-2、表2-5）。その中で、ムンツェンフンのみが、第三位から第七位へと大きく順位を変えているのが特徴的である。

二　王族所属の水田

次に、王族所属田について、表2-6とグラフ2-6-1、2-6-2に基づいて考察する。ここでは、王族所属田を、ツァオムン（ムンの首長）田とポーラーム（大臣・高官）田に分けて示してある。ツァオペンディン田は、ツァオムン田としてカウントした。ツァオペンディンの直轄ムンであるムンツェンフンにおいては、ツァオペンディン田は他のムンのツァオムン田と同じ意味を持つからである[25]。

王族所属田の合計面積を見ると、ムンツェンフン（a）にあるものが圧倒的に多く、シプソンパンナー全体の王族所属田のほとんど半分を占めていることがわかる[26]（表2-6、グラフ2-6-1、2-6-2）。そして実際は、他のムンにもムンツェンフン所属のツァオペンディン田やポーラーム田が存在することを考えれば、ムンツェンフンはさらに多くの王族所属田を持っていることになる。

特に、ムンハム（b）、ムンツェンハー（c）、ムンツェンツン（j）の王族所属田は、実際はすべて、ムンツェンフ

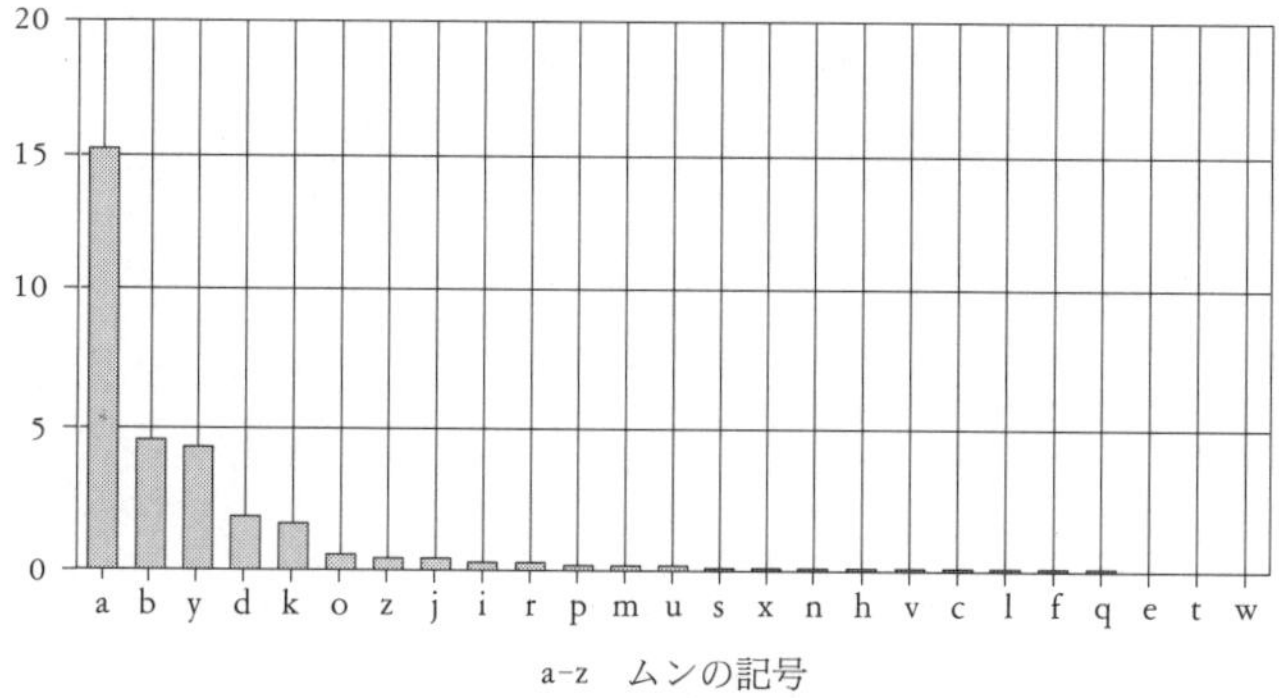

グラフ 2-6-1　王族所属田
単位：1000 ムー

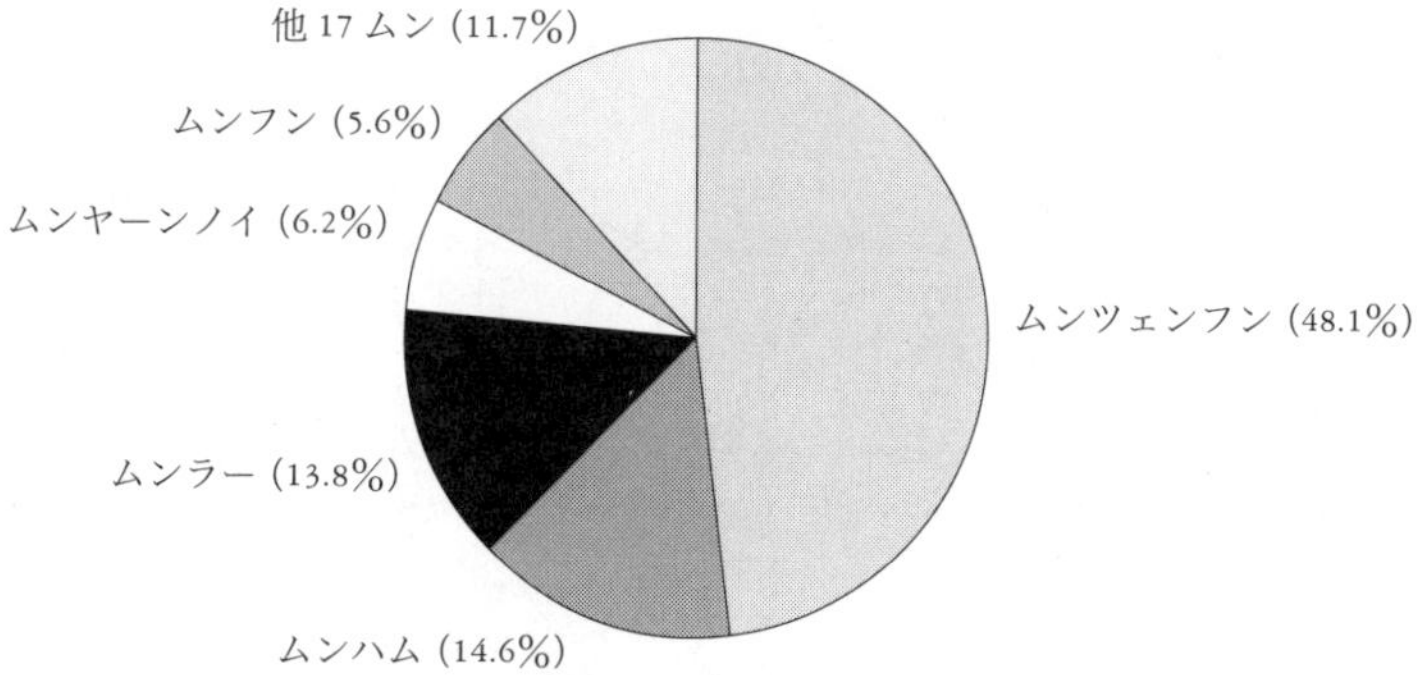

グラフ 2-6-2　王族所属田
シプソンパンナー全体に占める割合 (%)

ンの王族に所属するものである。また、ムンヤーンノイ(d)のポーラーム田はすべて、ムンツェンフンのポーラームの田である。ムンヤーンノイのツァオムン田は一五〇ムーしかないので、ムンヤーンノイの王族所属田はほとんどがムンツェンフンのものということになる。

具体的な数値を挙げれば、ムンツェンフンのポーラーム田は、ムンハムに四五八四ムー、ムンヤーンノイに一七八四ムー、ムンツェンハーに八四ムーある。ツァオペンディン田は、ムンツェンツンに四一〇ムー、ムンハーイに

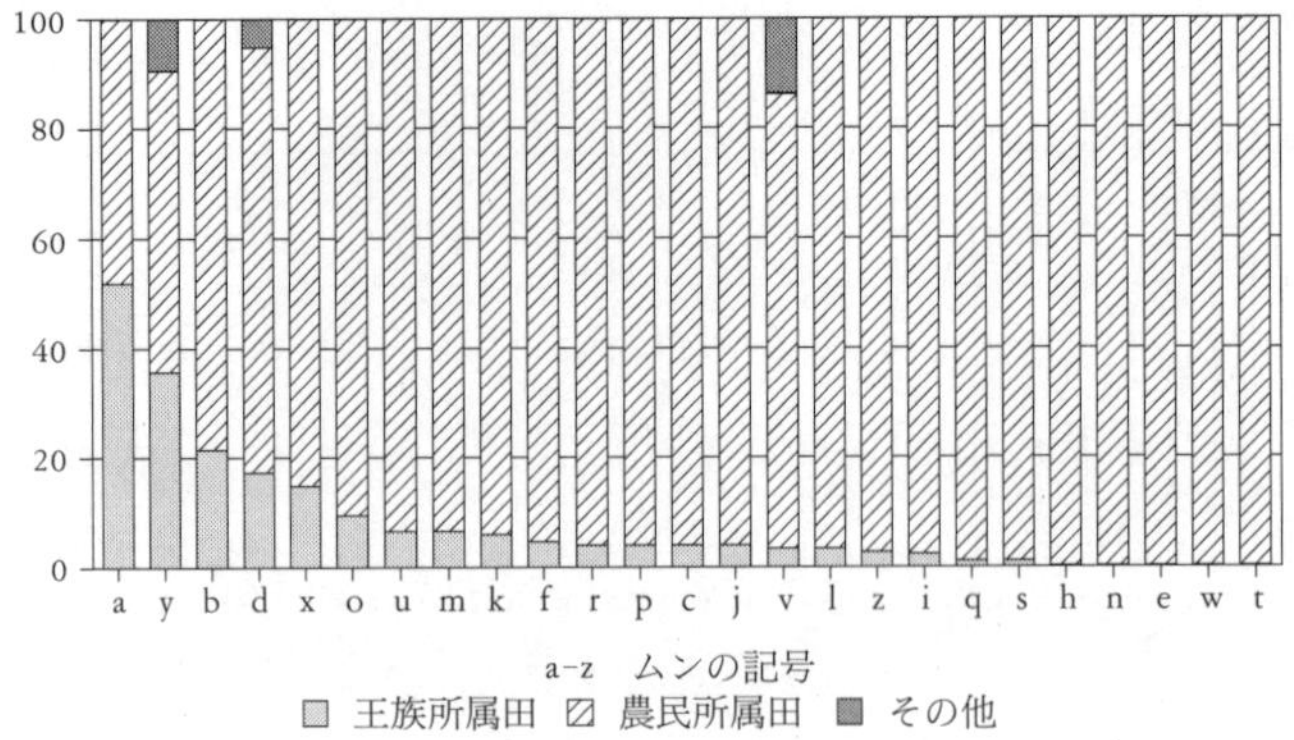

グラフ 2-7　王族所属田と農民所属田の比率
単位：％

二六四ムーある。以上挙げた、他ムンにあるムンツェンフンの王族所属田は、合わせて七一二六ムーになる。これをムンツェンフン内の王族所属田と合計すると、ムンツェンフンは二万二二六六ムーの王族所属田を持っていることになる。それはシプソンパンナー全体の王族所属田の実に七〇・八パーセントを占めているのである。

逆に注意すべきなのは、水田総面積、農民所属田では第一位、第二位に位置づけられたムンツェーとムンロンが、王族所属田をほとんど持っていないということである。[27]

三　王族所属田と農民所属田との比率

ムンごとの特徴をより明確に理解するために、次に、王族所属田と農民所属田との比率をムン間で比較することにする。表2-7は、王族所属田、農民所属田、その他の田[28]の間の比率をパーセンテージで表したものである。それを棒グラフにうつして視角的に比較できるようにしたのが、グラフ2-7である。表およびグラフにおけるムンの記載順は、王族所属田の比率が高い順になっている。

王族所属田の面積が農民所属田の面積を上回っているのは、ムンツェンフン（a）だけである。それでも、王族所属田が五一・八パーセント、農民所属田が四八・二パーセントと、数値からいえば王族所属田の面積がわずかに多いにすぎない。しかし、王族所属田の割合が二番目に高いムンラー（y）では、三六・九パーセントと、王族所属田の割合はすでにかなり低くなっている。そのあと、ムンハム（b）、ムンヤーンノイ（d）と続くが、これら二ムンは、農民所属田が八〇パーセント近くなっており、しかもムンハムの場合はすべての、ムンヤーンノイの場合はほとんどの王族所属田が、そのムンに属さずムンツェンフンに属している。このような状況からみれば、王族所属田の面積が農民所属田の面積を上回っているという事実は、他のムンと比べ、ムンツェンフンでは王族所属田がかなり優勢であるということを意味する。

2-5　タイムン村落と「クンフンツァオ」村落

『調査報告』中では、王族とその子孫以外のムンの住民を、タイムンと「クンフンツァオ」という二つの範疇に分けて記載してある。タイムンはムンの公民とされ、古くからそのムンに住んでいる人々と位置づけられていた。「クンフンツァオ」は、ムンの王族の「従属民」という性格を持ち[29]、罪人やムンの外からの移住民、王族の家内使用人などに起源を持つと考えられていた［歴二：11］。この、『調査報告』中で「クンフンツァオ」と一括して呼ばれているものは、実際はさまざまな下位範疇に分けて把握されている。というより、実際はさまざまなグループとして認識されていた人々が、『調査報告』中では便宜的に「クンフンツァオ」と一括して扱われているのである。その「下位範疇」はムンによって異なっている。一般に、タイムンはタイムン同士で婚姻関係を結び、タイムンのみで村落（バーン）を作っていた。「クンフンツァオ」のそれぞれの「下位範疇」の人々も、同じ範疇に属するものだけで村落を作っていた。婚姻も、一般には、「クンフンツァオ」の枠内かその「下位範疇」の枠内で行っていたと考えられる。

徭役は村落単位で課されるのが一般的であったが、その村がタイムンの村であるか、「クンフンツァオ」の村であるかによって、また「クンフンツァオ」の村であれば、どの「下位範疇」の村であるかによって、課せられる徭役の内容が異なっているムンが多かった。例えば、ムンの公共事業的な仕事はタイムンが分けもつべきであるとされ、ムン権力への私的奉仕、家内労働は、「クンフンツァオ」と位置づけられる人々が主として行うといったようにである。

以下、各ムンにおけるタイムンの村落と「クンフンツァオ」の村落の、それぞれの村落数と両者の間の割合について見ていこう。

一　タイムン村落

各ムンのタイムン村落数とそのシプソンパンナー全体のタイムン村落数に占める割合は、表2-8とグラフ2-8-1、2-8-2に示してある。最も多くのタイムン村落があるのは五六村を持つムンツェー（n）であり、シプソンパンナーのすべてのタイムン村落の約一七・一パーセントを占めている[30]（グラフ2-8-1、2-8-2）。

一方、ムンツェンフン（a）は村落総数では第一位であったが、タイムン村落数では第七位に後退している。そし

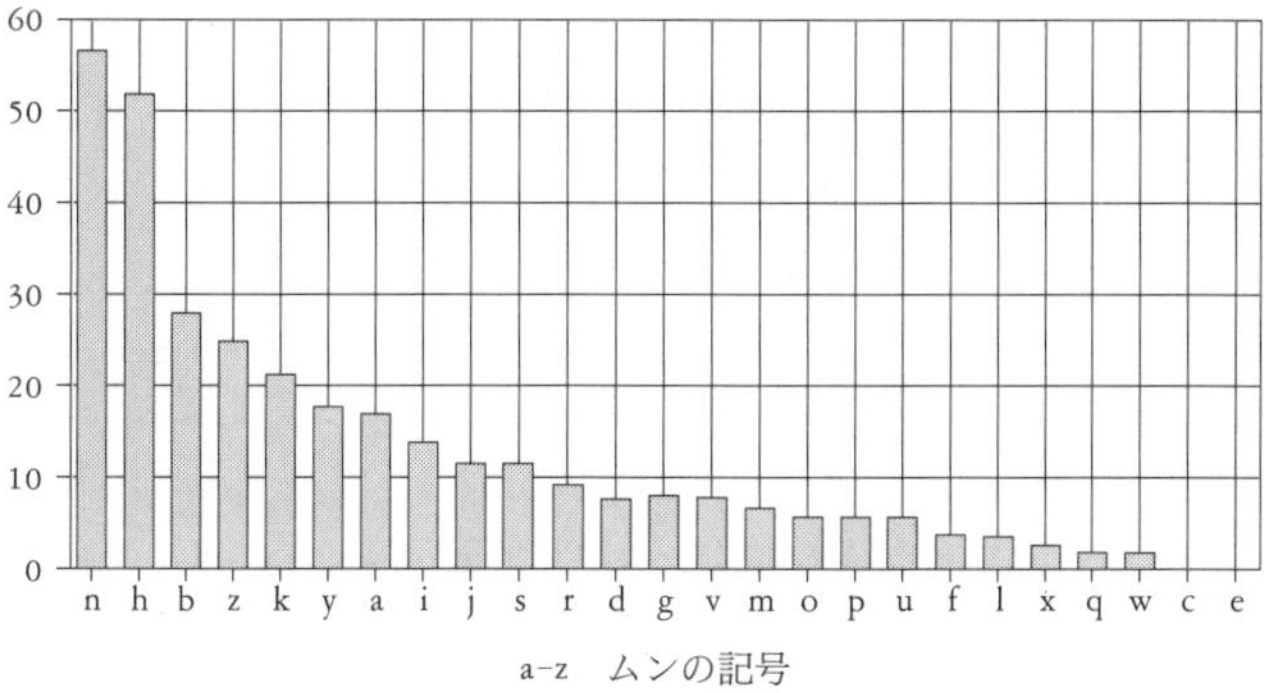

グラフ 2-8-1　タイムン村落数

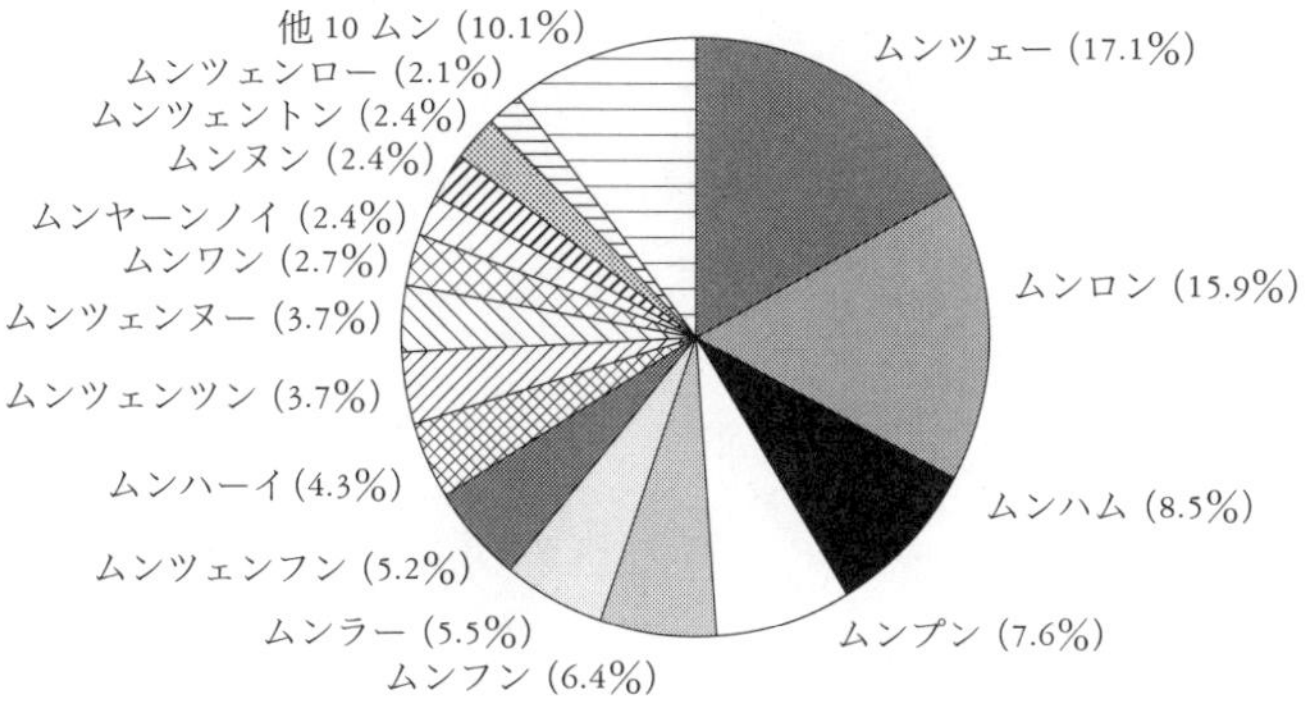

グラフ 2-8-2　タイムン村落数シプソンパンナー全体に占める割合 (%)

てムンツェンフン以外は、村落総数の場合の順番と目だった変化を見せていない（表2-4、表2-8）。この相違は、水田総面積と農民所属田を比較した時に見られた相違と傾向を同じくしている（八〇頁参照）。

二　「クンフンツァオ」村落

各ムンの「クンフンツァオ」村落数のシプソンパンナー全体の「クンフンツァオ」村落数に占める割合は、表2-9とグラフ2-9-1、2-9-2に示してある。ここでは、六〇村の「クンフンツァオ」村落を持つムンツェンフンに、シプソンパンナー内の「クンフン

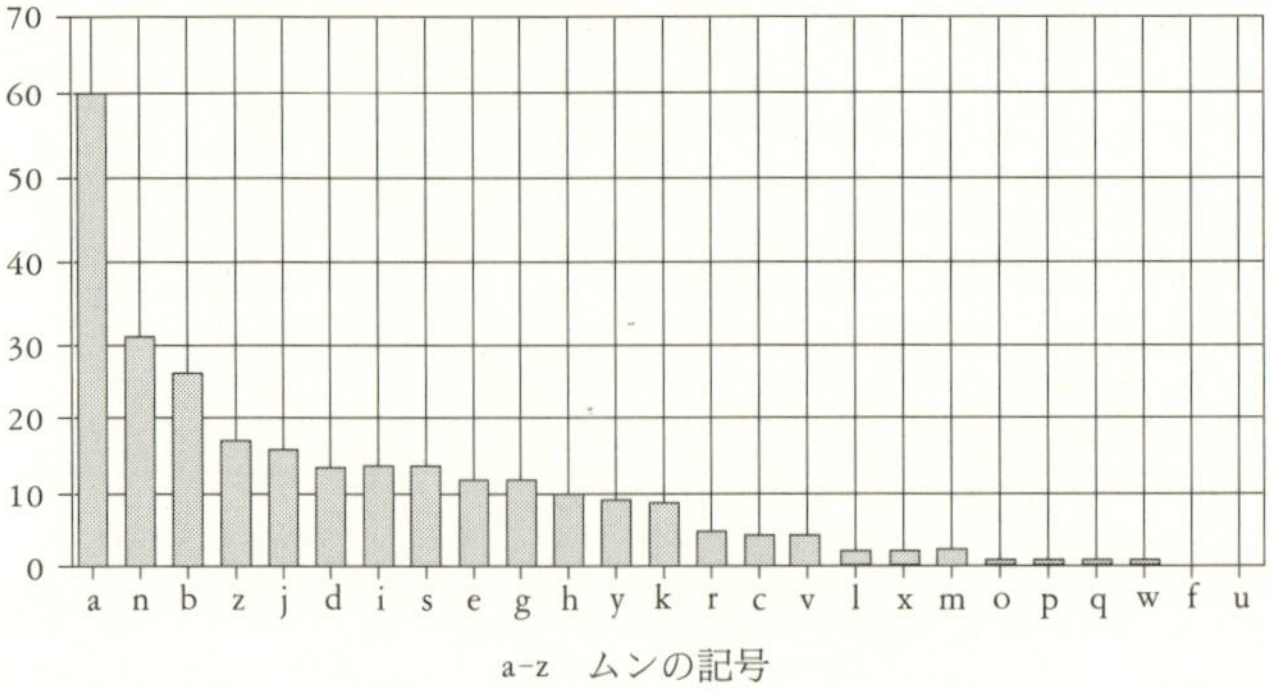

グラフ 2–9–1　クンフンツァオ村落数

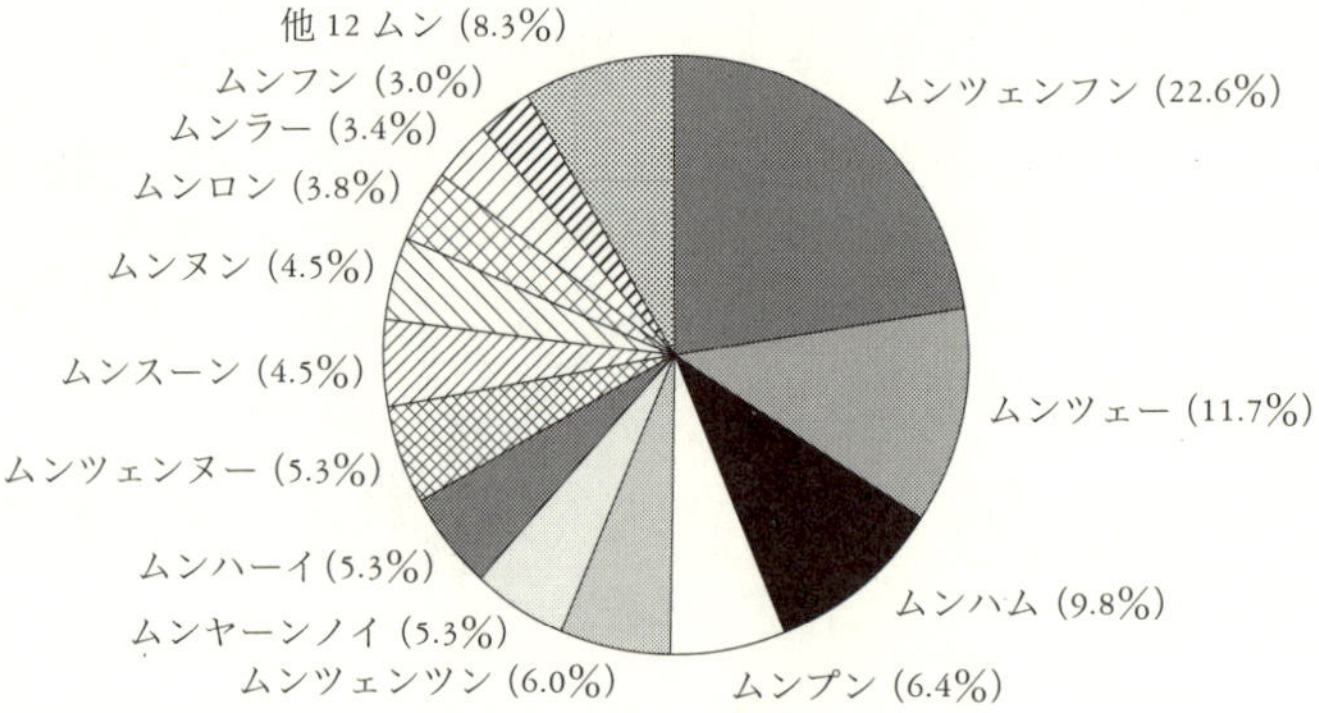

グラフ 2–9–2　クンフンツァオ村落数
シプソンパンナー全体に占める割合 (%)

ツァオ」村落の二二・六パーセントがあることになり、第一位に位置づけられる。ムンツェーは、第二位に位置しているものの、「クンフンツァオ」村落の実数は三一村、一一・七パーセントで、ムンツェンフンのほぼ半分である[31]（グラフ2–9–1、2–9–2）。村落総数ではムンツェーと同数であったムンツェンフンが、「クンフンツァオ」村落数ではムンツェーを大きく引き離しているのである。ムンツェンフンは、ムンハムなど、その他のムンにも、自らに属する「クンフンツァオ」村落を持っているので、それを合わせればムンツェンフンの「クンフン

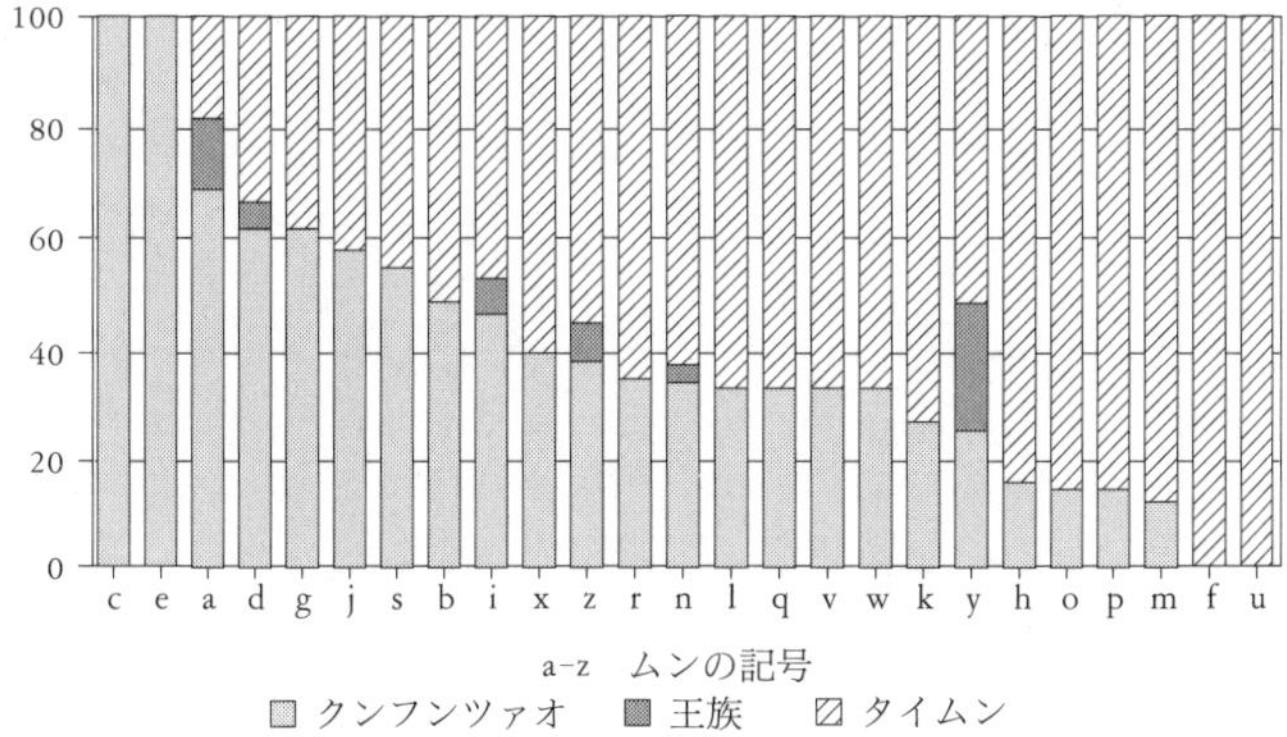

グラフ 2-10　タイムン村落とクンフンツァオ村落の比率
単位：%

ツァオ」村落数はさらに多くなる。

三　タイムン村落と「クンフンツァオ」村落との比率

表2-10、グラフ2-10はタイムン村落と「クンフンツァオ」村落との比率を示したものであり、「クンフンツァオ」村落の比率が高い順にムンを配列してある。最初に名が現れる大ムンは、ムンツェンフン(a)であり[32]、「クンフンツァオ」村落は六八・四パーセント、タイムン村落が一九・一パーセントをそれぞれ占めている。もし、王族とその子孫の村落を省いて比率を考えれば、「クンフンツァオ」村落七七・九パーセントに対してタイムン村落二二・一パーセントになる[33]。

一方、村落総数でもタイムンの村落数でも第一位、「クンフンツァオ」村落数では第二位のムンツェー(n)について、「クンフンツァオ」村落の比率を見ると、三四・八パーセントにすぎない。ムンツェーには数多くの村落があり、そこには比較的多くの「クンフンツァオ」村落も含まれているが、タイムン村落数と比較すれば、タイムン村落数の方が「クンフンツァオ」村落よりかなり多いといってよいだろう。

2-6 大ムン間の比較——ムンツェンフンとムンツェーを中心に

以下、今までの項目ごとの比較の結果をもとに、大ムン間で総合的な比較、分析を行いたい。まず、ここまでで見てきた、水田総面積、村落総数、農民所属田面積、王族所属田面積、タイムン村落数、「クンフンツァオ」村落数それぞれの項目で、第一位のムンの名をもう一度挙げて見よう。水田総面積ではムンツェー、村落総数ではムンツェーとムンツェンフン、農民所属田面積ではムンツェー、王族所属田面積ではムンツェンフン、タイムン村落数ではムンツェー、「クンフンツァオ」村落数ではムンツェンフンである。どの項目でも、ムンツェーかムンツェンフンかどちらかの名が挙がっているのが確認できる。よって、初めにムンツェンフンとムンツェーそれぞれの特徴を総合的に分析してみたい。その後、その二ムンの例を参照しながら、他の大ムン間の比較を行うこととする。

一 ムンツェンフン——シプソンパンナーの「中心ムン」

ムンツェンフンは、村落総数と王族所属田面積、「クンフンツァオ」村落数で第一位を占めている。その中で、特に他のムンに卓越しているのは、王族所属田面積である（表2-6、グラフ2-6-1、2-6-2）。ムンツェンフンは、シプソンパンナーの王族所属田全体の四八・一パーセントをムン内に持っていることになる。もし、他のムン領域内にあるムンツェンフンの王族所属田を含めれば、シプソンパンナーの王族所属田全体の七〇・八パーセントがムンツェンフンに所属していることになる。[34]

ムン内で考えると、王族所属田面積（五一・八パーセント）が農民所属田面積に、わずか（一〇六七ムー）ではあるが勝っている（表2-7、グラフ2-7のa）。もし、他のムン内にあるムンツェンフンの王族所属田を含めれば、王族所属田の割合は約六二・三パーセントになる。王族所属田が農民所属田より多いというこの現象は、ムンツェンフンのみで見られるものである。そして七つの大ムン（ムンの記号a、b、h、i、k、n、z）について考えれば、ムンツェンフン（a）以外の六ムンでは、王族所属田の全体に対する比率は、ムンハム（b、二二・五パーセント）を除いて、すべて一〇パーセントに満たないのである（表2-7、グラフ2-7）。[35]

ムンツェンフンが大量の王族所属田を持っているということが、このムンが中心ムンであるがゆえに出現する機会を得た、あるいは出現せねばならなかった現象である可能性は高い。ムンツェンフンは王族所属田を多く持つことによって、中心ムンとしての経済的基盤を形成・維持するシステムを作りあげていたのではないだろうか。

ムンツェンフンはまた、どのムンよりも多くの「クンフンツァオ」村落を持っている。ムンツェンフンの「クンフンツァオ」村落数六〇村は、第二位のムンツェー、三一村の約二倍である（表2-9、グラフ2-9-1、2-9-2）。ムンツェンフンは、その他のムンにも、自らに属する「クンフンツァオ」村落を持っている。ムン内部でも、「クンフンツァオ」村落数はタイムン村落数の約三・五倍になっている。それに対し、ムンツェンフン以外の他の六つの大ムン（b、h、i、k、n、z）では、「クンフンツァオ」村落は多くてタイムン村落数と同数程度である（表2-10）。[36]

ムンツェンフンの「クンフンツァオ」村落数の多さを王族所属田の多さと結び付けて考えると、「クンフンツァオ」は王族所属田の開墾や耕作に積極的関わりを持っていたのではないかという仮説[37]がたてられるだろう。「クンフンツァオ」は、統治者である王族たちの従属民と位置づけられる存在だった。よって、王族所属田と「王族従属民」である「クンフンツァオ」との結び付きは、ごく自然なものであるように思われる。

二　ムンツェー——最大の盆地に依拠するムン

ムンツェーは、盆地面積が最大であるばかりでなく、水田総面積、農民所属田面積、村落総数、タイムン村落数でも第一位を占めている。

ムンツェーの水田総面積は、二番目に水田総面積の多いムンロンの約一・五倍、三番目に水田総面積の多い「中心ムン」ムンツェンフンの約一・八倍である（表2-2、グラフ2-2-1、グラフ2-2-2）。また、農民所属田面積も、二番目に農民所属田面積の多いムンロンの約一・五倍、三番目に農民所属田面積の多いムンフンの約二倍である（表2-5、グラフ2-5-1、2-5-2）。

ムン内部に目を移すと、ムンツェーの水田の九九・七パーセントは農民所属田である（表2-7、グラフ2-7のn）。ムンツェーの王族所属田はわずか一二〇ムーにすぎず、ムンツェンフン内の王族所属田と比較すると、その〇・八パーセントにも満たない。

もし、ムンツェンフンが王族所属田を多く持つことによってムン経済を支えるシステムを作り上げていたのだとしたら、ムンツェーの方にはそのような発想が存在しなかったということになる。あるいは、その必要がなかったか、そうすることが不可能だったのかもしれない。いずれにしても、ムンツェーの支配者たちの土地に対する関わり方は、ムンツェンフンとは相当に異なっていたといって間違いあるまい。そして、前節まで見てきたように、王族所属田に比べて農民所属田が圧倒的に多いというこの傾向は、多かれ少なかれ、シプソンパンナーのほとんどのムンに当てはまるのである。

また、ムンツェーは、ムンツェンフンとならんで、シプソンパンナーのすべてのムンの中で最も村落数が多いムンである（表2-4、グラフ2-4-1、2-4-2）と同時に、最もタイムン村落の多いムンでもある（表2-8、グラフ2-8-1、2-8-2）。ムン内で考えると、その六〇パーセント以上はタイムン村落である（表2-10、グラフ2-10のn）。三五パーセントに満たない「クンフンツァオ」村落の実数は、三一村である。これはムンツェンフン以外のムンと比べれば、どのムンよりも大きい数字ではあるが、ムンツェンフンの「クンフンツァオ」村落数の半分にすぎない。

つまり、ムンツェーは、タイムンというムンの「公民」が最も多く住んでいるということでは優越していたが、「クンフンツァオ」というムン支配者層の「従属民」数ではムンツェンフンには及ばなかった。このことが、この二つのムン間の、ムン支配のあり方のどのような違いを意味するかは、それぞれのムンのタイムンと「クンフンツァオ」が、それぞれのムンの支配権力に対してどのような意味を持っていたかを検討してみなければわからないだろう。[38]

三　七つの大ムン間の比較

以上見てきたように、範疇別に水田面積や村落数を見てみると、ムンツェンフンとムンツェーは、相互に異なっ

表 2-11　七大ムン間の比較

王族所属田				「クンフンツァオ」村落			
1	ムンツェンフン	51.8%	(15140 ムー)	1	ムンツェンフン	67.4%	(60 村)
2	ムンハム	22.5%	(4584 ムー)	2	ムンハム	48.2%	(26 村)
3	ムンフン	6.1%	(1766 ムー)	3	ムンハーイ	46.7%	(14 村)
4	ムンプン	2.6%	(482 ムー)	4	ムンプン	37.8%	(17 村)
5	ムンハーイ	1.9%	(394 ムー)	5	ムンツェー	34.8%	(31 村)
6	ムンロン	0.3%	(98 ムー)	6	ムンフン	27.6%	(8 村)
7	ムンツェー	0.2%	(120 ムー)	7	ムンロン	16.1%	(10 村)

た特徴を持っている。それを、あえて二項対立的に単純に要約すれば、ムンツェンフンは王族所属田と「クンフンツァオ」が多いことに特徴があり、ムンツェーは農民所属田とタイムンが多いことに特徴があるといえるだろう。ここで、便宜的に、王族所属田と「クンフンツァオ」村落が多いという特徴を持つ「ツェンフン型」、農民所属田とタイムン村落が多いという特徴を持つ「ムンツェー型」という二つの理念型を設定したい。そして、その二つの型のどちらにより似ているかという観点で、七大ムンの比較を進めていきたい。

以下、ムンツェンフンとムンツェーをも含む七つの大ムン間の比較を行うが、その際、それぞれのムン内の①王族所属田面積とその水田総面積に対する比率、②「クンフンツァオ」村落数とその村落総数に対する比率、の二種類の指標を用いて検討していきたい。表2-11は、表2-7、表2-10のデータから、関連の数字を抜き出して、パーセンテージの高い順に並べ替えたものである。

ムンツェンフンが、王族所属田、「クンフンツァオ」村落とも、そして実数、比率とも、極端な「ツェンフン型」であることは言うまでもないだろう。また、ムンツェンフン以外にも「ツェンフン型」と言えそうなものがあるとすれば、それはムンハム(b)であろうか。ムンツェンフンほど極端でなく、緩やかな現れ方をしているにすぎないが、特に王族所属田の方は、他の五つのムンとは異なった傾向を示していることが明らかである。[39]

一方、ある意味ではムンツェーよりもさらに極端な「ムンツェー型」を呈しているのが、ムンロン（h）である。王族所属田の少なさでは、ムンロンは、ムンツェーの〇・二パーセントに次ぐ〇・三パーセントを示し、実数ではムンツェーの一二〇ムーより少ない九八ムーである。「クンフンツァオ」村落の少なさでは、ムンツェーが三四・八パーセント、三一村なのに対し、ムンロンはそれより少なく一六・一パーセント、一〇村である。

王族所属田は二・六パーセント、「クンフンツァオ」村落は三七・八パーセントとムンツェーより少し高い数字を示しているが、ムンプン（z）も「ムンツェー型」に分類されるだろう。ムンフン（k）は王族所属田が六・一パーセントと数値は高めだが、「クンフンツァオ」村落は二七・六パーセントとムンツェーよりも低い。ムンフンも、どちらかといえば、「ムンツェー型」であろう。ムンハーイ（i）は、王族所属田では一・九パーセントと比較的低い数値であるが、「クンフンツァオ」村落では四六・七パーセントとムンハムと同程度である。ただ、「クンフンツァオ」村落の実数としては、ムンツェーはもちろんのことムンプンよりも少ない。ムンハーイも、どちらかといえば「ムンツェー型」に区分できるであろうか。

結果として、七つの大ムンの中で、「ツェンフン型」を示すのはムンツェンフン（a）とムンハム（b）、「ムンツェー型」を示すのがムンツェー（n）、ムンロン（h）、ムンプン（z）、ムンフン（k）、ムンハーイ（i）という分類ができるだろう。

「ツェンフン型」を示すムンと「ムンツェー型」を示すムンの間の差異をあえて自然環境的要素に求めてみれば、「ツェンフン型」のムンは二つともメコン本流に面しており、「ムンツェー型」を示すムンはメコン本流に面していないということが指摘できよう（図2-1参照）。その特色を社会的環境という観点から見直せば、「中心ムン」であるムンツェンフンに近いか遠いか、中国へつながるルートにアクセスしやすいかしにくいかということにもなろう。

2-7　耕地と人への徴税方法

次に、各ムンにおける税の徴収の実際について、農民所属田と王族所属田の間の差異、タイムンと「クンフンツァオ」の間の差異に留意しながら見ていきたい。史料としては、『調査報告』中に記載されている各ムンに関する記載を用いる。

前節までの分析では、「ツェンフン型」と「ムンツェー型」の違いが何を意味するのかということは明らかにされていない。よって、ここで、各ムンの課税のしかたを比較することによって、それぞれの型の違いの背景にあるものは何かということも合わせて考えてみたい。その際、「ツェンフン型」と「ムンツェー型」との間で特に差異がはっきり表れる王族所属田に重点をおいて考察を進めることが必要だろう。

さて、シプソンパンナーにおいては、ムン権力がそのムンの住民から得る「税」は、米納入、米以外の食料品・日用品の納入および徭役労働という形で納められる。

米については、①毎年収穫後に、ある基準に沿って決められた量を納めるものと、②ムン支配者層の冠婚葬祭や客人接待の際に、決められた量を納めるものと二種類が並存していた。米以外の物の納入や徭役労働にも、毎年繰り返し課せられるものと、ムン支配者層の冠婚葬祭や客人接待に際しての臨時的性格を持つものと二種類があった。

ここで特に重点をおいて考察したいのは、毎年決まって課せられる税である。分析の順序としては、まず王族所属田との関わりで課せられる税について、次にそれとは直接に関わりのない税について順に述べていく。冠婚葬祭や客の接待に伴うものは、それがタイムン、「クンフンツァオ」の区別に関わりがあるもののみ見ていくことにする。

各ムンを検討する順序としては、まず、七大ムンの中で「ツェンフン型」に分類したムンツェンフンとムンハム、そしてムンハムと同様にその王族所属田のほとんどがムンツェンフンのポーラームに属するムンヤーンノイとムンツェンハーの事例を検討する。次に、七大ムンの中で「ムンツェー型」に分類した残りの五つの大ムン、すなわち、ムンツェー、ムンロン、ムンハーイ、ムンプン、ムンフンに対する分析を行う。[40] その後、『調査報告』中に個別の記載がある限りの、その他の小ムンについて概観することにする。[40]

一　王族所属田との関わりで課せられる税

(1)　ムンツェンフンとそのポーラーム田のあるムン

ムンツェンフン（a）においては、王族所属田からの税は、主に耕地使用料の形、つまり村落が王族所属の土地を借りて耕作しているという前提のもとに、実際の耕地面積や肥沃度などに応じて毎年決められた量の米を納めるという形を取っていた（表2-12）。この課税方法は、納めるものが米でない場合もあるが、ムンハム（b）、ムンヤーンノイ（d）、ムンツェンハー（c）内にある、ムンツェンフンのポーラーム（大臣）に属するポーラーム田においても用いられていた（表2-13、2-14、2-15）。つまり、ムンツェンフンのムン権力は、別のムンにあるものも含めて、自らに直属する耕地から耕地使用料を取るという形で税を徴収していたのである。

一方、ムンハム、ムンヤーンノイ、ムンツェンハー、それぞれのムンの内部で見ても、王族所属田からの税としては耕地使用料を取るという形が支配的であったと位置づけられよう[41]（表2-13、2-14、2-15）。

(2) 「ムンツェー型」の大ムン

王族所属田からの税徴収は、①徭役によって耕作させる形を中心とするムンと②耕地使用料を取る形を中心とするムンと二種類あった。耕作徭役が中心のムンとしてはムンハーイがあり（i、表2-18）、また、二〇世紀初頭におけるムンツェーもそうであったといえる（n、表2-16）。耕地使用料を取る形が中心となっているムンは、ムンプン（z、表2-19）とムンフン（k、表2-20）、そして一九五四年の段階でのムンツェー（表2-16）である。ムンロンについては不明である（h、表2-17）。

(3) その他の中小ムン

王族所属田からの税徴収のしかたを見ると、完全に徭役によって耕作させるという形を取っていたのは、ムンハーン（q、表2-24）、ムンマーン（o、表2-26）、ムンパーン（l、表2-27）、ムンウェン（x、表2-35）である。ムンスーン（e、表2-22）やムンツェンツン（j、表2-21）でも王族所属田が徭役によって耕作されていたと見るのが自然である。ムンワン（r、表2-23）においても、王族所属田のほとんどが徭役によって耕作されていた。

ムンガート（p、表2-25）は、ツァオムン田の半数ほどが徭役によって耕作されていたことは確かである。残りの王族所属田は耕地使用料を取っていたと見てよいであろうか。ムンラー（y、表2-34）の王族所属田は、徭役によって耕作されていた部分も耕地使用料を取っていた部分もあった。ムンツェンロー（m、表2-28）は、徭役によって耕作されていたという記述と、村落に耕作を請け負わせ耕地使用料を取っていたという記述の両方が見られる。

一方、耕地使用料の形で王族所属田からの税を徴収していたものには、ムンツェンヌー（s、表2-29）、ムンツェントン（v、表2-32）、ムンホン（f、表2-33）が挙げられる。

二　王族所属田と直接に関わりのない税

(1)　ムンツェンフンとそのポーラーム田のあるムン

ムンハム（b）、ムンヤーンノイ（d）、ムンツェンハー（c）（表2-13、2-14、2-15）には、耕地と直接に結び付かず戸や行政単位を対象に課されるハオハーン、ハオコンといった税があった。それがムンツェンフンでは見られないものであったということには注目すべきであろう。

(2)　「ムンツェー型」の大ムン

ハオハーンという形での税徴収はこれら五つのムンにすべて共通して見られた（表2-16、2-17、2-18、2-19、2-20）。「ツェンフン型」と比べての「ムンツェー型」の特徴の一つは、王族所属田が少ないことである。これら「ムンツェー型」のムン政治の経済的基盤は、少ない王族所属田からの税からよりも、むしろハオハーンなどの、耕地と直接に結び付かない形での税を徴収することによって支えられていたと考えてよいのではないだろうか。

また、ハオハーンの徴収については、タイムンと「クンフンツァオ」で、徴収量や方法が区別されているムンがあった。ムンハーイ（i、表2-18）とムンプン（z、表2-19）である。どちらもタイムンの方が負担は多い。その他のムンでは区別がないようである[42]（表2-16、2-17、2-20）。

(3) その他の中小ムン

一般にハオハーンと呼ばれる、具体的耕地に直接結び付かない形での米の徴収は、ほぼすべて[43]のムンで存在していたことが確認できる（表2-21〜2-35）。

三　徴税法の地域的相違

その他の中小ムンとして挙げたムンのうち、王族所属田が徭役によって耕作されたものの分布をみると、一定の傾向があることに気付く。それは、ムンウェン（x）を除くすべてのムンが、メコン西岸にあるということである。それに対して、耕地使用料の形で王族所属田からの税を徴収していたムンは、メコン東岸に分布している（表2-36）。

さらに「ムンツェー型」の大ムンのうち、メコン西岸にあるものについて再度確認していく。二〇世紀初頭以前のムンツェー（n）においては、王族所属田は主として徭役によって耕作されていた。ムンハーイ（i）も同様である可能性が大きい。そして、唯一、メコン東岸にあったムンプン（z）においては、王族所属田は主として耕地使用料を取る形で耕作されていた（表2-36参照[44]）。

また、ムンツェンフン（a）とそのポーラーム田の分布するムンハム（b）、ムンヤーンノイ（d）、ムンツェンハー（c）については、王族所属田は主として耕地使用料を取る形で耕作されている（表2-36参照）。それらはメコン本流

表 2-36　耕地使用料を徴収する耕地，徭役によって耕作される耕地，王族所属田面積（ムー）

	ムンの名	位　置	耕地使用料を徴収する耕地	徭役によって耕作される耕地	ツァオムン田（ムー）	ポーラーム田（ムー）	王族所属田合計（ムー）
ムンツェンフンとそのポーラーム田のあるムン	ムンツェンフン	メコン沿い，a	ほとんどの王族所属田	ツァオペンディン田の一部	2487	12653	15140
	ムンハム	メコン沿い，b	ツェンフンのポーラーム田		0	4584	4584
	ムンツェンハー	メコン沿い，c	ツェンフンのポーラーム田		0	84	84
	ムンヤーンノイ	メコン沿い，d	ツェンフンのポーラーム田 ツァオムン田の一部	ツァオペンディン田の一部	150	1784	1934
「ムンツェー型」の大ムン	ムンツェー	メコン西岸，n		全耕地（1910 年ごろ以前）	120（＋100）	0	120
	ムンロン	メコン西岸，h	？	？	50	48	98
	ムンハーイ	メコン西岸，i		（全耕地/一部の耕地）	356	38	394
	ムンプン	メコン東岸，z	ツァオムン田（少なくとも）		330	152	482
	ムンフン	メコン西岸，k	ツァオムン田		1766	0	1766
その他の中小ムン	ムンツェンツン	メコン西岸，j		ツァオムン田の一部	410	0	410
	ムンスーン	メコン西岸，e		（全耕地）	0	0	0
	ムンワン	メコン西岸，r		ほとんどの王族所属田	298	252	550
	ムンハーン	メコン西岸，q		全耕地	24	0	24
	ムンガート	メコン西岸，p		ツァオムン田（一部）＋？	282	0	282
	ムンマーン	メコン西岸，o		全耕地	286	288	574
	ムンパーン	メコン西岸，l		全耕地	48	30	78
	ムンツェンロー	メコン西岸，m	？	？	200	0	200
	ムンツェンヌー	メコン東岸，s	全耕地（農民所属田も含む）		124	0	124
	ムンヒン	メコン東岸，t			0	0	0
	ムンツェントン	メコン東岸，v	ほとんどの王族所属田		86	0	86
	ムンホン	メコン東岸，f	全王族所属田		0	60	60
	ムンラー	メコン東岸，y	存在する	存在する	2194	2158	4352
	ムンウェン	メコン東岸，x		全王族所属田	122	0	122
	ムンバーン	メコン東岸，u	ツァオムン田の半分ほど		185	0	185
	ムンヘム	メコン東岸，w	？	？	0	0	0
	合　計				9398	22071	31589

注　ツァオペンディン田面積はツァオムン田の欄に記載している．
　　ポーラーム田にはツェンフンのポーラームに所属するものも含む．

沿いに位置している。

以上から、大まかな傾向を言うなら、メコン西岸のムンの多くにおいては、王族所属田を徭役によって耕作させるという形が一般に取られており、メコン東岸の諸ムンにおいては、王族所属田の耕作を村落などに請け負わせて決まった耕地使用料を取るという形が一般的であったと言えよう。また、メコン本流沿いのムンでは、耕地使用料を取る形で王族所属田から税を徴収していた。

メコン東岸においては一八世紀の前半から中国勢力による「改土帰流」(土着の支配者にかえて、統治官を送り込むこと)が進んでおり、一方、メコン西岸においては中国勢力の直接の侵入がずっと遅れていた(第一章参照)。メコン西岸とメコン東岸とで課税法が異なるのは、そこに原因があるのかもしれない。今のところ、メコン東岸に見られる、耕地使用料を取る形の課税法が、中国の影響を受けて確立したと断言できる証拠は提示できない。ここでは、その可能性が十分にあることを確認するにとどめたい。

さて、メコン本流沿いのムンでも王族所属田から耕地使用料を取るという課税方法を取っていたが、さらに詳しく見ると、耕地使用料的に米を徴収していたのは、ムンツェンフンのポーラーム(大臣)に所属する田においてであったことがわかる。別の言い方をすれば、ムンツェンフンの王族に所属する耕地については、それがどこにあろうと、耕地使用料的な米の徴収がなされていたということになる。

ムンツェンフンはメコン西岸にあるとはいえ、河沿いにあってメコン東岸との交通の便はよく、しかも、シプソンパンナーの中心ムンとして、メコン東岸に勢力を延ばしてきた中国勢力と直に交渉すべき立場にあった。仮に王族所属田から耕地使用料的に税を納めるという発想が中国との関わりで出現したとすれば、ムンツェンフンは、中心ムンとして中国との外交を続けていく中で、その課税法を導入するに至ったと考えても不思議はない。

前述したように、王族所属田が他のムンに比べてはるかに多いというのが、ムンツェンフンの特徴であった。だが、同じ王族所属田といっても、ムンツェンフンのものは、ムンハーイやムンツェーといったムンにある王族所属田とは性格が異なっていたと、ここまでの分析によって言うことができよう。すなわち、ムンハーイやムンツェーでは王族所属田は徭役によって耕作される耕地であったのに対し、ムンツェンフンのものは耕作を請け負わせて耕地使用料を取る耕地であったのである。また、一般に、他の大ムンの王族所属田は比較的少量であり、徭役によって耕作させて全収穫物を取るにしても、それは税の主たる部分にはならなかった。それに対して、ツェンフンの王族所属田の大部分は耕地使用料的に税を取っており、それがムンが得る税の重要な部分を占めていたのである。これが、王族所属田という観点から見た「ツェンフン型」と「ムンツェー型」の違いの背景にあるものなのである(45)。

さて、王族所属田から耕地使用料的に課税するという方法だけを見ると、それはメコン東岸の多くのムンでも採用された方法である。課税方法としてムンツェンフンの独自性を示しているのは、耕地使用料的税があるのに加えて、ハオハーンという形の税をまったく取らなかったということである。一般にハオハーンと呼ばれる、具体的耕地に直接結び付かない形での米の徴収は、メコン西岸でもメコン東岸でも、ほぼすべてのムンで存在していたことが確認できる。シプソンパンナーにおいてハオハーンを課さなかったのは、『調査報告』に記載されているムンの中ではムンツェンフンだけである(表2-37)。

言いかえれば、ムンツェンフンでは、米を納める形の税は、すべて具体的な耕地との関連のもとで徴収されており、戸や行政単位を対象にして米を納めさせることがなかったということになる。また、ツェンフンの王族所属田の大部分は、最初から耕地使用料を取るという形を想定して開墾させたものであり、徭役による耕作が期待されたものではなかったと予測できる。

表 2-37　ハオハーンが課される単位・対象，タイムンとクンフンツァオの村落数

	ムンの名	位　置	ハオハーンが課される単位	ハオハーンが課される対象 タイムンかクンフンツァオか	タイムン 村落数	クンフンツァオ 村落数
ムンツェンフンとそのポーラーム田のあるムン	ムンツェンフン	メコン沿い, a			17	60
	ムンハム	メコン沿い, b	ホーサーオ，ボク/村落	両方	28	26
	ムンツェンハー	メコン沿い, c	戸	クンフンツァオ（すべて）	0	4
	ムンヤーンノイ	メコン沿い, d	戸	両方？	8	14
「ムンツェー型」の大ムン	ムンツェー	メコン西岸, n	戸	両方	56	31
	ムンロン	メコン西岸, h	村落，ホーシプ	?	52	10
	ムンハーイ	メコン西岸, i	戸/村落	タイムン 2：レークノイ 1	14	14
	ムンプン	メコン東岸, z	ハーマー	タイムン 3：その他 1	25	17
	ムンフン	メコン西岸, k	戸	両方？	21	8
その他の中小ムン	ムンツェンツン	メコン西岸, j	戸	タイムン＞クンフンツァオ	12	16
	ムンスーン	メコン西岸, e			0	12
	ムンワン	メコン西岸, r	ホーシプ/村落	両方？	9	5
	ムンハーン	メコン西岸, q	戸	両方	2	1
	ムンガート	メコン西岸, p	?	両方？	6	1
	ムンマーン	メコン西岸, o	村落	タイムン	6	1
	ムンパーン	メコン西岸, l	戸	両方	4	2
	ムンツェンロー	メコン西岸, m	戸	両方	7	1
	ムンツェンヌー	メコン東岸, s			12	14
	ムンヒン	メコン東岸, t	村落	?	?	?
	ムンツェントン	メコン東岸, v			8	4
	ムンホン	メコン東岸, f	戸	タイムン（すべて）	4	0
	ムンラー	メコン東岸, y	村落	タイムン	18	9
	ムンウェン	メコン東岸, x			3	2
	ムンバーン	メコン東岸, u	戸	タイムン（すべて）	6	0
	ムンヘム	メコン東岸, w	?	?	2	1
	ムンヌン	メコン東岸, g	?	?	8	12
	合　計				328	265

では、なぜムンツェンフンでは、ハオハーンという戸や行政単位を対象にした税を設けなかったのだろうか。その一つの答としては、耕地使用料を取ることができる王族所属田が十分にあり、ハオハーンのような形で米を徴収する必要がなかったからという仮説をたてることができよう。また、農民側が大量の王族所属田の耕地使用料を納めるだけで手一杯で、なおかつハオハーンを納めることは事実上不可能であったとも考えられる(46)。

一方、ハオハーンという言葉の直訳的意味を考えてみると、それは「徭役に行かない代償としての米」ということになる。ムンツェンフンでは、耕地全体の量から見るとそれほど多くはないものの、耕地使用料を取る耕地とは別に、徭役によって耕作されるツァオペンディン田がかなりの量、存在していた(第二部参照)。その耕地は、実際に徭役によって耕作されていた。よって、徭役に行かない代償としての米を徴収する名目もたたなかったのである(47)。

以上のように、ムンツェンフンにおいては、米で支払われる税は実際の個別の耕地と密接に結び付いたものであるという前提が成立していた。一方、その他のムンでは、米で支払われる税は、まずは、戸や村落、その他の行政単位を支配することによって得られるものであった。この点は、「ツェンフン型」と「ムンツェー型」の違いの背景にある意識の違いとして重要だろう。ムンツェンフンは、米を徴収するために、人や労働力を支配するのでなく耕地を支配しようという発想を持っていた、特異なムンであると言えるのである(48)。

そして、米で支払われる税を主に負担する対象も、ムンツェンフンとその他のムンとでは異なっていた。

ムンツェンフン以外のムンでは、タイムンが負担を負う中心であった。戸や村落などの社会単位に課せられる税は、主としてタイムンから徴収される場合が多かったのである。「クンフンツァオ」に課される場合も、タイムンより少量、しかも「クンフンツァオ」の中のレークノイだけに課すなどの限定条件がつく場合がほとんどであった。

これは、この形の税が、王族所属田の徭役の代わりに払う代価という意味づけがなされていたことと関係するであろう。王族所属田の徭役を主として担当するべき存在は、どのムンでもタイムンであったからである。

それに対して、ムンツェンフンの耕地に課された税を負担するのは、ほとんどの場合、「クンフンツァオ」であった。他のムンの「クンフンツァオ」は、従属民として、主として家内労働をすることでムン権力にとって意味を持っていたが、ツェンフンの「クンフンツァオ」は、それに加えて、王族所属田の耕作をするものとして、税糧確保の上でたいへん重要な役割を果たしていたのである。ムンツェンフンの「クンフンツァオ」は、その意味で、王族所属田の場合と同じく、他のムンの「クンフンツァオ」とは異なった機能を持った存在だったのである。ムンツェンフンが、以上に述べたような独特のシステムによって十分な量の税糧を確保しようと思えば、他のムンより多くの王族所属田と多くの「クンフンツァオ」を持たねばならなかったのは当然のことと言えよう。

ムンツェンフンの課税システムの基盤となる、多くの王族所属田と多くの「クンフンツァオ」が、実際にどのような形で存在し、どのように機能していたかについては、第二部で考察していきたい。また、王族所属田と「クンフンツァオ」村落が増加していく過程についても合わせて考えてみたい。

註

(1) 毎年決められたものとして、ムン権力がムンの住民に納めさせる米や食料品、日用品、およびムン権力がムンの住民にさせる徭役労働のことを「税」、そのような納入・労働の義務を課すことを「課税」と、本書では呼ぶことにする。

(2) 水田の量や種類という視点は、水稲耕作を主な生業としてきたタイ族の社会のあり方を分析するための、一つの重要な視点となりうる。

(3) ここでいう村落とは、タイ語でバーン baan と呼ばれるものである。

人口を示す統計的資料はムンによっては『調査報告』中に示されていない場合があるが、村落数はすべてのムンについてわかっている。よってここでは、人口を代替するものとして村落数を用いてムン間の比較を行う。

（4）注3で述べたように、村落数は人口を示す代替指標として考えることができる。また、課税対象として村落が単位になる場合も多い。

（5）ムン権力の経済的基盤となりうるものとして、その他に、交易活動による収入があることも予測されるが、本書では考察の対象とできなかった。今後の課題としたい。

（6）シプソンパンナーのムン支配システムに関する先行研究の大部分においては、個々のムンで見出された事象を、説得的検証なしにどのムンにも当てはまる普遍的なものとして扱う傾向があった。

序章でも述べたように、特に中国人研究者による研究は、ムン間の差に敏感でなく、ムンツェンフンで見出された事象を説得的検証なしにどのムンにも当てはまる普遍的なものとして扱う傾向がある。

（7）本来なら、盆地の規模や流入河川の状況の他にも、気温、降水量などについて比較し、自然環境の違いが総合的にムン間の力関係やムン連合のあり方に影響を与える可能性を考えるべきであるが、筆者には、気温、降水量の違いと個々のムンの状況の差との明確な相関関係を見つけられなかった。気候条件についての基礎的情報は、序章参照。

（8）本章で、図表作成に使用した数値は、盆地面積以外は、『調査報告』中の各ムンに関する記述と附表をもとにしている。なお、同じものを示す数値が二か所以上に現われ、それらが相互に異なっている場合は、より確からしいと思われる数値にしたがった。以下、ムンごとに参照部分を列記する。『調査報告』巻名の略称については、序章注11および巻末の「史料・参考文献リスト」参照。

ムンツェンフン『歴四』、ムンハム『歴八』一—三八ページ、ムンヤーンノイ『歴八』一一八—一四六ページ、ムンツェンハー『歴八』六五—七〇ページ、ムンツェー『歴六』一—五六ページ、ムンロン『歴八』七四—一一〇ページ、ムンハーイ『歴五』一—四〇ページ、ムンプン（およびその従属ムンであるムンマーン、ムンヨン）『歴九』四〇—四九ページ、ムンフン『歴五』九五—一一九ページ、ムンツェンツン『歴六』一〇一—一一七ページ、ムンスーン『歴五』一五五—一七五ページ、ムンワン『歴六』一五六—一八二ページ、ムンハーン『歴六』一四六—一五五ページ、ムンガート『歴六』一三一—一四五ページ、ムンマーン（メコン西岸）『歴六』一一八—一三〇ページ、ムンパーン『歴五』一四〇—一四七ページ、ムンツェンロー『歴五』一四八—一七六ページ、ムンツェンヌー『歴七』一—二五ページ、ムンヒン『歴七』四一—六〇ページ、ムンバーン baang『歴七』八八—一〇五ページ、ムンツェントン『歴七』一一九—一三〇ページ、ムンホン『歴八』七一—七三ページ、ムンラー『歴九』一—一四ページ、ムンウェン『歴九』五五—六二ページ。

（9）各ムンに付してあるaからzまでの記号は、図表中でそれぞれのムンを簡潔に示すために、便宜上、筆者が付したものである。

（10）佐藤哲夫氏の拙稿へのコメントによる。このコメントは、佐藤氏から筆者への私信（一九九四年九月八日付け）の形で提示された。以下、佐藤氏からの引用はその書簡による。なお、引用にあたっては佐藤氏に許可を受けたが、引用に伴う責任はすべて筆者にある。

（11）長谷川は、その論文中では瀾滄江と呼んでいるが、ここでは他と統一するため、メコン河という呼称を用いる。

（12）長谷川は、ツェンフンだけがメコン河に面していて、その他のムンはすべてメコンの支流の中小水系に点在するとしている［長谷川 1991：385］が、厳密に言うと、ムンハムやムンツェンハーもメコン河に面している。後述するように、ムンハムもムンツェンハーも、いわばムンツェンフンの植民地的ムンである。

(13) 瀾滄江の西岸に位置したツェンフン盆地と周辺のメコン河沿いのムンが王の直轄パンナーとしてまとめられており、それ以外はその東西領域に配置されていたらしい。その中で王都の周囲の主要なムンは四つの大パンナーを構成していた［長谷川 1991：385］。

(14) ツェンフンとの河川交通が成立可能であったのはメコン河に沿ったムン間だけに限定されていたようであること、一方、メコン河を利用した交通のネットワークの可能性は北部タイまで通じていたことにも言及がなされている［長谷川 1991：385］。

(15) 中国の面積単位であるムー（畝＝約六・六六七アール）で示されている他に、種籾をどれだけまけるかによって耕地の量を表す場合や、ムンの支配者たちに耕地使用料として米を上納する場合の基礎単位として耕地の量を表す場合がある。

種籾はハープという単位や石という単位で示されている。一ハープは天秤棒の両端につるして運ぶ二籠分、約二〇キログラムであり、およそ四ムー（約二六・七アール）の水田にまくための種籾にあたる。一石は約一〇〇キログラムであり、およそ二〇ムーの水田にまくための種籾である。

ムンの支配者たちへ米を上納することを前提とした耕地単位は、ナーと呼ばれる。これは、「水田」という意味の名詞としても使われる単語である。同じナー数とされる田も、一般に土地が肥えていれば面積は小さく痩せていれば面積は大きくなる。またその他、種々の条件によってナー数が変化することもあった［歴四：9］。『歴一』八三ページでは、四ナーを一ムーとして計算している。

水田を種籾で表すか、米上納単位で表すかは、ムンによって異なっていた。

(16) 第四位のムンフン（k）もムンツェンフンとそれほど差がない。グラフからは、シプソンパンナーの水田面積の半分は、第四位までのムンにあることがわかる。

その他、全ムンの平均値（一万二二〇三ムー）より、多くの水田面積を持つのは、ムンハーイ（i）、ムンハム（b）、ムンプン（Z）の三ムンである。ここまでで、ちょうど、依拠する盆地規模の大きい七つのムンが入っていることになる。これら七つのムンの耕地面積合計は約五〇パーセント、盆地面積の合計は六二パーセントである。

(17) 表では、ムンツェンツンも合わせた数値が示されているが、ムンツェーの面積がすべてのムンの中で最大であることには間違いがない。

(18) 同様の傾向、すなわち盆地面積も水田面積も比較的小さいのに、村落数が多いのがムンラー（y）である。盆地面積では全体の三・八パーセントで第一〇位、水田面積では全体の三・九パーセントで第九位であったのが、村落数では全体の五・一パーセントを占め第六位にまでなっている。

逆に盆地面積が比較的大きいのに村落数が少ないのがムンフンである。盆地面積では第二位であるのに、村落数では第八位にすぎない。ただし、タイ・ルー語で書かれた文書に基づいた『調査報告』中の記載によると、一八〇六年から一八〇八年にかけて戦争があったために二四村がなくなり、後に再建されたのが四村のみだという［歴五：97］。もし、この時以来なくなったとされる二〇村を単純に加算すれば、ムンフンは四九村となり、ムンハムの五四村には及ばないが、ムンプンの四五村を抜いて第五位となる。
(19) 正確な人口が不明なので、村落密度を人口密度に代替する指標とする。
(20) ここでは、支配者層である王族以外の、水稲耕作を生業としている人々を意味している。
(21) ムン支配を握っていたのは、ムンの首長(ツァオムン、ツェンフンの場合はツァオペンディン)とその近親者である大臣・官僚(ポーラーム)であった。彼ら、ムン首長の一族を、筆者は王族という言葉で呼ぶことにしたい。
(22) 村落など各種自治的行政単位の役職者の職田は、それら役職者を支配者層の一部ととらえれば、農民所属の水田と簡単に言ってしまうことはできないかもしれない。『調査報告』は、村落やその他の自治単位の長を封建領主の一部と位置づけている。だが、それら役職者は血筋からいえば、王族ではなく一般農民である。また、その土地の管理も当該自治単位に任されており、ムンの統治者である王族が関与することはない。したがってここでは、それらも農民所属田として扱いたい。
(23) これら四つのムンで、シプソンパンナーの農民所属田面積の約五〇パーセントを占めている。
(24) 第八位のムンツェンツンまでが、平均(約一万八三三ムー)を上回るムンである。
(25) だが、ムンツェンフン以外のムンにツァオペンディン田があった場合、それは、そのムンのツァオムン田と区別して示してはいない。また、ムンツェンフンのポーラームに所属する田が他のムンにある場合も、それぞれのムンのポーラーム田面積中に含めた。
(26) それに次ぐムンハム(b)は、一四・六パーセントを占めている。水田総面積、農民所属田面積とも第六位であるムンハムが、王族所属田については二番目に大きい面積を持つということには注目すべきであろう。
ムンハムにほぼ匹敵する王族所属田面積を持つのは、第三位のムンラー(y)(一三・八パーセント)である。第四位は、ムンラーの半分以下に減ってしまうが、六・二パーセントを占めるムンヤーンノイ(d)である。これら二つのムンは、水田総面積、農民所属田面積の上位には入っていない(表2-2、表2-5)。五番目にムンフン(k)が姿を見せるが(五・六パーセント)、水田総面積での第四位、農民所属田面積での第三位からは後退している。

第五位のムンフンまでが、平均(約一二五八ムー)を上回るムンであり、ここまでで、全体の約八八パーセントを占めている。第六位になると、面積は格段に減って、全体の一・八パーセントを占めるに過ぎなくなる。
(27) ムンツェーは全体の〇・三八パーセント、ムンツェンフンと比べればその〇・八パーセントの王族所属田しか持っていない。ムンロンも全体の〇・三一パーセント、ムンツェンフンの〇・六五パーセントである。
(28) ムンによっては、王族所属田と農民所属田のどちらにも入れられない性質の水田がある。例えば、ムンラーに関しては、ルークフン(貴族の子孫)田、精霊祭祀の司祭のための田、仏塔に所属する田、新しく開墾されてまだ三年がたっていない田(徴税すべき田でも、開墾後三年以内は免税となるという意味で、分けて記されたと考えられる)という区分で記載がある。
(29) 本章の「はじめに」で述べた〝ムン権力の「付属村落」〟の住民は、ここでいう「クンフンツァオ」のことである。

(30) 第二位はムンロン（h）であり、五二村落、一五・九パーセントである。第三位のムンハム（b）、第四位のムンプン（z）を合わせ、四つのムンで、シプソンパンナー全体のタイムン村落数の約半分を占めていることになる。

(31) そのあと、ムンハム（b）、ムンプン（z）と続いていき、シプソンパンナー内の「クンフンツァオ」村落の約半分が、この四ムンに分布していることになる。ムンの順位を見ると、村落総数で上位に位置づけられるムンは、ムンロン（h）を除いて「クンフンツァオ」村落数でも上位に現れている（表2-4、2-9）。

(32) ムンツェンハー（c）とムンスーン（e）には「クンフンツァオ」村落しかないが、ムンツェンハーが四か村、ムンスーンが一二か村と、もともとの村落数が少ない小ムンである。この二つに続いて「クンフンツァオ」村落の比率が高いのが、ムンツェンフン（a）である。

(33) ムンツェンフン（a）に続いて、ムンヤーンノイ（d、「クンフンツァオ」村落六〇・九パーセント、王族とその子孫の村落を省くと六三・六パーセント）、ムンヌン（g、六〇パーセント）、ムンツェンツン（j、五七・一パーセント）、ムンツェンヌー（s、五三・八パーセント）の名が見える。

　ここまでの七つのムンにおいてのみ、「クンフンツァオ」村落の方がタイムン村落よりも多い。その他の一八のムンでは、タイムン村落が「クンフンツァオ」村落よりも多い。

(34) 他のムン領域内にあるものを合わせれば、ムンツェンフンに属する水田面積全体も三万六三三九ムーということになり、ムンツェーの五万二一九八ムーには及ばないものの、ムンロンの三万五九二四ムーには勝っていることになる（表2-2参照）。

(35) ムンハムについても、ムンツェンフンに属する田を除けば、ムンハム内にある田は「農民所属田」だけとなる。

(36) ムンハム、ムンハーイにはムンツェンフンに属する「クンフンツァオ」村落があり、それを含めて数えて、「クンフンツァオ」村落とタイムン村落はほぼ同数である。それを除けば、タイムン村落の方が数が多くなる。その他の大ムンでは、タイムン村落が「クンフンツァオ」村落より多い。

(37) この仮説は、第二部で検証を試みることにする。

(38) ムンツェンフンのタイムンと「クンフンツァオ」それぞれの、ムン権力に対する貢献のしかたについては、第二部で取り上げたい。

(39) ムンハムはムンツェンフンの植民地的なムンであるので、「ツェンフン」型になるのもうなづける。

(40) イパン（象明）には、一九五〇年代を待たずに、漢族がすでに多く入ってきており、統治制度も他のムンとはかなり異なってしまっていた。よって本文中で、他のムンと同列に議論することはできなかった。ただ、『調査報告』中には、ツァオムン田が、三か村によって、徭役として耕されているとの記述がある［歴七：157］。

(41) ムンヤーンノイの王族所属田は、ほとんどがムンツェンフンのポーラーム田であった。

(42) 『調査報告』に記載されていないだけの可能性もある。

(43) ムンツェントン（v）ではその存在の有無が不明である。
(44) ムンロン（h）については不明である。ムンフン（k）は、メコン西岸にありながら耕地使用料的課税が主流である、確実な例外であるといえる。
(45) ムンツェンフンの大量の王族所属田が、どのようなシステムの中で存在可能となっているかについては、第二部で考察していく。
(46) ただ、ツェンフンがハオハーン的課税法を取らなかった理由をこのように想定するなら、メコン東岸の諸ムンが王族所属田からの耕地使用料を取りつつ、ハオハーンも徴収していたことの意味が、耕地使用料の絶対量やそれが農民にとってどれほどの負担であるかなどを考え合わせた上で、別に説明されねばならないだろう。
(47) ただし、ツェンフンでも、耕作徭役に行けないので代わりに米を納めるという、字義どおりの「ハオハーン」は存在した［歴四・146］。しかし、これはムンの徴税システムレベルのものではなく、例外的な一事例にすぎない。
(48) 入植させた人々に開墾させた耕地からの収穫米を納めさせる方法としては、論理的にはいくつかの選択肢が考えられる。
まず、徭役によって耕作させ収穫物すべてを納めさせる王族所属田であるが、その場合、耕地使用料を納めさせる形より耕地面積あたりの収入は当然多くなる。だが、入植した農民たちが生計を維持していくためには、農民たちにも食べていけるだけの収穫米が残らなければならない。よって、徭役による王族所属田を米徴収の手段とするなら、農民所属田など収穫米が農民の手に残る種類の田と抱き合わせにして、自給分は農民所属田で耕作させ「余剰分」は王族所属田を耕作させるという形を取ることになる。二つめの選択肢としては、農民に開墾させた田をすべて農民所属田とし、土地ではなく「人」に「課税」して自給に必要な部分以外の米を集めるという方法である。三つめの選択肢としては、開墾させた耕地を耕地使用料を納めさせる王族所属田とすることが考えられる。

一つめの選択肢、農民所属田と徭役による王族所属田の抱き合わせという形は、形式としては、ムンツェンフンにおいては先住のタイムンに対して取られている方法である。二つめの選択肢、農民所属田と「人」への「課税」はムンツェンフン以外のムンが主に取っていた形であった。ムンツェンフンの支配権力が入植者を増やし耕地を拡大していくにあたって選択したのは、三つめの選択肢、開墾させた耕地を、耕地使用料を納めさせる王族所属田とするという方法だった。

第II部

中心ムン・ムンツェンフンにおける支配

第3章　耕地と農民

3-1 はじめに

第一部第二章において、ムン内の農民から米を納入させるのに、ムンツェンフンは他のムンとは異なった独自の課税方法を取っていることを明らかにした。すなわち、他のムンでは、戸や村落などの社会単位そのものを課税対象とするハオハーンという上納米があり、それとは別に比較的少量の王族所属田が存在していた。一方、ムンツェンフンでは、ハオハーンはなく、他のムンに比べてはるかに多くの王族所属田を課税対象とし、耕作に当たっている村落からその水田の量（ナー数）に応じて耕地使用料を取るという方法が支配的だったのである。

ハオハーンという課税方法を取るムンでは、王族所属田が少量しかなく農民所属田は大量にあるという形で、ムン財政が維持していけたのだと考えられる。ハオハーンは、土地と直接に結び付かないものの、実際には農民所属田の収穫の一部分であり、それは間接的に農民所属田からの収穫を吸い上げるシステムであったからである。しかし、ムンツェンフンのように、ハオハーンを取らず王族所属田から耕地使用料を徴収するという課税方法を取る限り、そこには一定量以上の王族所属田がなくてはならなかった。それが、ムンツェンフンが他のムンよりもはるかに多くの王族所属田を持っていることの背景であった。

第二章ではまた、他のムンに比べて「クンフンツァオ」村落を多く持っているという、ムンツェンフンのもう一つの特徴も指摘した。税徴収という面では、一般に「クンフンツァオ」は、ムン権力に対して家内労働のような私的なサービスを提供する役割を担っている。その意味では、ツェンフンの支配者層は家内使用人には事欠かなかったといえるだろう。しかし、「クンフンツァオ」が多いということの特徴は、それ以外の点でムンツェンフンのムン権力に対して何か貢献していなかったのであろうか。

また、王族所属田が多いということと「クンフンツァオ」村落が多いということとの間には、何らかの関係があったのだろうか。

第二部では、以上の点を取りかかりとして、ムンツェンフン内部の支配のあり方について考えていきたい。まず、初めに、第三章においては、第二章でも触れた、ムンツェンフンにおける水田と農民の把握の仕方について、さらに詳しく見ていくことにする。水田と農民はムン権力にとって課税対象となりうるものであり、それらをどのように把握するかということがムンの財政と深く関係していることは言うまでもない。

水田については、カテゴリーごとに、そこからどのようにどれだけの税が納められたかを見ていく。農民把握については、タイムン、レークノイ、ホンハーイ[1]といった農民範疇ごとに、行政上の扱われ方や起源伝承における認識のされ方、徭役の課され方について見ていきたい。さらに、各範疇の農民がどのような種別の水田をどれだけ耕作していたかということ、つまり水田カテゴリーと農民範疇を相互に関わらせて考えるとどうなるかについても見てみることにしよう。

以上のような側面からの考察によって、王族所属田が多く「クンフンツァオ」村落も多いという二つの特徴が相互にどのような関係を持ち、それがムンツェンフンのムン支配にとって何を意味するのかの一端が明らかになるだろう。それは、次章以降の議論の前提ともなりうる。

3-2 水田のカテゴリーと税

一　農民所属田に関わる税

シプソンパンナー全体を統括する王でありムンツェンフンの首長でもあるツァオペンディンの、その直訳的意味は「大地の主」である。実際、シプソンパンナーのすべての土地は、名目的にはツァオペンディンのものであると位置づけられていたという［歴四：95 など］。この概念は、少なくともツァオペンディン直轄のムンツェンフンにおいては、徴税を正当化する根拠として使われている。どの場所のどの耕地を耕作しても、それはツァオペンディンのものであるから、何らかの使用料をツァオペンディンに納めなければならないとされるのである。[2] 第二章でも概観したように、ムンツェンフンの水田は、収穫米の一部または全部がムン支配者層側に納められる王族所属田と、ムン支配者層へ収穫米上納の義務がない農民所属田に分けて考えることができる。だが、農民所属田もツァオペンディンの土地であるとするなら、農民所属田からも何らかの使用料が納められねばならないことになる。

農民所属田としてツェンフンで最も典型的なものは、村田（ナー・バーン）であった。[3] 村田は、その名の示すとおり村落所属の耕地であるが、一方ではナー・ウェクあるいはナー・ホーウェク（仕事田）とも呼ばれ、[4] 徭役が付随すると考えられていた［歴四：95, 98, 122 など］。『調査報告』中では村田と一括されているが、主要水路からの水がかりの水田の名を列記したタイ語史料[5]によれば、村の名で呼ばれている田の他に、徭役の名で呼ばれている田が多く見られる。徭役の名の付いた田が『調査報告』中でいう村田の範疇に入るのか、また、村の名で呼ばれている田にもナー・ウェクとして何らかの徭役が課されているのかなどは、『調査報告』中の記述からは確認できない。だが、この例から、「徭役義務を伴う水田」という発想がムン権力側に存在することは読み取れる。ただし、『調査報告』中の統計で村田を持たない村落にも徭役は課せられているし、村田の多少と徭役の多少も対応していない。この事実から見て「徭役が村田に付随する」というのは具体的な水田の存在に基づいて徭役が課されるということではなく、村田の存在が徭役を課すための概念上の名目となっていると考えるのが自然であろう。

農民所属田としては、村田の他に、私田（ナー・ヒン）、「頭人田」（ナー・ターオフン）があった。私田は、個人が開墾して自ら耕作する耕地だが、三年後あるいは五年後からは、普通は村田として扱われるようになる。よってそれ以後は、名目上、ムン権力に対する徭役を伴うことになる［歴四：33, 98–99, 123 など］。一方「頭人田」は、村落の「頭人」[6]（ターオフン）が在職中のみ用役できる耕地であった［歴四：33, 97–98 など］。「頭人田」には、ムンへの収穫米上納の義務はもちろん、付随する徭役もなかった。ムン権力は村落の「頭人」にムンの役人としての称号を与えているので、ムン側の論理でいえば、税の免除は役人に対する俸給に代わるものなのである。

ムンツェンフンの農民所属田は一万四〇七三ムーあり（第二章参照）、ナーというツェンフンで普通に使われる耕地の単位に換算すると約五万六二九三ナーとなる。一ナーに対して約三ハープの米が収穫できるとすると、農民所属田全体の収穫米の量は約一六万九〇〇〇ハープ、つまり約三三八〇トンになる。[7]

二　王族所属田に関わる税

(1)　ポーラーム田

ムンの支配者層に対する収穫米上納義務が付随する耕地としては、ポーラーム田（大臣・高官の職田）とツァオペンディン田（王田、ナー・ツァオペンディンまたはナー・ロンツァオと呼ばれる）がある［歴四：33, 95, 127 など］。

ポーラームとは、行政・軍事を司る大臣あるいは高官というべき職にあるものの総称であり、サナームという最高審議機関[8]の構成員であった。そのほとんどが王族であった[9]。ポーラームの官職に伴う報酬が、ポーラーム田からの上納米である[10]。ポーラーム田は、実際の呼称としては、各ポーラームの職名で呼ばれていた。あるポーラームがそれまでの官職から別の官職に移れば、古い官職名のついたポーラーム田からの上納米を受け取る権利はなくなり、新しい官職に伴うポーラーム田からの上納米を受け取るようになる［歴四：95 など］[11]。

ムンツェンフンにおいては、村落（バーン）は一定の領域を持っていたが、ポーラーム田がその領域内にある村落[12]は、その田が所属するポーラームに対して、規定量の米を上納しなければならなかった。その計算方法はナーという耕地の単位によっており、一〇〇ナーの水田に対して三〇ハープの米を納めることになっている[13]［歴四：68 など］。譚楽山の出した数値から筆者が計算したところ、上納する米は全収穫量の約一〇パーセントにあたる[14]［譚 1989：120］。

ムンツェンフンのポーラーム田の総量は一万二六五三ムーであると報告されている。一ムーがほぼ四ナーであると見積もって計算すると、ポーラーム田は約五万六〇〇ナーであることになる。一ナーに対して約〇・三ハープの

米がポーラーム に納められるとすれば、ポーラーム田全体からの上納米は一万五一八〇ハープ、つまり三〇〇トンあまりになる。[15]

(2) ツァオペンディン田

一方、ツァオペンディン田は、ツァオペンディンのすべての土地に対する名目的な権利とは別に、ツァオペンディンが直接その耕地そのものに付随する税糧徴収を主張できた耕地であった。ツァオペンディン田に関わる徴税の方法は次の三種類があった。

① 収穫米すべてを上納するもの、すなわち徭役によって耕作されるもの。
② 収穫米上納を免除される代わりに、何らかの徭役が課せられるもの。
③ 収穫米の一部を一定率によって納めるもの。

②の上納免除地は、課税方法としては村田と同じである。またそれは、①の収穫米全納地に隣接していた。別の言い方をすれば、それらはひとかたまりの耕地を課税方法の違う二つの部分に分けたものであった。[16]③の耕地は、課税方法としてはポーラーム田と同じである。実際、ナー数に対する上納米の量はポーラーム田の場合とほとんど変わらなかったようである。③の耕地は、領域内にそのツァオペンディン田を含む村落にのみ耕作が認められていた。

村落と関係なく管理されるのは①の耕地であり、そこでは徭役としての耕作が行われ、耕作義務は複数の村落に割り振られていた［歴四：96–97など］。

ツァオペンディン田の総量は、テキストによって、または、史料の解釈のしかたによって異なってくるが、[17]最小値で一万八五〇ナー、最大値で一万四七八〇ナーである。その中で、徭役によって耕作される田が、合計一八二〇ナーある。一〇〇ナーにつき三〇〇ハープの収穫があるとして計算すると、収穫米量は五四六〇ハープ、約一〇九トンということになる。[18] 一方、総数から徭役によって耕作される一八二〇ナーを引けば、徭役によらず収穫物の一部上納という形で耕作されているツァオペンディン田は、最小値が九〇三〇ナー、最大値が一万二九六〇ナーである。一〇〇ナーにつき三〇ハープ上納するとして計算すれば、上納米の実数は、最小値が二七〇九ハープすなわち約五四トン、最大値が三八八八ハープすなわち約七八トンである。

以上から、ツァオペンディン田全体からもたらされるツァオペンディンの取り分は、最小値で八一六九ハープ、最大値で九三四八ハープと計算される。つまり約一六五トンから一八五トンぐらいまでの間であった。[19] このように、ツァオペンディン田の存在は、ツァオペンディンにとってかなりの高収益をもたらしたといえよう。[20] ツァオペンディン田の経営の成功は、王の権威を保つというだけでなく、ツァオペンディンを頂点とする、ムン権力の経済的基盤を安定させるという意味でも重要であったのである。

3-3 タイムンと「クンフンツァオ」

一　集団範疇としてのタイムンと「クンフンツァオ」

ツェンフンというムンの支配のあり方を分析する際、その前提として考慮されねばならないのは、ムンの住民が大きく分けて四つの集団範疇に弁別されていたことである。それは、王族[21]、タイムン、レークノイ、ホンハーイの四範疇である。ツェンフンでは、婚姻も村落（バーン）形成も、原則として、同じ範疇のもの同士で行われていた[22]。このうちタイムン、レークノイ、ホンハーイの三つは農民の集団範疇である。レークノイとホンハーイは、『調査報告』中で、「クンフンツァオ」という呼称のもとに一括して扱われている。

王族、タイムン、レークノイ、ホンハーイの区分は行政組織上にも反映されていた。図3は、一九五〇年ごろまで使われた行政系統を示したものである。行政単位は、小さいものから順に村落、ホーシプ、ロンとなっており、最上位行政単位であるロンは四つ存在していた[23]。また、ホーシプの中でもホーシプ・クンホート[24]とホーシプ・ホンハーイはロンに属さず、事実上ロンと同等の位置にあった。これら四つのロンと二つのホーシプについて、その構成村落がどの集団範疇のものかを見ていくと、どれにおいても四範疇のうちどれか一範疇に属する村落が優勢である[25]。すなわち、ロンホン、ロンホイ、ロンサーイはタイムン優勢であり、ホーシプ・クンホート、ロンレークノイ、ホーシプ・ホンハーイはそれぞれ王族、レークノイ、ホンハーイが優勢である。このように、行政単位が四範疇区

ホーシプ・クンホート			★ 64E ★ 65e ★ 70F ★ 71CF ★ 72F ★ 73F ◇ 74F ★ 77f ★ 78f
ロンホン		ホーシプ・バーンニウ	● 48dE ● 49D ● 51D ● 58E
		ホーシプ・ロンホン	● 59AE ◇ 60E 68E ● 69e
ロンサーイ	ロンホイ	ホーシプ・バーンポク	42C ● 83 ● 84
		ホーシプ・ロンホイ	● 85 ● 87 ● 88 ◇ 89
		ホーシプ・バーンマイ	◇ 3a ◇ 8A ◇ 11A ● 15A
		ホーシプ・ドンテン	● 1AB ● 17A ● 18A 44C
ロンレークノイ		ホーシプ・ホイソー	4a 5a 50D ◇ 52D 54E 56E 57E
		ホーシプ・バーンティン	45d 46d 62e 67e
		ホーシプ・ツェンラーン	13BC 66E
		ホーシプ・バーンコンロン	14A 31B 29B
		ホーシプ・バーンカート	9A 23B 24B 26B 27b
		ホーシプ・バーンモン	2A 6A 10A 33c 35C 36C 38Bc 39C
		ホーシプ・ツェンポム	23B 25B 28b 30B 34C 37BC 40AB 43C 90
ホーシプホンハーイ			◇ 12A ◇ 13A ◇ 19a ◇ 20A ● 21A ◇ 22aC ◇ 32c ◇ 55E ◇ 60E ◇ 61E

凡例　数字･･･村落番号
●･･･タイムン，［記号なし］･･･レークノイ，◇･･･ホンハーイ，★･･･王族
A〜F･･･水路A〜水路Fそれぞれを利用
a〜f･･･水路A〜水路Fそれぞれの付近に立地（利用はしない）

ムンツェンフンの村落（村落名の前の数字は本書で用いている村落番号）

1	バーンター	25	バーンハーイ	49	バーンニウ	73	バーンホーナー
2	バーンペート	26	バーンカート	50	バーンリン	74	バーンヤーンクワーン
3	バーンツェンハーン	27	バーンツェンハム	51	バーントゥンロン	75	バーンワット
4	バーンナムロン	28	バーンヤーン	52	バーントゥンノイ	76	バーンパーサート
5	バーンボーヘー	29	バーンクム	53	バーンレク	77	バーンカートロン
6	バーンヤーンディー	30	バーンクワーン	54	バーンサー	78	バーンルー
7	バーンツァイ	31	バーンサーイ	55	バーンノンハム	79	バーンカーンツェン
8	バーンセオ	32	バーンハイタームー	56	バーンホイソー	80	バーンノントゥム
9	バーンコンワット	33	バーンホーソン	57	バーンナー	81	バーンホンツァーン
10	バーンティウ	34	バーンフェイルン	58	バーントゥンラオ	82	バーンフムホー
11	バーンパーコー	35	バーンメン	59	バーンモーロン	83	バーンポク
12	バーンコンマイ	36	バーンタオ	60	バーンモーノイ	84	バーンワーン
13	バーンツェントゥン	37	バーンツェンポム	61	バーンポンノイ	85	バーンポク
14	バーンコンロン	38	バーンヒム	62	バーンクー	86	バーンフン
15	バーンマイロン	39	バーンモン	63	バーンヨン	87	バーンクウェー
16	バーンツェンターイ	40	バーンツン	64	バーンツォムフン	88	バーンターチウ
17	バーンドンテン	41	バーンイン	65	バーンツェンレン	90	バーンドクマイ
18	バーンナーン	42	バーンホン	66	バーンツェンラーン		
19	バーンドンロン	43	バーンツェンモン	67	バーンティン		
20	バーンワット	44	バーンノンフォン	68	バーンロンホン		
21	バーンツァーンツァイ	45	バーンナーパーン	69	バーントゥー		
22	バーンツォムヘー	46	バーンナーヌン	70	バーンナーオ		
23	バーンクワーン	47	バーンティー	71	バーンツェンファー		
24	バーンカー？	48	バーンホームン	72	バーンホープン		

図3-1　ムンツェンフンの1950年以前の行政系統（出典［歴四:73］）

分を基礎に編成されていたという事実から、ムン支配全般がその区分を前提になされていたことが予測される。以下、タイムンとレークノイとホンハーイの三範疇、あるいはタイムンと「クンフンツァオ」という二範疇を用いて、ツェンフンの農民支配の諸側面を分析していくことにする。[26]

二　伝承の中でのタイムンと「クンフンツァオ」

ツェンフンに伝わるさまざまな伝承中には、個々の村落がいかなる者によって形成されたか、また、形成時にムン権力といかなる関係を持っていたかについて触れているものが多数ある（表3-1）。タイムン村落の大半は何らかのムン創建伝承（表中、a類の伝承）との関わりを持っている。ムン創建伝承の中にはムン権力の到来前から居住していた先住民に言及しているものがあり（表中のa1-a3、a10）、その中に先住民村落として名前が挙げられているタイムン村落も多い。このように、タイムンという農民集団範疇は、伝承中には古くから盆地内に展開していた先住民として現れてくるのである。

一方、ホンハーイ村落の大半は、ムン支配者層の私的従属民（b類の伝承）あるいはムン外からの移民（c類の伝承）によって作られたという伝承を持つ。レークノイ村落は、ムン創建伝承に現れるものも一部あるが、やはりムン支配者層の私的従属民や移民起源の伝承を持つものが多い。また、レークノイ村落の多くは、表に示したものの他、洪水の被害を逃れてムンラーオから移住したという伝承を持つ［歴四：78；雲南調査組 1958：258］[27]。ムン支配者層の私的従属民がムン権力から命令を受けて村落を形成したことは言うまでもないが、移民が村落形成をする時もムン権力側の許可が必要とされた。このどちらの場合も、村落はムン権力の指定する場所に作られた。つまり、一般に

表 3-1　村落起源伝承（村落形成者あるいは伝承中への現れ方）

a：ムン最古の村落，ムン創建伝承に現れる村落
a1　ムン最古のタイ族 7 村［世系：17，74，167，224］
a2　ムン最古のタイ族 14 村［歴四：198］
a3　ムン最古のタイ族 14 村［総二：89］
a4　バヤーアーラウォー（ムン創建主）到来後の戦争で残った 10 村［歴四：211］
a5　バヤーアーラウォー到来後つくられたムン最古のタイ族 15 村［歴三：16］
a6　バヤーアーラウォーの随員［歴四：198］
a7　バヤーアーラウォーの随員［歴四：78］
a8　バヤーアーラウォーの随員［世系：136］
a9　バヤーアーラウォーの側近が管轄した村落［歴三：16］
a10　王族の後裔をさがしに行く 12 人の使者のリーダーを出した村落［世系：66 他］

b：統治者の私的従属民出自の村落
b1　王の家内奉仕人［歴四：236］
b2　「寺奴」（カーワット）［総二：7］
b3　村落 37 付きのパヤーの家内奉仕人
b4　王の家内奉仕人［歴四：78，93］
b5　パヤーツンハーンとともにやって来た人々
b6　ツァオツェンハーの家内奉仕人
b7　王のための料理人*（別のムンから贈りものとして，あるいは戦争の賠償としてやってきたもの）
b8　王の家内奉仕人［総二：66］
b9　王の家内奉仕人［歴四：78，93］［総二：89］
b10　還俗した「小和尚」（パノイ）（ムン外から王がめとった妻，あるいはムン外から来た高僧についてきたもの）［歴四：78］［総二：89］［世系：137］
b11　「寺奴」（カーワット，ムン外から高僧についてやってきたもの）［歴四：79］
b12　王のために灯をともす仕事をしにムン外から来た人々［歴四：79］
b13　王の家内奉仕人［歴四：79，192］
b14　王の呼びよせた人々［歴四：78］
b15　トウロンカオ*の家内奉仕人［歴四：78］
b16　ツァオロンナーホーク*の呼びよせた人々［歴四：78］
b17　「召頂蛾」の呼びよせた人々［歴四：78，141］
b18　王の家内奉仕人
b19　ツァオロンハンハム*の家内奉仕人［歴四：78，141］
b20　ツァオロンナーカーン*の家内奉仕人［歴四：78］
b21　水路を掘らせるために，「都竜話」*が連れてきた人々［歴四：78，82］
b22　ツァオロンパーサートの家内奉仕人［歴四：168］
b23　「召竜発号」*の家内奉仕人［歴四：168］
b24　別のムンからの戦争捕虜
b25　ワットロン（ムンの中心寺院）の「寺奴」（カーワット）
b26　ツァオカート* がカートロン（「城市」内にあるムンの中心的市場）の警備のために呼びよせた人々［歴四：168］

c：移民が形成した村落
c1　ムンラーバートンから来た人々
c2　元江から来た人々
c3　耿馬から来た人々
c4　チンウィーから来た人々
c5　徳宏から来た人々

c6　景谷から来た人々
c7　飢饉のため避難してきた人々が合流［総二：66］
c8　ムンハーイなどから来たタイ・ルー族（普文一塔から来た旱傣族の集落を含む.）
c9　ツェントゥンから来た旱傣族
c10　景谷から避難してきた人々（当時から見て40〜50年あまり前）［歴四：78］
c11　住民が王を殺して逃亡した後，数十年してやって来た人々［歴四：192］
c12　別のムンから「負担」を逃れてやってきた人々［歴四：193］
c13　元江，墨江付近から来た人々（当時から見て50年ほど前）

d：分村，移動村（ムン内．数字は村落番号.）
d1　1からの分村［歴四：80，119］
d2　44にある白塔付近からの移動［歴四：211］
d3　3からの分村
d4　14からの分村
d5　1からの分村［歴四：207］
d6　31からの分村
d7　37からの分村
d8　50からの分村
d9　1からの分村［歴四：193］

e：その他
e1　先住異民族の拠点［世系：64他］
e2　ハニ族起源
e3　タイムンからホンハーイへの転換
e4　旱傣族起源

注　上記のうち出典を記していないものの多くは，1989年3月中国雲南省西双版納傣族自治州において，筆者自身の中国語での聞き取りにより得られた情報である．インフォーマントはバーンサーイ（村落番号31）に住む当時70代後半（76歳か77歳）のツァーンハブ（歌の専門家）である．ツァーンハブは，古くからの伝承を叙事詩として伝える存在だという［馬場，1984，1990a］．また，表中，*を付したのは官僚名である．そのうち漢字で書かれているのは，中国語音訳表記である．

	村落番号	村落起源伝承の種類			
タイムン	1	a1，a2，a3，a4，a6，a9			
	15	a1，a3，a4			d1
	17	a3，a5			
	18	a1，a4			
	21	a5，a9			
	48	a1，a3，a4，a7			
	49	a1，a3，a4，a7			
	51	a1，a3，a4，a5			
	58	a5，a8			
	69	a5，		c1	
	83	a1，a3			d2
	84	a3，	b1		
	87	a3，a7			
	88	a7			

レークノイ（クンフンツァオ）	4				d3	
	5				d4	
	6			c2, c3		
	9		b2			
	16	a3				
	23				d5	
	25	a5				
	28					e1
	29		b3	c4	d6	
	30					e1
	31		b4			
	33			c3		
	35			c3		
	37	a9				
	39		b5			
	40				d7	
	44	a1, a3, a4, a10	b6			
	45			c5		
	46			c5		
	47			c5		
	50		b7			
	54				d8	
	56			c6		
	57			c6		
	62					e2
	66		b8	c7		
	67		b4, b9	c3		
	68		b10			
ホンハーイ（クンフンツァオ）	3		b11	c8		
	8		b12		d9	
	11		b11			
	12		b13			
	13			c9, c10		
	19		b14	c3		
	20		b15			
	22	a3	b16	c11		e3
	32		b17	c12		
	41		b18, b19			
	52			c10		
	55		b20			
	60			c10		e4
	61		b20			
	70		b21			
	71		b22			
	74		b23, b24			
	75		b25			
	77		b26			
	89			c13		

「クンフンツァオ」という農民集団範疇は定住開始時からムン権力との密接な関わりを持つととらえられていたのである。

以上のように、伝承には、タイムンは先住者として、「クンフンツァオ」はムン権力成立後に移住してきてムン支配者層の従属民になったものとして描かれている。タイムン、「クンフンツァオ」という言葉の直訳的な意味は、それぞれ「ムンの自由民」、「主人の家内奉仕人」であり〔田辺 1984：141〕、それは伝承中の位置づけとも対応することになる。確かに、タイムン村落で比較的新しい時期に分村として成立したものや「クンフンツァオ」村落で比較的古い時期から定住していたものの存在の可能性は否定できない。しかし、農民集団範疇全体として見た場合、タイムンが先住農民、「クンフンツァオ」が後来農民と位置づけられていることは明らかである。(28)

三　徭役体系の中でのタイムンと「クンフンツァオ」

ツェンフンで徭役として位置づけられているものは、二つに大別される。一つは、カーンムン（ムンの仕事）と呼ばれる業務であり、水路・道路・橋の築造や修築、守護霊祭祀、戦争への従軍、中国への貢納負担などがその内容である〔歴四：139-141〕。もう一つは支配者層への直接的奉仕の性格を持つものであり、家内労働的業務、家屋や倉庫の建設、王族所属田からの上納米の輸送などが挙げられている〔歴四：141-145〕。

このうち、タイムンが中心的に携わるのはカーンムンであった。カーンムンの中でも土木工事や守護霊祭祀などの対内的業務は、ムン全域に関わる業務ではなく、数か村を含む、より小さな地域内で完結するものであった。(29) また、それらは小地域の公共業務的性格を持つものであった。そのため、対内的なカーンムンには、ムン権力からの

と／ラッパをふくこと／歌を歌うこと（儀式などの際）

1-4　ホンハーイにだけ課せられているもの
・布を織ること／寺を掃除すること／テーブルを運ぶこと
・バナナの木を上納すること
・「金包」を管理すること／金の皿を持つこと／金の傘を持つこと

〈2〉複数の範疇の人々に課せられているもの

2-1　タイムンとレークノイに課せられているもの
・配膳／サナームの建物の建築
・竹を上納すること
・「版保」という儀杖を持つこと／大刀を持つこと（儀式の際）

2-2　タイムンとホンハーイに課せられているもの
・赤ん坊の世話／子供のお守り
・金の刀を持つこと（儀式の際）

2-3　レークノイとホンハーイに課せられているもの
・水牛を飼うこと／象を飼うこと／塩を煮詰めて取ること／糸を紡ぎ，布を染めること／茶を運ぶこと／雑務をすること／使い働きをすること／全ムンの官租を運ぶこと
・生の魚を上納すること／「酸魚」（なれずし）を上納すること
・槍を持つこと／大印を背負うこと／孔雀の尾を持つこと／船を漕ぐこと（儀式の際）

2-4　タイムンとレークノイとホンハーイに課せられているもの
・ツァオペンディンの母に仕えること／家を建てること／倉庫を建てること／トイレを建てること／物干し場を建てること／「守家」（留守番？）／倉庫の管理をすること
・鶏を上納すること

注　『調査報告』中の記述［歴四：139-145］をまとめたものである．中国語で記述してあるため，正確な意味がとれないものもあった．その場合，この表中では，もとの中国語を「　」に入れて示したり，“？”の符号をつけたりしてある．

強制によらずに行われた事例が多い。つまりカーンムンのうち、戦争への従軍、中国への貢納負担などを除いては、農民が小地域単位で自律的に行う公共業務にムン権力が「徭役」という位置づけをしたもの[30]であったという見方ができる。ゆえに、タイムンは徭役体系の中に位置づけられてはいても、事実上はかなり自律的立場にあったということができよう。

一方、「クンフンツァオ」は、支配者層への直接的奉仕の性格を持つ多種多様な徭役に、中心的に携わっていた（表3-2）［歴四：139-145］。これは、「クンフンツァオ」のムン権力への接近の度合が強いことを意味している。ツェンフンの実質上の徭役らしい徭役の負担者と言えるのは、「クンフンツァオ」農民であった[31]。

このような「クンフンツァオ」、タイムン

表 3-2　徭役・貢納の種類

〈1〉 ある範疇の人々だけに課せられているもの

1-1　王族だけに課せられているもの
ツァオペンディンの警護

1-2　タイムンだけに課せられているもの
- 竹のざるを編むこと／草むしり／「架火」／家の修理／水浴び場を作ること／テーワダー（守護霊）の番をする（「守」）こと／ツァオペンディンのかわりに商売をすること／人を殺すこと？／子供のお守り
- 天秤棒の上納
- 「矛槍」を持つこと／カーラサプ（楽器の一種）をたたくこと
- 道路修理／橋の修理

1-3　レークノイにだけ課せられているもの
- 馬を飼うこと／赤牛の雌牛を飼うこと／「榨糖」（砂糖きびをしぼること？）／（砂糖きびの汁を）煮詰めて砂糖を取ること／縄をなうこと／「草拝」を編むこと／たきぎをとること／草を刈ること／米をつくこと／飯を炊くこと／「糖飯」を煮ること／食事のための買い物をすること／料理を作ること／水汲み／茶を入れること／灯をつけること／扇であおぐこと／顔や足を洗う水を運ぶこと／ツァオペンディンの妻に仕えること／トゥロン（僧侶？）に仕えること／廐を建てること／花園菜園の管理をすること／犯罪者の見張りをすること／王田の管理をすること／養魚池の管理をすること／赤牛を飼うこと／駄牛を使うこと／馬夫を務めること／荷かつぎ人夫をつとめること／官租を家畜にのせて運ぶこと／手紙を届けること／米を運ぶこと／ワットロン（「大仏寺」）のトゥ（僧）の食事を世話すること
- 船（をつなぐ）縄を上納すること／筍を上納すること／竹を薄く割ったものを上納すること／しゅろの葉を上納すること／びんろうを上納すること／果物を上納すること
- 銀の刀を背負うこと／袋を背負うこと／「弁宛」という儀杖を持つこと／「売乃」という儀杖を持つこと／旗を持つこと／どらをたたくこと／大砲をうつこと／花火をあげる？こ

間の差異は、伝承に見られる「クンフンツァオ」の後来従属民としての姿、タイムンの先住民としての姿と対応するものである。

3-4　タイムン、「クンフンツァオ」の耕作する水田の種類、量

一　全般的傾向

一村落の領域内水田の種類を見ると、農民所属田しか持たない村落、王族所属田しか持たない村落、両者を合わせもつ村落など、さまざまである。『調査報告』「歴四」中の村落ごとに出ている数値（表6参照）を整理して、タイムン、レークノイ、ホンハーイそれぞれについて、村田、ポーラーム田、ツァオペンディン田の一村落あたりの平均

表3-3　一村落あたりの耕地面積と事実上の米の取り分（平均）
『歴四』中の数値および譚の出した数値［譚 1989：120］により計算

	タイムン	タイムン（盆地部）	レークノイ	ホンハーイ
情報のある村落数／総数	9／16（56%）	7／11（64%）	23／42（55%）	8／20（40%）
				単位：ナー＝約1.7アール
村　田	1937	2430	463	4
ポーラーム田	600	579	1268	436
ツァオペンディン田（全納地以外）	133	171	260	0
合　計	3173	3672	2131	491
事実上の米の取り分	195t	232t	46t	29t

のナー数を計算したのが、表3-3である。一般に、「クンフンツァオ」（レークノイとホンハーイ）の村落ではポーラーム田が優勢であるのに対し、タイムンの村落では村田が優勢であることがわかる。

また、ポーラーム田やツァオペンディン田は、タイムン村落にあるものと「クンフンツァオ」村落にあるものとではどちらが多いかについては、ツェンフンの全村落について所属耕地の種類・面積が示されているわけではないので、明確な数値は出せない。大体の傾向を見るために、タイムン、「クンフンツァオ」各範疇について、表3-3で示した平均ナー数に村落総数をかけた数値で比較すると次のようになる。ポーラーム田は、タイムン村落九六〇〇ナーに対し「クンフンツァオ」村落六万一九七六ナー、ツァオペンディン田は、タイムン村落二一二八ナーに対し「クンフンツァオ」（レークノイ）村落一万九二〇ナーである。(32) この数値から見ると、ポーラーム田やツァオペンディン田は、タイムン村落にあるものより「クンフンツァオ」村落にあるものの方が圧倒的に多い。(33)

耕地の面積については、タイムン、レークノイ、ホンハーイの順に村落所属耕地が少なくなる傾向にある。(34) 村落の事実上の米の取り分を各類型の平均について算出し比較しても、タイムンはレークノイの四倍以上、ホンハーイの六倍以上を獲得しており、タイムン村落が圧倒的に富裕な状態にあったことがわかる(表3-3)。

このように各種耕地の分布状況は、タイムンの、ムン権力からの相対的独立性、自律性を明示している。また、村落内にポーラーム田やツァオペンディン田を多く持つという点で、ムン権力を経済的に支えるのは、主に「クンフンツァオ」農民であったと言うことができる。

二　徭役で耕作されるツァオペンディン田

前項(3-4節の一)では、村落あたりの水田の種類と量という側面から比較を行った。そこでは、ある村落領域内の水田を、その管理が村落内で完結すると想定して考察したわけである。だが、ムンツェンフンには、どの村落の領域からも外れる場所に位置する水田や、ある村落領域内にあっても別の村落の村民が耕作を行う水田も存在した。それは、徭役で耕作されるツァオペンディン田である。3-2節の二(2)で行った区分でいえば、徭役で耕作される田自体は①にあたる。だが実際は②、場合によっては③の田が抱き合わせになって存在していた。その実態は次に示す通りである。

徭役によって耕作されるツァオペンディン田は三か所あった[35]。

一つはナーヨンと呼ばれ、バーンツェンラーン(村落番号66[36])というレークノイ村落の近くにあって一〇〇〇ナーの大きさを持っていたが、どの村落の領域にも属していなかった。それを七つに割ったうちの一つは、バーンツェンラーンに収穫米免除地として与えられたとしている記述もある。その代わり、バーンツェンラーンには、ナーヨンを耕作する他の村が規定どおり収穫米を納めるよう催促する他、ナーヨンに植えるための苗代を作ったり田のまわりの囲いを作ったりする仕事が課せられたという［歴四：96-97, 145-146, 184-185］。これは、①のタイプと②のタイプの折衷である。

もう一つはナートゥンナーと呼ばれ、バーンサーイ（31）というレークノイ村落の領域内にあった。これも①の方法と②の方法を合わせて用いたものであり、一二〇〇ナーのうち、七二〇ナーが徭役によって耕作され、残りの部分二四〇ナーについては、ナートゥンナーの水の状態を見たり苗代を作ったり米倉を守ったりする代わりに、バーンサーイが上納米負担免除で耕作してよいことになっていた。

残りの一つはナートゥンウェンと呼ばれ、バーンツェンポム（37）というレークノイ村落の領域内にあった。ナートゥンウェン一〇〇〇ナーのうち、一〇〇ナーだけが徭役によって耕作された。残りの九〇〇ナーは、二七〇ナー、一〇〇ナー、五三〇ナーの三つに分けられる。二七〇ナーの部分は、バーンツェンポムが米上納免除で耕作してよい代わりに、水の状態を見たり苗代を作ったり米倉を作ったりという仕事をしなければならなかった。[37] 一〇〇ナーの部分は、「労役田」としてバーンコンワット（9）というレークノイ村落が耕作した。[38] 五三〇ナーの部分は、バーンツェンポムに貸し与えられていた[39]［歴四：96-97, 145-146, 184-185］。ナートゥンウェンでは①、②、③のすべてのタイプの徴税法が合わせ用いられているといえるだろうか。

以下、それぞれについて、どの村落に徭役が割り振られていたか、具体的に見ていくことにする。

(1) ナーヨン

一〇〇〇ナーは七つに分けられる。史料中では、その七つに分けたものの一つを、ヨンという単位を用いて一ヨンと呼んでいる。『調査報告』中では三か所に、徭役によるツァオペンディン田耕作についての記述があるが、耕作を受け持っている村落の名には多少の出入りがある。耕作徭役を課された村とは別の村落によって実際の耕作がなされている場合もあるので、そのために生じた混乱かもしれない。実際に耕作を受け持っている村でなく、もともと耕作徭役を課されていた村の名を挙げるなら、三か所の記述すべてに現れるのは、バーンニウ（49）に二ヨン、バーンホームン（48）に一ヨン、バーンモーロン（59）に一ヨンという割り当てである[40]（図3-2参照）。この他、バーンノンハム（55）も調査報告の三か所すべてに現れるが、そのうち一か所に、それはもとはバーントゥンラオ（58）が耕作すべきものであったという記述がある［歴四：145］。これが事実であると見るならば、バーンノンハムはすべてバーントゥンラオに読みかえればいいことになり、もとはバーントゥンラオ（58）に少なくとも一ヨンの耕作徭役が課せられていたことになる。

以上で、七ヨンのうち五ヨンは説明がついたとして、残りの二ヨンであるが、『調査報告』中の三か所それぞれで、以下の村落の名が挙げられている。

① バーンツェンラーン：一ヨン（もう一ヨンについては記載なし）［歴四：96］
② バーントゥンラオ：一ヨン、バーントゥー：一ヨン［歴四：145］
③ バーンツェンラーン：一ヨン、バーントゥー：一ヨン［歴四：184］

バーントゥー（69）は②と③の双方に挙げられており、①のうち記載のないもう一ヨンをバーントゥーであると考えればつじつまはあう。そうであるなら、①と③とは、二村落とも同じ村落の名を挙げているということにもなる。よって、バーントゥーに一ヨンの耕作徭役が課されていた可能性はかなり高いと言えよう。

とすれば、①と③がバーンツェンラーンを挙げる代わりに、②はバーントゥンラオを挙げているということになる。バーントゥンラオが耕作すべきところを実際はバーンノンハムが耕作しているという先に紹介した記述は、②

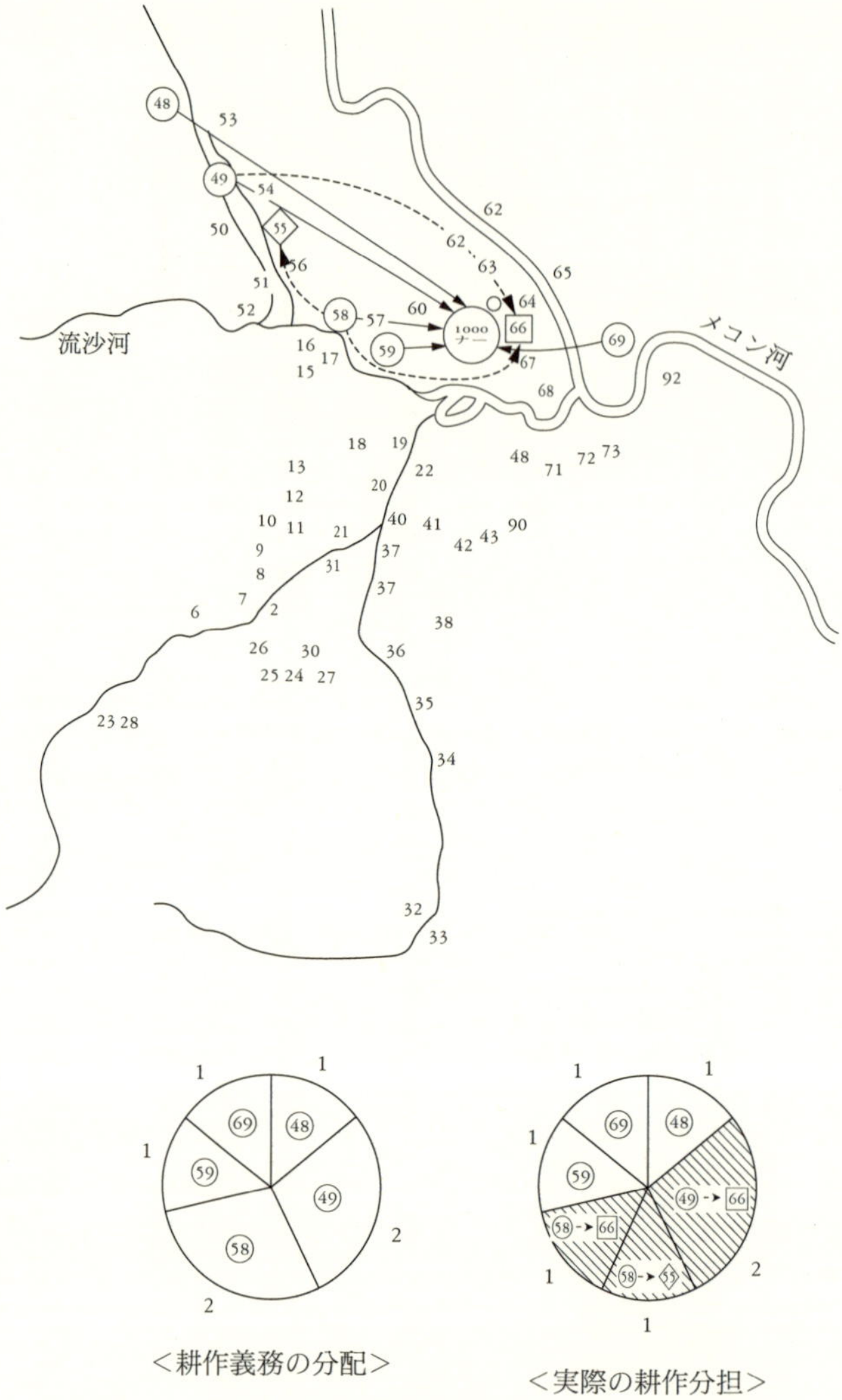

図 3-2　ツァオペンディン田“全納地”の耕作：ナーヨン（66 の村落付近のもの）
［耕作義務を持つ村落］→［耕地所在地］
［本来，耕作義務を持つ村落］⇢［耕作を肩代りする村落］
○…タイムン，□…レークノイ，◇…ホンハーイ
注：ナーヨン耕作とかかわらない村落は，村落番号のみが示してある．

の内容が書かれているところで合わせてなされている。つまり②によれば、バーントゥンラオのもともとの受け持ちが二ヨンだったということになる。

一方、バーンツェンラーンに、収穫米免除地を与える代わりに収穫米を納めるよう催促したり苗代を作ったり囲いを作ったりする仕事が課せられたのだとしたら、その仕事がバーンツェンラーンに与えられる時点で収穫米免除地も与えられていなくてはならない。それが、①、③でバーンツェンラーンに割りあてられたとされる一ヨンであった可能性もある。今のところ、バーントゥンラオとバーンツェンラーンのどちらにその一ヨンが割りあてられていたのか、あるいは一方からもう一方へ状況が変化したのかを確定できるだけの情報はない。

ここまで議論したことをまとめてみると以下のようになる。ナーヨンの耕作徭役は、計七ヨンのうち、二ヨン分がバーンニウ（49）に、一ヨン分がバーンホームン（48）に、一ヨン分がバーンモーロン（59）に課せられていたのは確実である。バーントゥー（69）の一ヨンもほぼ間違いない。あとは、バーントゥンラオ（58）に課せられたのが、一ヨンか二ヨンかということが不明確なまま残る。

もしバーントゥンラオに課せられたのが二ヨンだとしたらそれで合計七ヨンになり、耕作徭役は計五つの村落に分けもたれていたことになる。これら五村落の共通点は、すべてタイムンの村落であるということ、そして流沙河左岸にあるということである（図3－2参照）。タイムン村落は、流沙河左岸にあるものだけで原初的にまとまりをつくっていた可能性があり（第4章4－3節の一②で後述する）、かつ、自治行政単位としてもその範囲でまとまっていた（図4－3参照）。ナーヨンの耕作徭役は、まさにその「タイムン村落のまとまり」に対して課せられていたのである。

さて、バーントゥンラオ（58）に課せられたのが一ヨンだとしたら、あと一ヨンはバーンツェンラーン（66）が耕作をしていたと見てよいだろう。バーンツェンラーンはナーヨンのすぐ近くに立地していた。与えられた耕地は、ナーヨン全体の苗代や囲い作りなど、バーンツェンラーンが従事した各種の仕事の見返りとして与えられた収穫米免除地であった［歴四：184］可能性も高い。耕作を分担した六村落のうち、バーンツェンラーンのみがレークノイ村落であるが、それは、このような特殊な役割を持つ村落であったので特別に編入されていたのだと説明することができる。

(2) ナートゥンナー

傜役によって耕作される七二〇ナーの耕作義務があるのは、バーンター（1）、バーンサーイ（31）、バーンツァイ（7）である。このうち、バーンター（1）はタイムン村落であり、バーンサーイ、バーンツァイはレークノイ村落である。バーンサーイはナートゥンナーを領域内にもつ村であり、別に二四〇ナーを上納米負担免除で耕作していたのは、前述したとおりである。

(3) ナートゥンウェン

傜役によって耕作されたのは一〇〇ナーだけであったが、いくつもの村落にその耕作義務を分けもたせている。一〇〇ナーは全部で一五丘あり、バーンツェンポム（37、レークノイ）に一丘、[41] バーンヒム（38、レークノイ）、バーンツン（40、レークノイ）にそれぞれ二丘ずつ、バーンターに（1、タイムン）に一〇丘という形で耕作傜役が課せられていた。[42]「丘」が、具体的にどのような単位であるかは不明だが、一〇〇ナーを単純に七等分すると、一丘は七ナー弱ということになろうか。これらの村落のうち、タイムン村落はバーンターだけで、他はレークノイ村落であった。これら四村落の共通点は、すべて流沙河右岸にあり、ムンナムシンという用水路（水路B、第4章で後述する）を利用する村落であったこと（図4-2B参照）である。

レークノイの三村落について見ると、バーンツェンポムは領域内にナートゥンウェンを持つ村落であり、徭役によって耕作する部分とは別に、一〇〇〇ナーの中の二七〇ナーを上納米免除で耕作し、五三〇ナーを耕地使用料としての米を上納する形で耕作していた。バーンツェンポムにしてみれば、その二七〇ナーと五三〇ナーに続く七ナーほどの耕地を無償で耕作するのがそれほど負担を増すことであったとは思えない。バーンヒムとバーンツンが耕作するのも、それぞれ一五ナーに満たないほどの耕地であったとしたら、この二村がどちらも耕地の近隣に位置していて耕地への行き来がしやすかったことも考えあわせれば、負担はそれほど過重ではなかったと言えよう。

一方、バーンターは他の三村よりも耕地から離れて立地するにもかかわらず、全体の三分の二、他の村落との比では五倍、一〇倍もの量の徭役が課せられていた。つまり、ムン権力は、あえて遠くに立地するバーンターに、主としてナートゥンウェンの耕作徭役を負わせていたということになるのである。

＊

以上の事例から、ツァオペンディン田の耕作徭役を課されている村落は、タイムンかレークノイの村落であったことがわかる。その中でも、ナーヨンは、流沙河左岸に立地するタイムン村落のみに無償耕作の徭役義務を分けもたせたものであった可能性が大きい。また、ナートゥンナーのバーンサーイ、ナートゥンウェンのバーンツェンポムは、領域内にそのツァオペンディン田を持つ村であり、徭役によって耕作する部分とは別に、米上納免除で耕作する田を、それぞれ二四〇ナーと二七〇ナー持っていた。徭役義務だけを課せられていたのは、ナートゥンナーではバーンターとバーンツァイ、ナートゥンウェンではバーンヒム、バーンツン、バーンターである。このうち、タイムンはバーンター一村のみであるが、バーンターがナートゥンナー、ナートゥンウェンの両方の耕作徭役を負担していたのは、注目すべきである。ナートゥンウェンについては、全量の三分の二もの耕作をバーンターに課していたことにも注意したい。

3-4の一で見たように、村落あたりの水田の種類と量という側面から比較すれば、ツァオペンディン田はレークノイの村落において優勢であり、全体としても、レークノイ村落にあるものの方が多かった。しかし、ツァオペンディン田のうち、徭役によって耕作される部分については、むしろタイムンにより多くの関わりが期待されていたと見ることができよう。一方、ホンハーイは、徭役によって耕作されるものであろうと耕地使用料を納めるものであろうと、まったくツァオペンディン田の耕作には関わらなかったのである。

3-5 王族所属田と「クンフンツァオ」、耕作徭役とタイムン――結論

この章で行った分析によって、「クンフンツァオ」は、村落を形成する時点からムン権力とのつながりをもつと認識される、ムン権力との密接な関わりを持つ農民であり、徭役や王族所属田からの耕地使用料としての米上納を通して、ムン権力を経済的に支える存在であることが確認された。

その中でもレークノイは、ムンの全村落の約半数を占めるほど村落数が多く、かつその村落内の耕地の多くが王族所属田だったこともあって、ムン権力に納められる上納米の重要な提供者であった。ホンハーイがツァオペンディン田の耕作に関わらなかったのに対して、レークノイはツァオペンディン田耕作に関しても、かなり重要な役割を

果たしていた。徭役によって耕作されるツァオペンディン田が一つを除いてレークノイ村落領域内にあることや、そのレークノイ村落が、耕作の下準備や耕作後の処理をするとともに、とどこおりなく収穫米を上納させるための監督者的役割を持っていたことも注目すべきであろう(43)。

第二章で明らかにした、ムンツェンフンの二つの特徴、①王族所属田が多いことと②「クンフンツァオ」村落が多いこととの間には、「クンフンツァオ」村落内に王族所属田の多くがあり、主に「クンフンツァオ」がその耕作をしているという理由による、分かちがたい関係があったのである。

それに対してタイムンは、先住の民であると認識され、実際にも独立的、自律的な農民であった。ただし、徭役によって耕作されるツァオペンディン田については、タイムンにも耕作義務があった。むしろ、ツァオペンディン田の耕作徭役はタイムンを中心に課されていたといえよう(44)。

第二章で見たように、シプソンパンナーのメコン西岸側の地域では、ムンツェンフン以外のほとんどのムンで、王族所属田は原則として徭役によって耕作されることになっていた。そしてその耕作徭役を負うのは、ムン住民の大多数を占めるタイムンであった。だが、ムンツェンフンにおいては、王族所属田の中でもツァオペンディン田の一部のみの耕作徭役を、ムン住民の中では少数派であるタイムンが耕作するという形を取っているにすぎない。

ただ、王族所属田がムン公民であるタイムンの徭役によって耕作されることが、ムンツェンフンにおいても、メコン西岸の他のムンと同様に、ムン支配に欠くべからざる原則的形式であると認識されていた可能性はある。ムンツェンフンでは、ツァオペンディン田の耕作徭役をタイムン中心に課すという形を取って、その「原則」を貫いていたと解釈することができよう。たとえムン権力が経済的に「クンフンツァオ」の存在に依存するところが大きかったとしても、あえてタイムンに王族所属田の耕作義務を課すことが、ムン公民を支配するものとしてのムンツェンフンの首長、ツァオペンディンの権威を保つために必要であったのではないだろうか。

註

(1) レークノイもホンハーイも、『調査報告』中で、「クンフンツァオ」という範疇にまとめられているものである。

(2) 他のムンのツァオムンが、自らのムン内の土地に対してどのように権利を主張していたかは、『調査報告』中には明確には記されていない。ただ、農民所属田を耕作することの代価として徭役を行うという概念は広く存在した。いわゆる村田が「負担田」と呼ばれるのはそのためである。

(3) 村田の代わりに族田（ナー・ハクン）を持つ村落もあった。族田は父系リネージ（ハクン）の共同所有地としての耕地であると『調査報告』中では位置づけられている。ムンツェンフンでは、タイムンの村落のうち東南部山地に位置するものが、村田の代わりに族田をもっていた［歴四：122など］。

(4) ナー・ターム（中国語音訳では「納倘」）、ナー・ホーフンとも呼ばれるとの記述がある。ナー・タームとは「負担田」という意味であると『調査報告』中では説明されている［歴四：122］。ナー・ホーフンは、家の田という意味である。

(5) 第一章で取り上げたサーイ村本である（第一章注11参照）。

この史料中の灌漑水路とその受益田に関する記述については、それと原本を同じくする史料の中国語訳がある（「西双版納勐景洪的灌漑系統及其管理和官田分布」［歴三：78-98］の二から四までの部分）。

(6) 「頭人」というのは、『調査報告』中で使われている、タイ語から中国語への意訳である。ターオフンと呼ばれる役職を含め、村落の役職者については、第五章で詳述する。

(7) ツェンフンの一ナーは、ほぼ一ムー（畝）の四分の一、すなわち約一・七アールにあたると『調査報告』には書かれている。ハープという単位は、天秤棒で担ぐ籠二つ分、約二〇キログラムにあたる［歴四：44；歴一：83など］。

(8) 正式にはヌー・サナームという。ヌーは「上」、サナームは「庭、広場」といった意味の言葉である。中国語への意訳では「議事庭」と訳されている。サナームは、シプソンパンナー全体のことを審議する「外議事庭」サナーム・ノークとムン内のことを審議する「内議事庭」サナーム・ナイに分かれていた。どちらも、ツァオペンディンを構成員中に含まなかった。

サナームの構成大臣については、『調査報告』中の報告［歴四：83-85］および中国語訳されているタイ語史料［歴十：69-96］参照。サナームの構成および審議内容については、『歴四』の六－七ページにも記述がある。

(9) 王族でないものが登用される例も皆無ではなかったらしい。

(10) ツァオペンディンおよびポーラーム各職の実際に受け取る収穫米のハープ数は、『調査報告』中に記されている［歴一：102-103；歴四：69］。

(11) 一方、実際のポーラーム田の量とは関係なく、耕地の量を表す数値が大臣・官僚の位を表すものとして用いられた。その位は、上から順に、ナー・ホイダーン（ホイは百という意味であるが、ダーン dang の意味は不明。百田と訳せるか?）、ナー・サーオロン（大二十田）、ナー・サーオノイ（小二十田）、ナー・シプ（十田）、ナー・ハー（五田）となっていた［歴四：68-69など］。一方、他ムンのツァオムンには、ツェンフンの大臣・官僚よりさらに上の位、ナー・パンロン（大千田）やナー・ムーンロン（大万田）がツェンフンから与えられていた［歴四：68］。

(12) 村によっては、村内に新たに開墾した耕地が、三年後、あるいはより荒れた土地だった場合は五年後に、ポーラーム田扱いを受けるようになる場合もあった［歴四：12］。開墾したあたり一帯がポーラームに所属する土地と考えられていた場合だろうか。

(13)『調査報告』中には七〇ナーに対して二〇ハープという数値も見える［総一：21など］が、比率でいうと、一〇〇ナーに対して三〇ナーとほぼ同じで、一ナーに対して約〇・三ハープになっている。

(14)『調査報告』中にも、一般に税額は産料の一〇パーセント前後を占めるとの記述がある［歴四：33］。

一方、徭役によって耕作されるツァオペンディン田では、一四〇ナーにつき八〇ハープの収穫があるのを基準値として収穫米を納めさせたという記述もある。この基準は、バーンモーロンという村での収穫量をもとに決めたものだという［歴四：97］。それによれば、一〇〇ナーあたりの収穫量は六〇ハープに満たないことになり、もし一〇〇ナーあたり三〇ハープの収穫米をムン側に納めるなら、「税率」は収穫米の半分という計算になる。

さらに、『歴一』八三ページには、平均して一ナーにつき七四・三六斤の収穫があったと書かれている。

実際、どれだけの生産量があったかは簡単には断定できない。ここでは、仮に譚の出した数値をもとに議論を進めることにする。

また、ナーは、厳密にいうと面積単位ではなく、収穫米上納単位である。同じナー数でも、面積が倍近く違う場合もある［歴四：104など］。これは一般に、収穫量を見てバランスを取っている（すなわち、同じナー数でも土地が悪ければ面積は大きくなり土地が良ければ面積は小さくなる）と考えることができる。しかし、同じ収穫量でも、ナー数がかなり違う例もある［歴四：104］。

(15) ムンハムなどツェンフンの植民地的ムンにも、ツァオペンディン田やツェンフンのポーラームのポーラーム田は存在する（第二章参照）。他のムンにあるポーラーム田の合計は六四五二ムーであり、それが約二万五八〇〇ナーに相当するとすれば、七七四〇ハープ、すなわち約一五五トンの米が外部からの上納米としてさらに加わることになる。

(16)『調査報告』中では、①と②を一つのものとして記述している［歴四：96-97］。

(17) サーイ村本（注5参照）の内容、および『調査報告』の二か所に挙げられている表［歴三：94-95；歴四：95］の内容を比較すると、多少の違いがある。詳細は第四章の表4-2にもまとめてある。

(18) 一〇〇ナーあたりの収穫量を六〇ハープ弱という基準で計算すれば（注14参照）、収穫米量は一〇九二ハープ、約二二トンということになる。

(19) もし譚の出した数値をもとに収穫量を考えれば、以下のように言える。すなわち、徭役によらないツァオペンディン田のナー数を最小値で計算すると、徭役による田からの収量が徭役によらない田からの二倍以上(最大値で計算しても一・四倍ほど)あることになる。この数字から、徭役によって耕作されるツァオペンディン田からツァオペンディンにもたらされる米は、上納される米全体の中でかなり重要な部分を占めるものだったと言うことができよう。

一方、ムンハムなどツェンフンの植民地的ムンにあるツァオペンディン田は、合計六七四ムー、約二七〇〇ナーに相当する(第二章参照)。これがもし③の形態のもので、ツェンフンと同じ率で米を上納させていたとしたら、そこからの取り分は約八一〇ハープ、すなわち一六トンあまりとなる。また、①の全納地の形態を取るとすれば、一六〇トンということになる。

(20) ムンツェンフン内にあるツァオペンディン田から約一六五―一八五トンの量の米が上納されたと考えれば、これは、先に見たポーラーム田からの上納米総量三〇〇トンあまりの半分をゆうに超える量であったことになる。

また、仮に一〇〇ナーあたりの収穫量を六〇ハープで計算しても(注14参照)、上納量は最小値が三八〇一ハープ、約七六トン、最大値が四九八〇ハープ、約一〇〇トンとなり、いずれにしても、かなりの量がツァオペンディンの収入になっていたことがわかる。

(21) 王族は、普通、ツェンフン城市内に住んでいた。

(22)『調査報告』中で村落を弁別する際にも、この四範疇が用いられている。なお、ホンハーイは、王族の家内奉仕人として城市内の王族の集落に住む場合もあった。

(23) ロンホイは、行政機構上はロンサーイの下部に位置していた(図3-1)。馬場雄司は、ツェンフンの全村落が三つのロンに分けられ、さらにその中のレークノイ村落がロンレークノイに編成されたと記している[馬場 1990:89]が、それは資料の誤読であろう。正確には、全タイムン村落が三つのロンに分かれ、それとは別にレークノイ村落はロンレークノイに編成されるのである。ただし、現地で得た情報(一九八九年三月一八日、筆者の中国語を用いた聞き取りによる。インフォーマントは、新聞社に勤務していた、当時六〇代半ばの男性である。彼はもと王族である。)によれば、ロンレークノイはロンサーイの一部と見なされることもあったという。

さて、『総二』七ページでは、バーンツァーンツァイ(21)のパヤーロンパーン(他のムンのツァオムンにあたる職)が管轄するロンとして、ロントゥン(隴棟)という行政単位名が挙げられている。図3-1のもとになった表[歴四:73]では、バーンツァーンツァイ(21)のパヤーロンパーンの管轄下にあるのは、ホーシプホンハーイである。

『歴四』二四ページにも、ロンサーイ、ロンホン、ロンホイと並んでロントゥンの名が挙げられている。ここには、ロンレークノイへの言及はない。そして、その当時(この報告には一九五四年三月二三日の日付がある)のロントゥン地区のホーシプは、それより以前はパヤーロンロンホン(ロンホンの長)とパヤーロンドンテン(ロンサーイの長)に分属していたとも書かれている。

『歴四』八六ページ(この報告には一九五四年一二月の日付がある)には、タイムンの三つのロンとしてロンサーイ、ロンホンと並んでロントゥンの名が挙げられている。ここでは、ロンレークノイについても触れられているが、ロンホイへの言及はない。ロンサーイに含まれるので、独立したロンとして扱っていないのだろうか。

ロントゥンについてのこれらの情報を整合的に説明するなら、図3-1（出典は『歴四』七三ページ）に示されている行政組織が、その後、さらに改編されて、ロンホンとロンサーイそれぞれの管轄下にあった一部のホーシプが、ロンホンとロンサーイから出て、新しいロンであるロントゥンを形成したのだということになろうか。

ロントゥンのある地域はおそらく、カートトゥンという市場とバーンドンテン（17）を含む地域、すなわちナムヒー川が流沙河に合流するあたりを中心とした、流沙河の両岸に広がる地域であったと予測できる。なぜなら、ロントゥンのことが書かれている『歴四』二四ページは、当時のカートトゥン行政村に関する調査の報告の一部であるし、また同じページに「ロントゥンに住んでいるパヤーロンドンテン」という記述があるからである。

(24) クンホートとは、ツァオペンディンの警護を行う者のことである。ツァオペンディン警護は王族に課せられた役割であり（表3-2）、ホーシプクンホート所属の村落の民が実際にその警護を行っていたと考えられる。

(25) 例外的なものもあるが、その大部分は別範疇の行政単位に入っている理由を説明することができる。

タイムンのロン中のホンハーイ村落（60、3、8、11）は、ロン内の特定のタイムン村落の従属村落的立場にあった［歴四：80］（第五章参照）。

タイムンのロン、ロンホンの中のレークノイ村落、バーンロンホン（68）は、ロンホンの長を出す村落とされている。また、タイムン村落で唯一、ホーシプホンハーイに入っているバーンツァーンツァイ（21）は、パヤーロンパーン（他のムンのツァオムンにあたる職）を出す村落であり、パヤーロンパーンはホーシプホンハーイを管轄することになっている。他のロンやホーシプの例でも、その長を出す村落は必ず当該ロン、当該ホーシプに所属している。よって、これら二つの村落が自らとは別範疇の行政単位に組み込まれていたのは、その行政単位を管轄する責任をもたされたからと説明できるだろう。

タイムンのロン中のバーンホン（42）、バーンノンフォン（44）は、レークノイ村落でありながら、村田が多く、かつポーラーム田が少ないか存在しない。すなわち、普通のタイムン村落と同様の耕地編成パターンを持っているのである（第六章の表6とグラフ6-1～3および本章3-4節の一参照）。タイムンのロンに組み入れられている理由は、少なくとも部分的には、そこに求められるのではないだろうか。なお、『歴四』八〇ページには、バーンノンフォン村民の祖先はツァオツェンハーの家族であったのでかつては税を負担していなかったが、その「祖先」が死んだあと、タイムンの要求によりタイムンのロンに入って税負担を負うことになったと説明されている。

(26) 本書では、『調査報告』の各所に散在する村落ごとの情報を、主題ごとに集約・整理し、各範疇を比較することによって、帰納的に考察を進めた。一方、『調査報告』の中では、『歴四』七六―八一ページ、九九ページ、一二三―一二六ページ、一七四―一九七ページなどで、いくつかの具体例を挙げながら各範疇の一般的特徴を述べるという方法が取られている。本書では、それらの中に記されていた個別村落情報をもとに再分析をしたことになる。本書での分析から得られた結果は、基本的には『調査報告』中で一般的特徴として示された内容とは矛盾しなかった。

(27) ムンラーオは、現在の北ラオスを指していると思われる。
また、中国側の史料『宮中檔』の中にも、一八世紀半ばに大規模なレークノイの移民があったことを示唆する記述がある。

(28) タイムンがムンの先住民であること、「クンフンツァオ」が多くはムン外に出自を持ち、支配者層により近い存在であることは、馬場の論文中にも記されている［馬場 1990：88-89］。それは筆者が一九八九年一月に東南アジア史学会関西例会で報告した際のドラフトに示した結論部分を引用したものである。その分析過程の詳細は、本章中でも示されているものである。

(29) 実際は、個々の道路・橋と直接に関わる範囲内の村落のみで業務を分けあっていた［歴四：141-145］。その中に「クンフンツァオ」村落が含まれる事例もあったが、その場合もタイムン村落が業務遂行の主導権を握っていた。

(30) ムン権力の関わり方としては、水利施設を修築すべき時期に合わせて工事を行うべく命令を出すなどが主なものであったと考えられる［張公瑾 1981］。

(31) タイムンと「クンフンツァオ」は徭役義務負担の内容に差があると馬場は記している［馬場 1990：89］が、その実態はここに述べる通りである。

(32) この計算方法による結果から、ポーラーム田、ツァオペンディン田の総量を逆算すると、ポーラーム田が九六〇〇ナーに六万一九七六ナーを加えて七万一五七六ナー、ツァオペンディン田が二一二八ナーに一万九二〇ナーを加えて一万三〇四八ナーとなる。本章3-2節で参照した別の統計によると、ポーラーム田は五万六〇〇ナー、ツァオペンディン田は一万八五〇ナーから一万四七八〇ナーの間であると算出される。両者を比較すると、ツァオペンディン田はほぼ実数が出ているが、ポーラーム田については誤差が大きいということになる。ここで計算したポーラーム田に関する数値は、タイムンと「クンフンツァオ」の比較という意味でのみ参照できるものである。
なお、刀忠強という人物（かつての支配者層に属すると考えられる）は、レークノイの人々（クン・レークノイ）はナーロンツァオ（ツァオペンディン田）を耕作していると述べている［歴四：8］。レークノイはツァオペンディンに関わることを管轄する大臣ツァオロンパーサートの管轄下におかれている［歴四：8など］。

(33) 馬場は、各集団範疇ごとに提示された数値によって、同様の分析を行っている［馬場 1990：93］。

(34) 耕地面積の偏りから予測されるように、タイムン村落から「クンフンツァオ」村落への耕地貸出の例は多く見られた。タイムンの上納米負担は、貸出耕地からの耕地使用料によって実質上軽減される。また、貸出耕地の所有村であること理由に、徭役を「クンフンツァオ」村落に肩代りさせるタイムン村落もあった。詳細は、第五章参照。

(35) 『調査報告』中では三か所に、徭役によるツァオペンディン田耕作についての記述がある［歴四：96-97, 145-146, 184-185］が、そのうち一か所にだけ挙げられている例としては、バーンペート（村落番号2、注36参照）という村落領域内のものがある。それは一〇〇ナーのみで、バーンペート自体とバーンクワーン（村落番号30）によって耕作されていた［歴四：146］。どちらの村落もレークノイ村落である。ツァオペンディン田の所在地と量を挙げた史料（表4-2はそのまとめである）によれば、バーンペート内のツァオペンディン田は三〇〇ナーあるので、そのうち一〇〇ナーだけが徭役による収穫米全納地にまわされているのかもしれない。

この例が他の二か所に書かれていないのは、他の例のツァオペンディン田の規模が一〇〇〇ナー以上であるのに対し、この例が三〇〇ナーとかなり小さかったからであるかもしれない。

(36) 筆者が独自に付し、図表で用いている村落番号である。村落名の後に括弧に入れた番号を付記した場合は、その村落番号を示している。図3-1中に、村落番号と村落名を対照させて示しておいた。

(37) ナー・トゥンウェンのうち、徭役によって耕作される部分、あるいは収穫米を上納せねばならない部分についてのものだと思われる。史料には明確には示されていない。

(38) 史料は中国語訳でしか示されていない。「労役田」とは、おそらくナー・ウェクの訳であり、収穫米上納が免除されるが、その代わりに何らかの徭役が課されるという形を取ったものであろう。

(39) 史料の書き方からははっきり読み取れないが、ツァオペンディン側がバーンツェンポムに貸して、収穫米の一部を耕地使用料として上納させていたのだと考えるのが自然である。つまり、この五三〇ナーは、3-2節、二(2)で述べた③の形を取っていると考えられるのである。

(40)『調査報告』中では、三か所に、徭役によるツァオペンディン田の耕作についての記述があるが、実際の耕作を受け持っている村落の名が記されている場合もある。筆者は、三か所の記述を比較したうえで、耕作徭役を課された村自体の名を特定した。耕作の実態については、第五章で詳述する。

(41)『調査報告』中の一か所だけに、耕地の分配量が記されているが、そこではバーンツェンポムも二丘となっている［歴四：96］。だが、それでは、全部で一六丘あることになってしまう。『調査報告』のこの部分ともとの資料を同じくすると思われる、一九五八年に発表された報告［雲南調査組：263］によれば、バーンツェンポムは一丘となっている。その方が、数としてはつじつまがあうことになる。

(42) 実際は、バーンターは五丘だけを自ら耕作して、他はバーンコンワット(9)とバーンクワーン(23)に耕作させていたという［歴四：145］。詳細は、第五章で述べる。また、『調査報告』には、他の村に加え、バーンドンテン(17)の名を挙げてある箇所もある［歴四：184］。

(43) レークノイ村落領域内にない一つとは、どの村落の領域にも属さないナーヨンであるが、その場合も近くにあったレークノイ村落、バーンツェンラーンが耕作の準備や収穫米上納の監督をしている。

(44) 実際の耕作は、必ずしも、耕作義務を課されたタイムン村落自身によって行われていたわけではない。よって、タイムンが水田耕作を通じて、ムン権力を経済的にどの程度支えていたかは、ここで議論することができない。この問題については、第五章でその耕作の実態について見たあとに、再び議論することにする。

第4章　村落分布とムン権力の水利組織への関与

4-1 はじめに

前章では、ムンツェンフンにおいてムン権力はどのように税を徴収しているかという関心のもとに、耕地やムン住民に対するムン支配のあり方について考えた。本章でも、前章に引き続き、ムンツェンフン内部の支配のあり方を分析するが、ここでは、タイムンと「クンフンツァオ」それぞれの村落の分布や水利組織内での立場について、地理的な視点も加えて分析していきたい。

シプソンパンナーにおけるムン権力の水利組織への関与のしかたについては、加治明［加治 1988］と馬場雄司［馬場 1990］の研究がある。

加治は、シプソンパンナーの政治権力は、水利組織を統治機構の中に組み入れ、それを通じて水利事業の管理・運営に大きな影響力を行使したこと、それは灌漑管理を通じて人民支配を貫徹するというよりは、統治者層自身の直営田に十分な用水を供給してその経済的基盤を固めるためであったことを明らかにした(1)。

加治の言うシプソンパンナーの政治権力とは、シプソンパンナー全域を統括する立場にあるツァオペンディン権力を指す。それに対して馬場は、水利と関わる部分でのツァオペンディン権力の行使は、シプソンパンナー全域に及ぶものではなく、直轄地であるツェンフン盆地に限られると反論する。馬場は、『調査報告』中に見られる限りの各ムンの事例を詳細に検討した上でこの結論に達しており、それを否定するような史料が新たに発見されない限り、それはほぼ正しいと見なしてよいだろう。

しかし、加治も馬場も、行政組織、王族所属田の経営など、農民支配の他の側面と水利灌漑組織との関係を中心的問題とはしてこなかった。本章においては、先行研究において重視されていないこの視角により、ムン権力の水利組織への関与のしかたを農民支配の全体的構造の中で考えることを目標としたい。

議論を進めるにあたっては、前章で検討したタイムンと「クンフンツァオ」をめぐる社会的状況の違いが前提となるであろう。前章で明らかにされたことの要点は、①「クンフンツァオ」は、村落を形成する時点からムン権力とのつながりを持つとされ、王族所属田使用料としての米上納や徭役従事を通してムン権力を経済的に支えていたこと、②「クンフンツァオ」のうち、特にレークノイは、王族所属田の主な耕作者であり、ツァオペンディン田耕作に関しても重要な役割を担っていたこと、③ムンツェンフンの二つの特徴、すなわち王族所属田が多いという特徴と「クンフンツァオ」村落が多いという特徴は、「クンフンツァオ」が実際に王族所属田の多くを耕作しているという意味で相互に関連していたこと、④一方、タイムンは、先住の民であるとされ、実際にも独立的、自律的な農民であったこと、である。

本章においては、これらを前提として、タイムン、「クンフンツァオ」の村落分布や水利組織内での立場について考察していきたい。また、王族所属田が多いことと「クンフンツァオ」村落が多いことの間の関係についても、さらに突きつめて考えてみたい。

論を進める順序としては、まず最初に水利組織について概観したあと、タイムン村落、「クンフンツァオ」村落、それぞれの立地が、水利環境や水利組織との関わりにおいてどのような特徴を持っているかを探っていく。次に、ムンツェンフンの六つの大用水路について、水路の規模とその水がかり地域について相互に比較する。さらに、ムン権力から称号を与えられた水利管理役の存在する三水路の水利管理組織について個別具体的に検討し、ムン権力の水利組織への関与のあり方について考察したい。最後に、ツァオペンディン田の分布という視点から、ムン権力の水利灌漑への関わり方について再度考えた上でまとめを行うこととする。[2]

4-2 ツェンフン盆地の水利環境と大用水路

一 ツェンフン盆地内の水利環境

まず、ツェンフン盆地を流れる主な河川について見ておきたい。盆地を貫流する本流河川は瀾滄江（メコン河、ナムホン）[3]であり、盆地東寄りを北西から南東へ流れている。そこへ西方山地から流下する流沙河（ナムハー）が合流する。盆地は、この合流点より西側に広く開けている。この盆地に周辺山地から流れ込む諸河川のうち、最大のものがナムオート、それに次ぐのがナムヒーであり、それぞれ南側と北側から流沙河に合流する。河川の流れ方からも分かるように、盆地は大まかに見て東へ傾斜している（第二章、図2-3参照）[4]。

佐藤哲夫は、地形図から流沙河、ナムオート川、ナムヒー川の流域面積と河床勾配を計算し、流沙河流域に開けた盆地の位置と規模を考えあわせ、さらに衛星写真からツェンフン盆地の地形を分析している（図2-2、4-1参照）[5]。

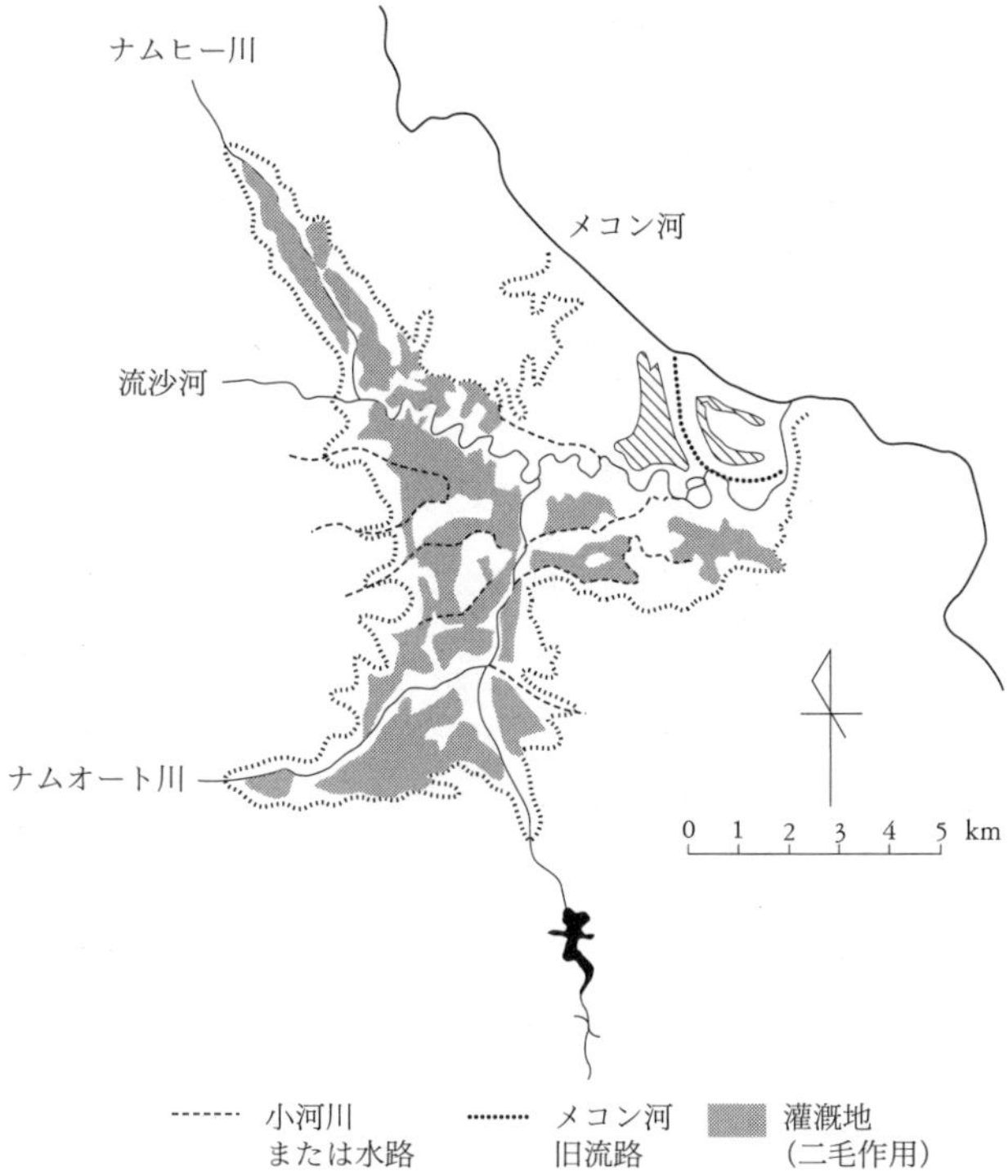

図 4-1　ツェンフン盆地の水の状態
(1994 年 9 月 8 日付けの佐藤哲夫氏から筆者への私信中の地図より)

まず、河川ごとの扇状地の発達度合については、以下のように指摘されている。「流沙河は上流域で河床勾配の緩やかな盆地を経てくるため、景洪(ツェンフン)盆地への砂礫の供給量が流域面積の割に少ないものと思われ、扇状地の発達は悪い。また、ナムヒー川も河床勾配は急であるものの集水面積が小さく、やはり大規模な扇状地が発達しているとは考えにくい。これに対してナムオート川の場合には、河床勾配や集水面積から見て、景洪盆地内に比較的大きな扇状地を形成していると想像される。すなわち景洪盆地は南西から北東に向かって緩やかに高度を減じており、とくに南側には扇状地性の沖積面がよく発達しているものと思われる。」

また、低湿地については、次のように説明されている。「メコン河と流沙河の合流点付近には、やや広い低湿地が見られる。一九七七年と一九八六年の衛星写真を比較すると、以前の蛇行部が河跡湖になっており、蛇行のショートカットによる流路の変化が明らかである。この地点でのメコン河の氾濫の規模を考えると、雨季の流沙河がしばしば内水氾濫を起こしている可能性が高い。しかし流沙河の流域に排水不良地が広く分布しているかどうかは疑問である。」（図4－1参照）

このような盆地内部の特徴を踏まえたうえで、以下、ツェンフン盆地の大用水路について概観していく。

二　ツェンフン盆地の大用水路⑹

ツェンフン盆地における灌漑は、河川の水を堰と用水路によって導水・分水していくという方法を取っていた⑺。『調査報告』中には五つの大水路（表4－1、図4－2などで水路A、B、C、E、Fとして示したもの）について、その水路からの水を用いて水田を灌漑する村落（以下、受益村落と称する）の名や水利組織に関する報告がある⑻［歴三：78–79；総二：67–70］。それらの受益村落数は、最も多いもので二〇か村、最も少ないもので五か村である（表4－1）。また、チェン・ハンセンは、その著書の中で、一用水路の水利組織について言及している［Chen 1949：41］が、それは『調査報告』中に表れる受益村落四か村の水路（ムンナムトーン、図表中の水路D）である⑼。比較的規模の大きい五水路の流路とチェンの挙げた水路（水路D）について、その流路と受益村落の分布などをそれぞれを図示したのが図4－2である⑽。表4－1はこの六水路⑾（以下、記号を用いて水路A－Fと示す）について、そのさまざまな状況を比較した

表 4-1　ツェンフンの大用水路［総二：67-70］

用水路		A	B	C	D	E	F
受益村落数	タイムン	6	1	0	2	3	0
	レークノイ	8	10	9	1	5	0
	ホンハーイ	6	0	2	1	3	3
	王族子孫	0	0	0	0	0	2
	計	20	11	11	4	11	5
水利官の称号およびその所在村落の種類と村落番号		パヤー，ホンハーイ，20 パヤー，レークノイ，14 ツァー，レークノイ，6 ツァー，レークノイ，40		ツァー，レークノイ，34 ツァー，レークノイ，42 ツァー，レークノイ，44		パヤー，レークノイ，66 ツァー，タイムン，48	

A：ムンツェーラーイ
B：ムンナムシン
C：ムンパーンファート
D：ムンナムトーン
E：ムンナーヨン
F：ムンホイハー

ものである。

これら六水路は、それぞれの用水を供給する河川といかなる関係にあるかにより、二形態に分類できる。すなわち、水路A・B・D・Eは、河川から幹線用水路に水を引き、そこからさらに分流させていくという形態を取っている。一方、水路Cと水路Fは、河川自体を水路に仕立てそこから小水路を分流させるという形態の水路であったらしい。

それぞれの水路が水の供給源としている河川を具体的に示せば、水路A・Bはナムオート川、水路D・Eはナムヒー川である。水路Cと水路Fは、ナムオート川やナムヒー川よりも小規模の河川を用いているようである。これらのことから、ツェンフン盆地では本流河川の瀾滄江やそれに次ぐ規模の流沙河は灌漑に利用されなかったことが分かる。灌漑に利用されたのはナムオート川をはじめとする周辺山地から流入する中・小河川であった。その中で、ナムオート川とナムヒー川という比較的規模の大きい二河川は、盆地に流入してきたあたりで幹線用水路へ取水される形態を取り、それら二河川よりも小規模の他の河川はそれ自体が用水路として使われていた。

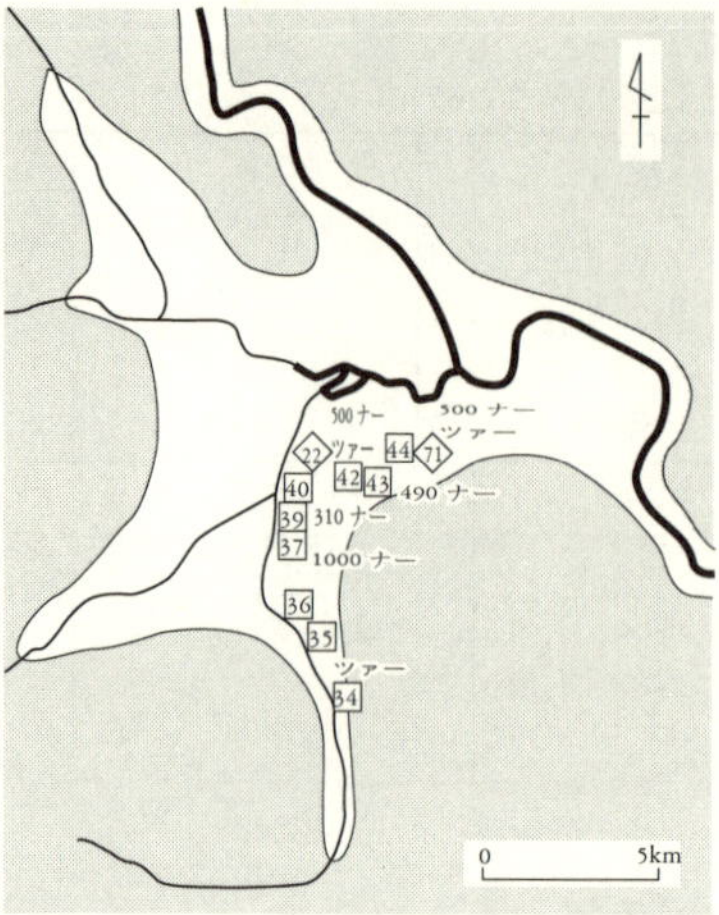

図 4-2C　ムンパーンファート（水路 C）

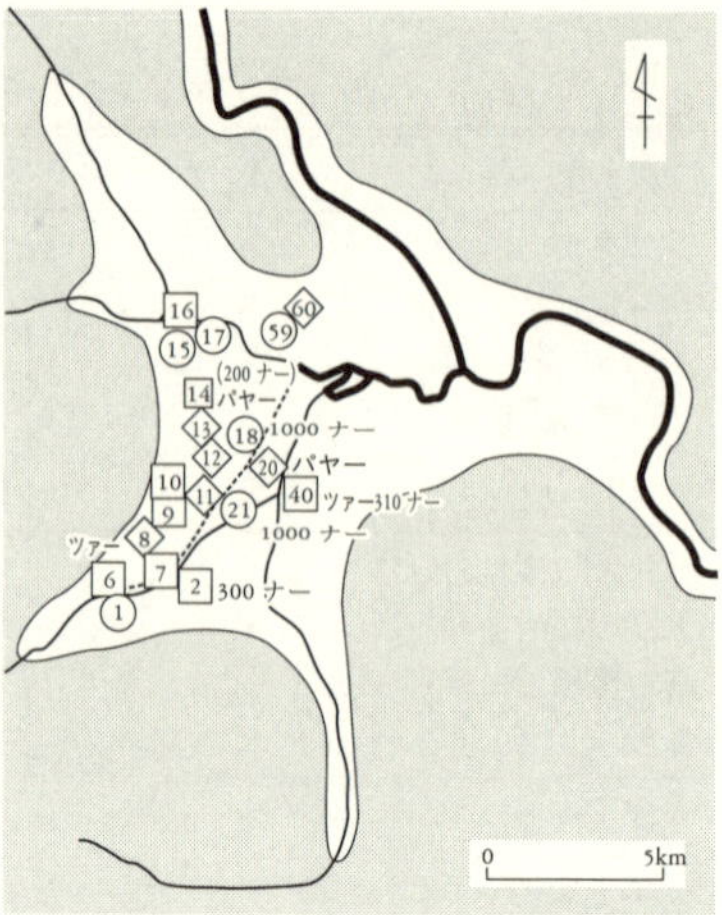

図 4-2A　ムンツェーラーイ（水路 A）

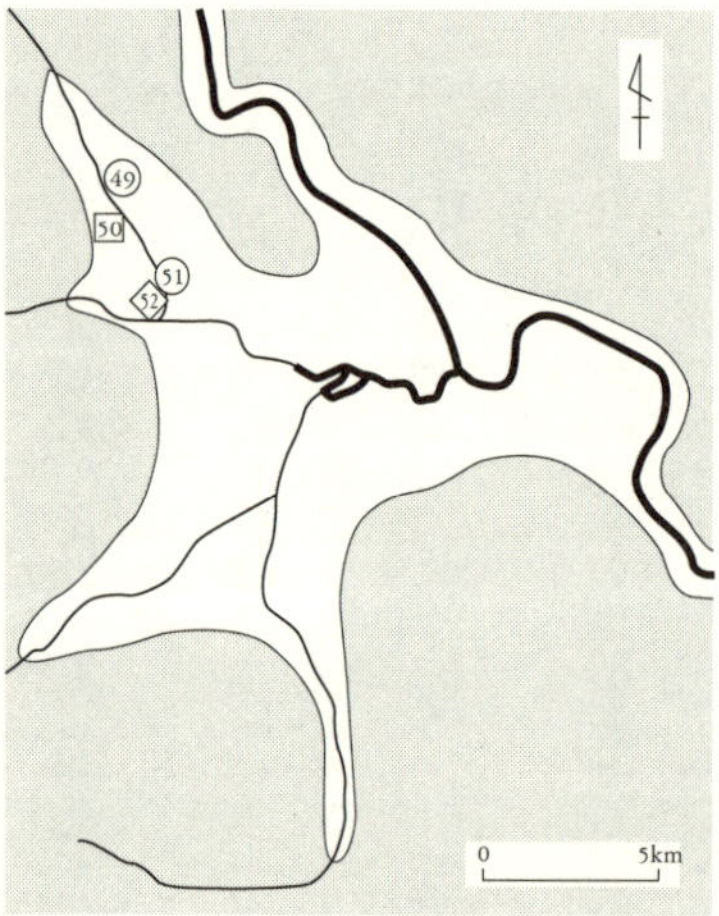

図 4-2D　ムンナムトーン（水路 D）

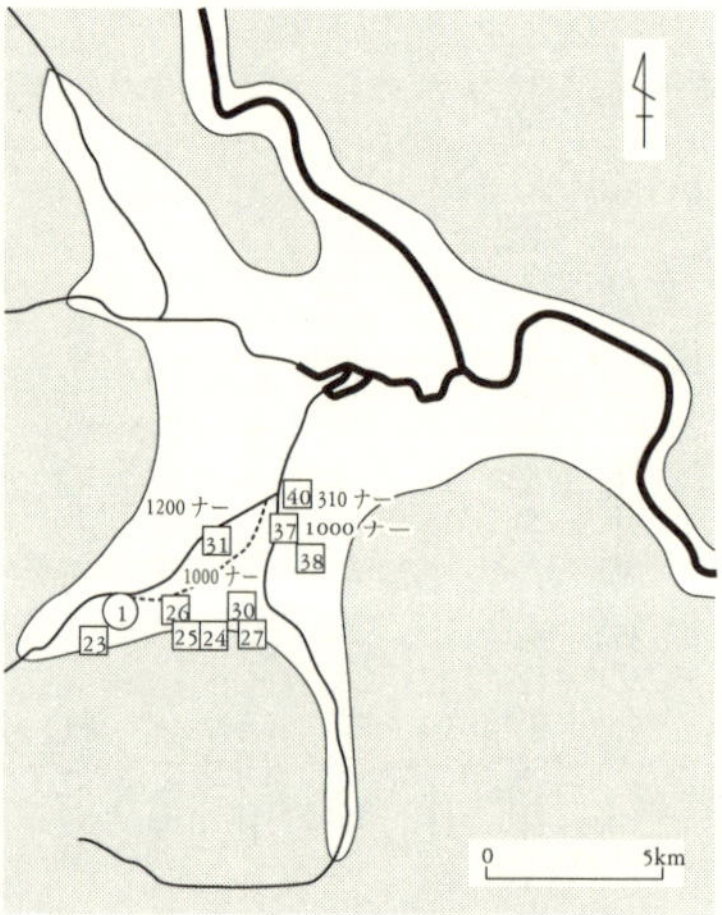

図 4-2B　ムンナムシン（水路 B）

図 4-2A～4-2F　水路利用村落および称号を与えられた水利管理役の所在村落
数字：村落番号
○：タイムン，□：レークノイ，◇：ホンハーイ
数字のみ：王族とその子孫
パヤー，ツァー：パヤー，ツァーそれぞれの称号を持つ水利管理役の所在村落
(＊＊＊) ナー：各村落に所属する王田のナー数（トゥロンツァーン雑記による，表 4-2 参照）

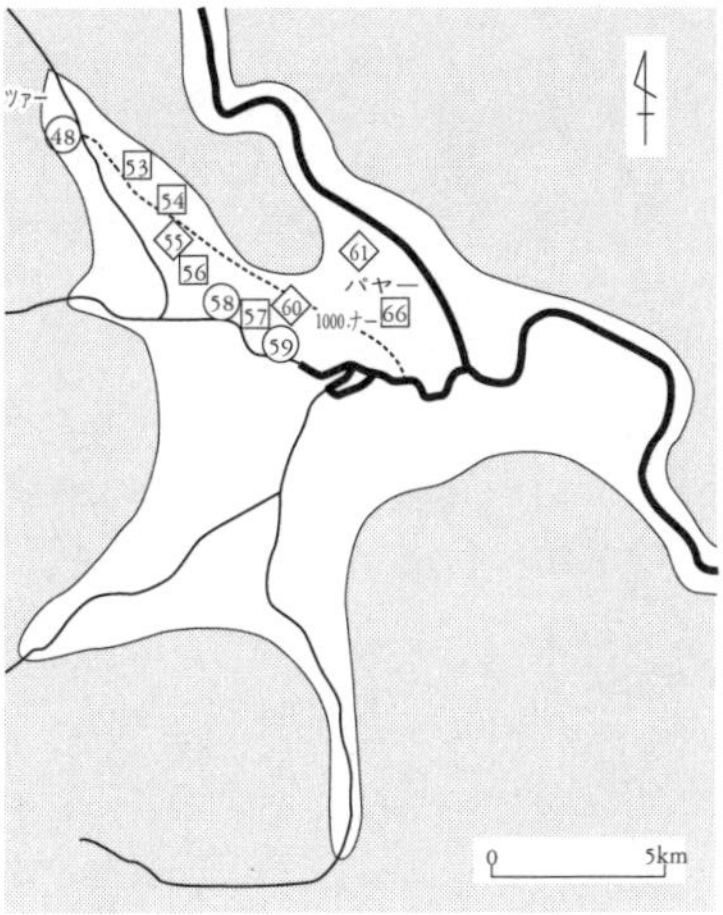

図 4-2E　ムンナーヨン（水路 E）

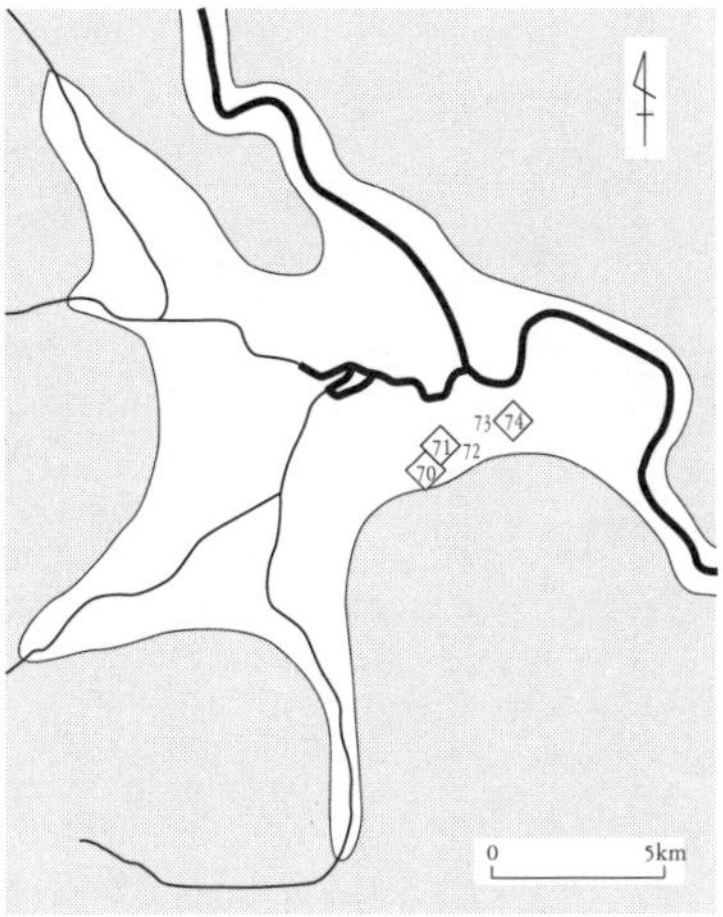

図 4-2F　ムンホイハー（水路 F）

水路A・B・D・Eは、河川に堰を作って幹線用水路に水を引き、そこからさらに分流させる形態を取っていたため、河川からの取水口の維持が水管理の要となる。したがって、それぞれの受益村落（表4－1、図4－2参照）の中でも、河川からの取水口を掌握できる上流部に位置する村落が水管理の拠点となっていた可能性が大きい。また、水量が多い時期、下流部が地形的に洪水になりやすい場合は、最下流部の排水口が下流部の生産安定のためには重視すべきところとなる。水がかり地域末端まで水を行きわたらせるためにも、最下流部は重要となってくるだろう。

三　水利組織

水田を持つ村落では、村民の中から水利管理役（パンムン）[12]が一人ないし二人選ばれた。彼らの役職は、各水田に流すべき水量を計算して平等に水を分配し、水利施設修理作業のまとめ役となり、水を盗んだり修理に参加しなかったものに罰則を与えることであった［歴三：78–79；総二：67–70］。

複数の受益村落を持つ用水路については、最上流に位置する村落の水利管理役と最下流に位置する村落の水利管理役が、正・副の水利管理役長（パンムン・ロン、パンムン・ノイ）となり、水路全体を管理するのが規範的方法であるとされていた［歴三：78；総二：67］。最上流部は、先に述べたように、取水口を管理するという意味で水利管理の拠点である。また、最下流部の水利管理役長が、自らの所属村落にも水が至るよう気を配れば、結果的にその水がかり地域すべてに水が行きわたることになる。

水路によっては、決まった村落の水利管理役がムン権力から称号を与えられ、水路全体の管理を行う例もあった（以下、称号を与えられた水利管理役を水利官と仮称する）。称号は、村長、副村長に与えられるものと同じで、最上位がパヤー、第二位がツァーであった[13]。この水利官はあくまでムン権力の定めたものであり、前述した正・副の水利管理役長の条件とは適合していない。それは、一水路に三人以上の水利官が存在する事例[14]、水がかり地域の中で最上流、最下流以外の村落に水利官が置かれているなどの事例（表4–1、図4–2参照）から明らかである。

称号が、それを付与された水利管理役の実質的権限をどのように反映し、また、支えていたのかは、個々の事例ごとに検討すべき問題であり、一般論として論じることはできない。しかし、少なくとも、受益村落間の利害関係を調整するという面で、水利官が一定の権限を所持していたことは確かであろう。そして、ムン権力の水利管理への関わりは、主として、これら水利官を通して行われた。したがって、水利官をめぐる状況を検討することによって、各水路へのムン権力の関わり方が見えてくるのである。

前述の六水路のうち、ムンツェーラーイ（水路A）では四人、ムンパーンファート（水路C）では三人、ムンナーヨン（水路E）では二人の水利管理役が、それぞれ、ムン権力から称号を与えられていた（表4－1、図4－2）。他水路の水利管理役が称号を与えられた可能性も完全には否定できない。だが、筆者が参照したどの史料中にも、この九例以外は現れないということから判断して、ムン権力が水利管理役に称号を与えたのはこれら三水路に対してだけであった可能性は高い。

4-3 村落立地と水利灌漑への関わり方

一 タイムンと水利灌漑

①タイムンの村落立地

タイムン村落は、瀾滄江左岸の一村（筆者が付した村落番号では69）を除き、東南部の盆地周辺支谷の村落群と盆地内部西よりの村落群に二分される（図4－3）[15]。盆地内の西よりの部分は、全体として東側に比べて高度が高く、扇状

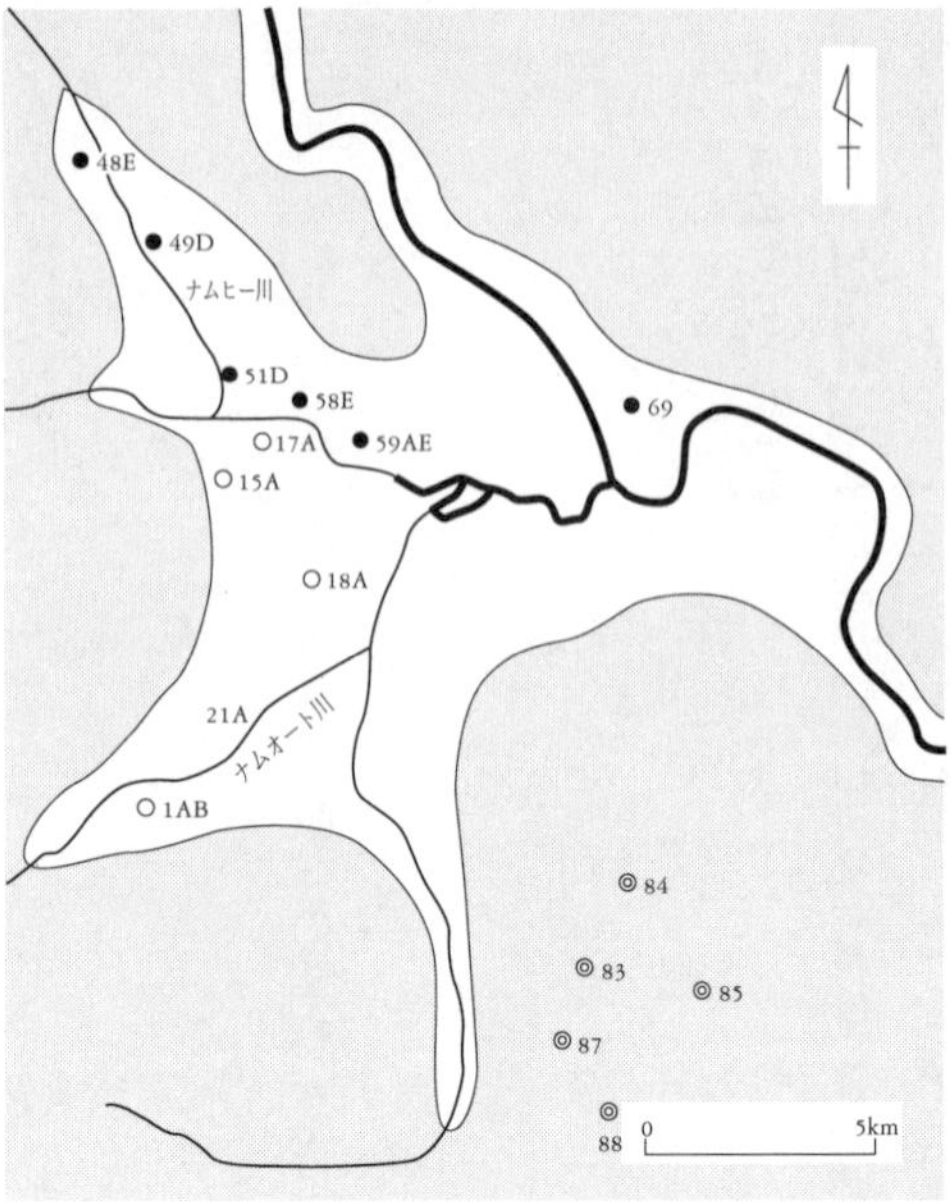

図 4-3　タイムン村落の分布
数字……村落番号
●ロンホンに所属，○ロンサーイに所属，
◎ロンホイに所属
A〜E……水路 A〜水路 E それぞれを利用

地などの、重力灌漑を行うのが比較的容易な地形が分布しているものと考えられる。東南部の支谷にしても、土地に傾斜があって堰灌漑が容易に行える場所に耕地を開くことができただろう。タイムンは、いわば、個別の在地水利組織によっても水利施設の建設と維持が可能な地域に居住していたことになる[16]。

河川が盆地に流れ込むところで取水する堰灌漑を行っている限り、ある河川流域と別の河川流域とは、灌漑の系としては相互に独立している。したがって、タイムンの盆地内村落群は、灌漑との関連でいえば、少なくともさらにナムオート流域側村落群とナムヒー流域側村落群に二分できる。もし伝承の通りタイムンが先住農民であるとすれば、原初的にはタイムンのみで灌漑の系を形成していた可能性は大きく[17]、それは少なくともナムオート側、ナムヒー側に分かれていたであろう。

また、河川からの取水口をおさえたものがその水がかり全体の灌漑を掌握する立場にたてるが、盆地内タイムン村落の分布を見ると、ナムオート川が盆地に流入するあたりとナムヒー川が盆地に流入するあたりに、それぞれ一つずつタイムン村落が存在している（図4-3）。ナムオートの方の村（村落番号1）はバーンター・ハーンムン（普通は省略されてバーンターと呼ばれる）、ナムヒーの方の村（村落番号48）はバーンター・ホームン（同じく省略されてバーンホームンと呼ばれる）という名称を持つ。それぞれ、「ムンの尾の船つき場の村」、「ムンの頭の船つき場の村」という意味であり、一対をなしているのである。タイムンが先住農民であるとすれば、河川が盆地に流れ込んだあたりに原初的に居住していたのはこれらのタイムン村落であり、[18]それぞれの河川流域の、それより下流の水がかり地域の灌漑を掌握できる立場にあった可能性がある。ナムヒー側では、一九五〇年代における水利組織においてさえ、水路Dを管理する水利官がバーンター・ホームン（48）におかれている。[19]（表4-1、図4-2）。

②タイムン村落の行政組織と水利組織

実際の水利組織の上では、タイムンによる用水管理のあり方も灌漑の系ごとのタイムン村落群のまとまりも、明確には現れてこない。むしろタイムンの自治行政組織の形態の中に、水利灌漑に関わるタイムン村落同士のまとまりを見出すことができる。

タイムンは行政単位ロンを三つ持っていた（第3章、図3-1参照）が、それぞれは地理的にまとまりを見せている。ロンサーイは流沙河右岸のナムオート側の村落群に、ロンホンは流沙河左岸のナムヒー側の村落群に、ロンホイは東南部支谷の村落群に対応するのである（図4-3）。

タイムンよりはるかに村落数の多いレークノイが一つのロンしか持たないのに対し、タイムンは地域ごとにロンを形成している。この地域ごとのまとまりは、タイムンの生活上の単位として何らかの意味を持っていたと考えるのが自然であろう。東南部支谷の村落群のまとまりは別として、ナムオート側村落群、ナムヒー側村落群というまとまりは、地域的まとまりであると同時に灌漑の系のまとまりであった可能性がある。

六大水路のうち、ロンサーイ内のタイムン村落が用いるのは水路A・B、すなわちナムオート側地域を潤す水路である。一方、ロンホン内のタイムン村落が用いるのは水路D・E、すなわちナムヒー側地域を潤す水路である（図4-3）。言いかえれば、ロンサーイ所属村落群はナムオート川の水を灌漑に用いる村落群であり、ロンホン所属村落群はナムヒー川の水を灌漑に用いる村落群なのである[20]。

ロンには、ロン内の用水分配を調整する水利灌漑担当の役職者が一人ずつ置かれていた［歴四：3］。これはロンが灌漑の系としてのまとまりを持つことの反映であると考えられないだろうか。また、ロンは自治のための審議機関を持ち[21]、ロン内の村落間紛争はこの審議機関を通じて調停された［歴9：97-98］。紛争の中には水争いも含まれていたはずである。水争いは同一の灌漑の系に属する村落間に起こるものであるから、タイムン村落間の水争いであれば、それはロンの領域内で解決することができる[22]。

以上から、盆地内タイムンは、灌漑の系としてのまとまりを基礎に自治組織を形成していた可能性が高いと結論できよう。このようなタイムン自治組織の存在は、かつてタイムン自身が管理する灌漑体系が存在していた可能性をも想像させるものである[23]。

二　「クンフンツァオ」と水利灌漑

①「クンフンツァオ」の村落立地

「クンフンツァオ」村落は盆地全体に分布している（図4-4）。これをタイムンの村落分布（図4-3）と比較すれば、盆地東部の、相対的に低くて扇状地のような傾斜を持つ地形が少ないところにまで村落が広がっていることが、「クンフンツァオ」村落分布の特徴といえよう。

一般にツェンフン盆地で取られた灌漑方法、すなわち、堰と用水路を建設し高い方から低い方へと重力に頼って導水・分水する方法を取るのは、盆地東部においては盆地西部ほど容易でなかったと考えてよい。したがって、盆地東部における開墾、耕作は、全体として、盆地西部においてよりも困難であった可能性が高い。開墾に先だって、排水のための施設建設が必須である場所もあったかもしれない。総じて言えば、盆地東部における開墾と耕作には、比較的大量の労働力の動員、管理が必要であったと言えよう。伝承に現れるように「クンフンツァオ」村落を入植させたのがムン権力であったとしたら、盆地東部への「クンフンツァオ」の入植は、それ自体、水利施設建設に関わるムン権力の存在を想起させるものである。盆地東部の灌漑は、一部は盆地西部から流下する水路を引き継ぐ形で行われた可能性があり、一部はそこで独自の用水路を開く形で行われたと考えられる。どちらにしても、タイムン村落のない盆地東側部分の水路建設（あるいは延長）と耕地開墾は、その地の住民となった「クンフンツァオ」が上位権力の統率のもとに行ったと考えるのが自然

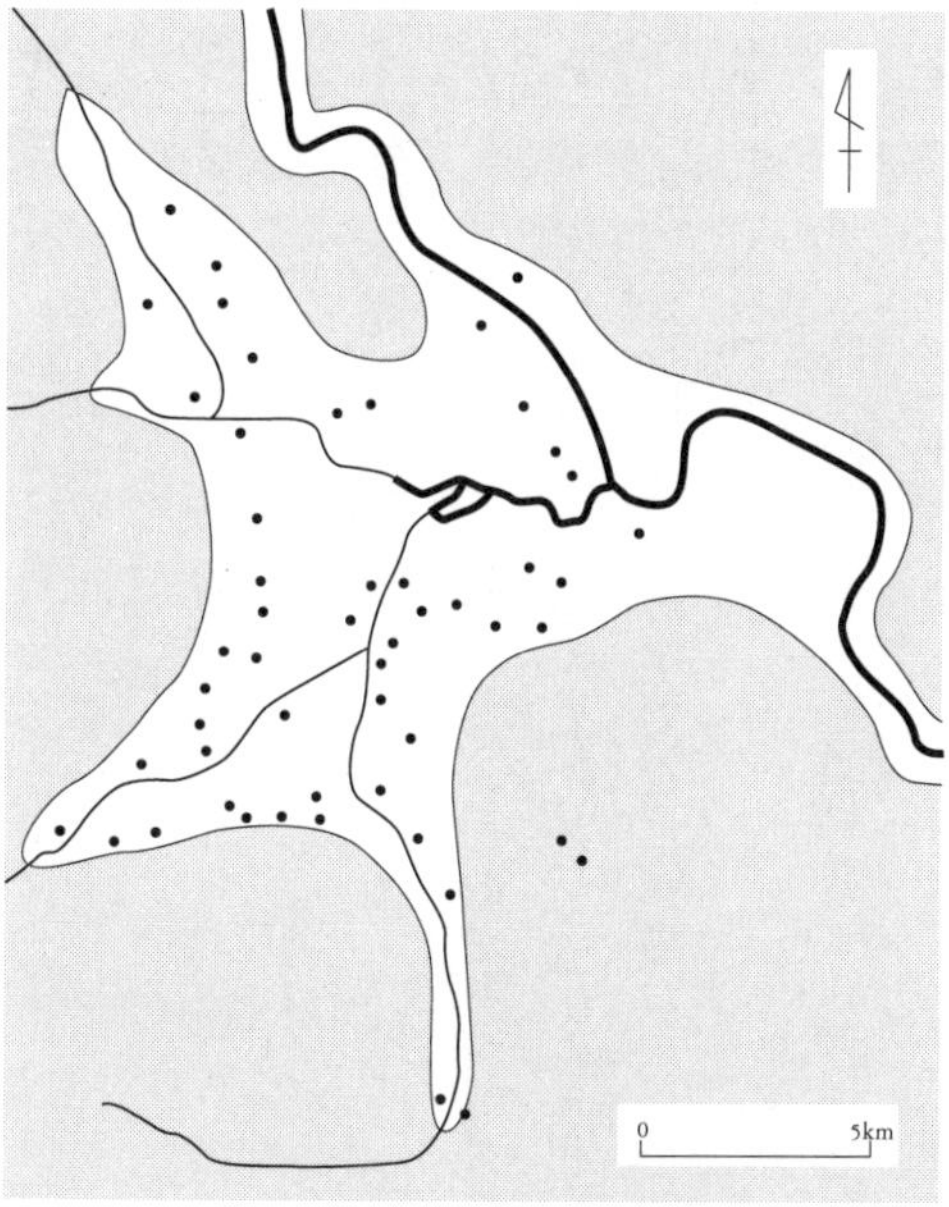

図 4-4　クンフンツァオ村落の分布

であろう。[24]

②「クンフンツァオ」と水利組織[25]

「クンフンツァオ」と水利灌漑との密接な関わりは、水利組織上に現れている。すなわち、史料中に現れる水利官は、一例を除き、すべてが「クンフンツァオ」村落に置かれているのである（表4-1、図4-2）。

また、詳しくは後述するが、水利官が置かれる村落は水路下流部側に多く分布している（図4-2A、C、E）。水路A・Eにおいては、下流側の水利官に上流側の水利官より高位の称号（パヤー）が与えられている（図4-2A、E）。つまり、ムン権力による水利機構の整備および水利官設置が、水路下流部の灌漑を主目的として行われたことが想定されるのである。

このような水路下流部の灌漑を重視した水利機構において、実際に用水管理事務を行うのは支配者層に従属的な「クンフンツァオ」農民であった。その中でも、盆地東部、すなわち水路下流部側に居住し自らがその地の耕作当事者であった「クンフンツァオ」農民たちにとっては、自己の生産維持のためにも用水管理の組織化を行う上位権力の存在が不可欠であったとは言えないだろうか。それに対して、支谷や盆地西部など、灌漑に対するムン権力の積極的介入の必要性が認めがたい地域は、基本的には自律的農民タイムンの世界であり、ムン権力は限定的にしかこの世界に介入しなかった。つまりムンツェンフンは、ムン権力によってムン全体が均質的に支配されていたわけではなく、直接的支配がなされる領域と農民自治が残存する領域とに分かれていたと言えるだろう。

4-4　六大水路の規模とその水がかり地域

前節まででは、タイムンと「クンフンツァオ」との比較という観点により、それぞれの村落分布や水利組織内での立場などを検討することによって、ムンツェンフンの農民支配のあり方の大まかな特徴をとらえようとした。本節以下においては、視点を変えて、六大水路の間の比較という観点によって、ムン権力の水利組織への関与のしかたについて、さらに具体的な検討を行うことにする。

前述したように、六大水路のうち、ムンツェーラーイ（水路A）、ムンパーンファート（水路C）、ムンナーヨン（水路E）の三水路にのみ水利官が置かれていた。ムン権力が特にこの三水路の水利管理だけに関わったのはなぜであろうか。この問題を念頭におきながら、以下、六大水路を比較してみたい（表4-1、図4-2）。

一　受益村落の数

六水路の中で受益村落数が最も多いのがムンツェーラーイ（A）で、二〇村の受益村落を持つ。ムンナムシン（B）、ムンパーンファート（C）とムンナーヨン（E）は、三水路ともそれぞれ一一村の受益村落をもち、ムンツェーラーイに次ぐ。ムンホイハー（F）とムンナムトーン（D）は、受益村落数がずっと少なくなって、五村と四村である

（表4－1）［歴三：7；総二：69］。

水利官、すなわち称号を持つ水利管理役の存在する三水路（A、C、E）は、総じて、多くの受益村落を持っているといえよう。特にムンツェーラーイ（A）の受益村落は圧倒的に多い。ムンパーンファート（C）とムンナーヨン（E）は同数で、第二位である。だが、ムンナムシン（B）もこれら二水路と同数の一一村の受益村落を持っていた。よって、受益村落の多さは、他水路にない、この三水路だけの特色とまでは言えないことがわかる。

二　受益村落の種類

受益村落中のタイムン村落、「クンフンツァオ」村落の数（表中では、レークノイおよびホンハーイという範疇ごとに数を示している）の比は、ムンツェーラーイ（A）ではタイムン六村、「クンフンツァオ」一四村で、タイムン村落が全体の三〇パーセントを占める。その比率に近いのがムンナーヨン（E）で、タイムン村落が一一村落中三村、二七パーセントである。タイムン村落が受益村落中の半分を占めるのがムンナムトーン（D）であるが、タイムンと「クンフンツァオ」が二か村ずつで、全体の村落数は少ない。ムンナムシン（B）には一か村のみタイムン村落があり（九パーセント）、あとの一〇村（九一パーセント）はすべて「クンフンツァオ」村落である。ムンパーンファート（C）の受益村落は「クンフンツァオ」村落ばかりである。ムンホイハー（F）は、「クンフンツァオ」三村、王族の子孫の村二村で、王族の子孫の村が入っているという点で他水路とは異なっている（表4－1）。

水利官、すなわち称号を持つ水利管理役のいる三水路に注目すると、タイムン村落の割合が三〇パーセントほどのムンツェーラーイ（A）、ムンナーヨン（E）と「クンフンツァオ」村落ばかりのムンパーンファート（C）と、二つに傾向が分かれるといえよう。この区分は、タイムン村落を多く含むものとまったく含まないものという区分とも言える。

三　水路の長さ

『調査報告』によれば、ムンツェーラーイ（A）の主水路は一二・五キロメートルであり［総二：69］、ムンナーヨン（E）は一五―六キロメートル［総二：67］である。ムンパーンファート（C）は、小河川をそのまま水路として整備したという形を取っていたためか、流路の長さは史料中には記されていない。しかし、ムンツェーラーイとムンナーヨンに匹敵するほどの範囲を受益流域としていたことが、受益村落の分布状況から予測できる。その他の三水路も、水路の長さの具体的数値はどの史料中にも記されていないものの、受益村落の分布からおおよその受益流域の範囲を想像することができる（図4-2）。

図によって比較を行うと、水利官が置かれていたムンツェーラーイ（A）、ムンパーンファート（C）、ムンナーヨン（E）の三水路は、水利官のいない残りの三水路より、受益流域の、最上流から最下流までの範囲が広かったことはほぼ確実である。

四　水がかり地域

4-2節の二でも概観したが、六水路の水がかり地域をもう一度詳しく見ていこう。

ムンツェーラーイ（A）とムンナムシン（B）は、ナムオート川がツェンフン盆地に流入するあたりで取水して、それぞれナムオート左岸（北側）とナムオート右岸（南側）を灌漑している（図4-2A、B）。佐藤によれば、ムンツェーラーイ（A）は、ナムオート川左岸に山地から流れ込む小河川の水を用いた水路（図4-1参照）を連結する形で水路が築かれている可能性が高く（注5で記した私信より）、その主水路は盆地中央部で流沙河に接続されている。[26]

一方、ムンナムトーン（D）とムンナーヨン（E）はナムヒー川に取水しており、それぞれナムヒー川の右岸、左岸を灌漑していた（図4-2D、E）。ムンナーヨンの方は盆地中央部にまで水路を延ばし、末端はムンツェーラーイと同じく、やはり流沙河に接続されている（図4-2E）。水路Eについては、佐藤は「下流部の灌漑水の不足が著しく、東部の受益地区が水路の延長によって後から編入されたという可能性も考えられる。」としている（注5で記した私信より）。

ムンパーンファート（C）は、ナムオート川支流水系の水を用いており、下流部では盆地中央部、流沙河沿いの耕地を灌漑していたと考えられる[27]（図4-2C）。ムンホイハー（F）は、東南からこの盆地に大きくせりだしている丘から流れ落ちる小河川を水源とする水路であり、盆地の東側に位置している（図4-2F）。

水利官の置かれた水路である、ムンツェーラーイ（A）、ムンパーンファート（C）、ムンナーヨン（E）に共通する特徴は、どれも下流域で盆地中央付近の耕地の灌漑にまで関わっていたことである。他に、ムンホイハー（F）も、盆地中央部の流沙河沿い耕地の灌漑にある一定の役割を果たしていた可能性があるが、A、C、Eの三水路に比べれば、主水路の流路は短く受益村落も少ない。

五　結　論

以上から、水利官が置かれている三水路は、比較的大きな規模を持つものだということが明らかになった。しかし、ムン権力が水利管理に関わる理由は、受益村落の多さとは直接的因果関係がなさそうである。つまり、ムン権力は、多数の村落が使用する水路を重点的に整備するといった「公共福祉」あるいはそれを通した「村落把握」を目的として水利管理に乗り出したわけではなかったのである。

水利官の置かれた水路に共通するのは、受益村落数よりはむしろ、受益流域の、最上流から最下流に至るまでの範囲の広さである。それらの三水路は、盆地中央部の流沙河沿いまで受益流域を延ばしている。この、「盆地中央部の流沙河沿い耕地にまで至る広い受益流域を灌漑する」というのが、三水路に特有の特徴であるといえる。では、その特徴は、ムン権力の利害と何らかの関わりがあったのだろうか。この問題については、この章の最後で再び触れることにする。

4-5　称号を持った水利管理役

水利官、すなわち称号を持った水利管理役の存在する三つの大水路については、水路によって詳しさが異なるものの、水利管理組織のありさまが『調査報告』などの文献中に示されており、各水路へのムン権力の介入のしかたを具体的に見ることが可能である。以下、水路ごとに詳細を検討していく。

一　ムンツェーラーイの事例

水利官は、この水路には四人存在した。彼らは「群衆」の推薦によって選ばれ、「宣慰使司署」が彼らを任命し、ツァオロンナーファーという大臣が委任状を発給した［総二：69］という。「群衆」というのが、水利管理役の属する各村落の村民を指すのか、あるいは受益村落の中の複数村落または全村落の人々を指すのかは明らかではない。「宣慰使司署」は、ムンツェンフンの審議機関サナーム（第三章注8参照）を指すと考えてよいだろう。委任を受けた水利管理役は、檳榔の実を一束、酒一瓶、蠟燭二本とともに定められた金額の半開をツァオロンナーファーに贈った。金額は称号の格によって異なり、水利官の中で最高位の称号パヤーを与えられたものは半開一五元、それより格の低いツァーを与えられたものは九元であったという。

最高位の称号パヤーをもつのは、バーンオート（村落番号20）およびバーンコンロン（14）に属する水利管理役であった。第二位の称号ツァーは、バーンツン（40）とバーンヤーンディー（6）の水利管理役に与えられた［総二：69］。これら四人の水利官それぞれに対して、管轄村落[28]が決められていた。以下、各水利官について、詳細を検討していく。

(1) バーンオートのパヤー・パンムン

パヤーの称号を持つバーンオートの水利官は、水利管理役の中の正管理役長（パンムン・ロン）と見なされていたようである［総二：69］。三年に一度の水神の祭祀には、普通、大村落は二名、小村落は一名の代表を出すのに対して、バーンオートからは四名の代表が参加した。これも、バーンオートが、この水路の正管理役長の置かれる村落として重視されていたことの表れと言えよう。

バーンオートは水路全体から見れば下流寄りに位置しているが（図4-2A、村落番号20）、下流といっても、主水路の下流ではなく分水路の下流に位置していることを史料から読み取ることができる［サーイ村本］。[29]

バーンオートの水利官の管轄村落は、バーンター（1）とバーンマイロン（15）である。両者とも先住農民タイムンの村落であり、その中でも最古の村落と見なされている（第三章、表3-1）。4-3節の一でも述べたように、ムンツェーラーイの位置するナムオート流域では、原初的にはタイムンのみの灌漑組織が存在した可能性もあり、その場合、バーンターとバーンマイロンの二村落は最上流と最下流の村落として水路管理上重要な位置にあったと言える。現に、別の記述では、バーンマイロンが、バーンコンロンやバーンツンとともにこの水路の水利管理の責任を負うことになっている［歴三：79］。一方、バーンオートは、後来民の「クンフンツァオ」の村落である。したがって、バーンオートがバーンターとバーンマイロンを管理するということは、ムン権力に従属的な後来民「クンフンツァオ」の水利官が、先住民タイムンにとっての水利管理の拠点村落を管理することであったと位置づけられないだろうか。

(2) バーンコンロンのパヤー・パンムン

バーンオートの水利官と同様、バーンコンロンの水利官もパヤーの称号を与えられている。そして、水利管理役の中の副管理役長（パンムン・ノイ）として扱われていた［総二：69］。バーンコンロンは主水路の下流に位置している（図4-2A、村落番号14）。バーンコンロンの水利官は、自らの村落を含む周辺の七つの村落を管理しており（村落番号12、13、14、16、18、59、60、図4-2A参照）、直接管理下にある村落数は、副管理役長でありながら正管理役長のバーンオートの水利官より多かったことになる。バーンコンロンは「クンフンツァオ」の村落であるが、その管理下にある村落の中には、タイムン村落も二か村（村落番号18、59）存在する。

(3) バーンツンのツァー・パンムン

バーンツン（40）の水利官は、ツァーという第二位の称号を与えられ、上流・下流合わせて九つもの村落（村落番号2、7、8、9、10、11、17、20、21、図4-2A参照）を管轄している。バーンツンの集落は、他のムンツェーラーイを使用する村落から見てナムオート川を隔てたところにあり、集落自体はムンツェーラーイ流域に立地していない（図4-2A）。バーンツンの耕作する水田がムンツェーラーイ流域にあるということだろうか。この村は「クンフンツァオ」の村落であり、その管理下にある村落の中にタイムン村落を二つ含む（村落番号17、21）のは、バーンコンロンの場合と同じである。

注目すべきは、バーンツンの水利官は、ツァーの称号しか持たないにもかかわらず、バーンコンロンよりさらに多い九村落を管轄下に置いていることである。そしてもう一つ興味深いのは、パヤー・パンムンの所在村であるバーンオート（村落番号20）までもがバーンツンの管轄下に入っているということである。また、「水神」の祭祀の「主持」

を務めるのもバーンツンの水利官であった[総二：69]。これらのことから判断すると、実質上、この水路の水利官で最も重要な位置にあったのは、バーンオートでもバーンコンロンでもなく、バーンツンの水利官であったといえる(30)。

(4) バーンヤーンディーのツァー・パンムン

バーンヤーンディー(6)の水利官は、ツァーという称号を与えられていながら、他村落を管轄することはなく自村落のみを管轄する。ただ、ムンツェーラーイの最上流部、水の取り入れ口の最も近くに位置するという点で、水利管理の拠点としての意味を持つ。水路の最上流部に水利管理役長を置くという「慣例」には合致しているが、純粋に取水口を管理するために設定されたツァー・パンムンだったと位置づけられよう。

＊

これら、水利官の所在村四か村に共通するのは、それらがすべて「クンフンツァオ」の村落であるということである。この水路の受益村落にはタイムン村落が六か村、三〇パーセント含まれていたが、タイムン村落に水利官が置かれることはなかった。タイムン村落は、二か村ずつ分かれて「クンフンツァオ」の水利官三人によって管轄されるというしくみになっていたのである(31)。

二　ムンナーヨンの事例

ムン権力から称号を与えられた水利管理役は二人のみ、バーンツェンラーン(66)とバーンホームン(48)の水利管理役である。バーンツェンラーンの方には第一級の称号パヤー、バーンホームンの方には第二級の称号ツァーが与えられた。彼らは、ムンツェーラーイの場合と同様、「宣慰使司署」(サナーム)によって任命された[総二:67]。

受益村落中、バーンツェンラーン(66)は最下流部に位置し、バーンホームン(48)は最上流部に位置する(図4-2E)。下流側の方が高い称号を与えられているのは、ムンツェーラーイの場合と同じである。王族であった刀学輿という人物は「ムンナーヨンはバーンツェンラーンが水利管理の責任を負う」と述べており[歴三:79]、そのことから、彼ら王族にとって、すなわちムン権力にとっては、バーンツェンラーンこそがこの水路の水利管理役として重要視されていたのではないかと予測できる。一方、バーンホームンは、全ムンの水利官の所属村、三水路の全九か村のうち、唯一、「クンフンツァオ」ではなくタイムンの村落だった。その与えられた称号がバーンツェンラーンより低いものであったのは、ムン権力が上流部側を下流部側より低く扱ったと説明することもできようが、タイムン村落を「クンフンツァオ」村落の下に位置づけたという見方も成り立つかもしれない。

この水路とムンツェーラーイとの共通点は、先にも述べたが、タイムン村落が受益村落の約三〇パーセントを占めるということである(4-4節の二参照)。また、上流部で河川から主水路に水を引き、長く水路を延ばし、末端を流沙河に接続しているという形態も共通している(4-4節の四参照)。水利官がサナームによって任命され、下流側により高位の称号を持った水利官が存在するのも、両者ともに見られる特徴である。

三　ムンパーンファートの事例

この水路には、水利官が三人存在した。バーンフェイロン(34)、バーンクム(42)、バーンノンフォン(44)の三村落に所属する水利管理役である。彼らは三人ともツァーの称号を与えられ、直接、ツァオペンディンによって任命された［総二：68］。

この三人の水利官は、称号は同じツァーでも、実際にはさらに二つにランク分けされており、役割にも差があった。バーンフェイロンの水利官は主水路の水利管理役長（パンムン・ロン）にあたるツァー・ポー・ムンであった。それに対して、バーンノンフォンの水利管理役は、副管理役長（パンムン・ノイ）にあたるツァー・メー・ムンであった(32)。一方、バーンクムの水利管理役は、支水路の管理役長としてツァー・ポー・ムンと呼ばれ、支水路の副管理役長の方は、バーンノンフォンのツァー・メー・ムンが兼ねていた。

図4-2Cからわかるように、バーンフェイロン（34）は、受益村落中、最上流部に位置している。主水路の副管理役長の所在村バーンノンフォン（44）も、受益村落中、最下流部に位置している。この二つの村にそれぞれ主水路の正・副水利管理役長が置かれているのは、村落立地から見て、いわゆる規範的方法に合致している（4-2節の三参照）。また、支水路の水利管理役長所在村バーンクム（42）は、副管理役長の所在村バーンノンフォン（44）より上流にある。支水路の流路は不明であり、バーンクム（42）が受益村落中の最上流であるかどうかは確認できない。だが、もしそうだとすれば、支水路についても最上流・最下流に立地する村の水利管理役がそれぞれ正・副水利管理役長で、規範的方法通りということになる。

ただ、刀学興によると、この水路はバーンノンフォン（44）とバーンクム（42）が水利管理の責任を負うとされており［歴三：79］、最上流の村落バーンフェイロン（34）の水利管理上の役割は認識されていない。組織のうえでは最上流の村落が水利管理役長となっていたにせよ、ムン権力側の見方としては、やはり下流が重視されていた可能性がある。

前述したように、この水路が、ムンツェーラーイ（A）、ムンナーヨン（E）と異なっているのは、タイムンを含まない「クンフンツァオ」のみの水路であるという点であった（4-4節の二参照）。内訳としては、レークノイ九か村、ホンハーイ二か村であり、水利官はすべてレークノイの村落に置かれていた（表4-1）。

その他の特徴的な相違点は、ムンパーンファートは直接、自然河川を水路として利用しているらしいこと、称号を与えられる水利管理役が、サナームではなくツァオペンディン自らによって任命されること、その称号は第二級の称号であるツァーのみで第一級のパヤーは与えられていないことなどが挙げられる。また、水利官所在村落の立地が、正・副水利管理役長（パンムン・ロン、パンムン・ノイ）をおく際の規範的方法に合致しているのも、ムンツェーラーイ（A）、ムンナーヨン（E）には見られない点である。

4-6　ムン権力の水利組織への関与

以上の水路ごとの分析により、ムンツェーラーイ（A）とムンナーヨン（E）の間の類似、および、それら二水路とムンパーンファート（C）との性格の相違があったことが明らかになった。以下、この二類型に分けて、第三章と本章の4-5節までで明らかにしたことを参照しながら整理していきたい。

一　ムンツェーラーイとムンナーヨン

ムンツェーラーイとムンナーヨンは、両水路とも、中河川が盆地に流入するあたりで堰を設けて水を引き、十数キロメートルもの長い導水路を作り、その末端を流沙河に接続している。後来民である「クンフンツァオ」の村落を除いて考えた場合、どちらの場合もタイムンの村が水路上流部から水路下流部にかけて点々と分布しており、原初的にタイムンのみの水路管理組織が存在していた可能性もある。取水口を掌握するという意味で水利管理の最重要拠点となる最上流部には、どちらの水路の場合も、ムン創建伝承の中で最古の村落の一つとされるタイムンの大村落が立地している。「クンフンツァオ」移住前にタイムンのみの水路管理組織が存在していたとしたら、それらのタイムン村落が水の取り入れ口を掌握していたと考えるのが自然であろう。

ムン権力は、そこに「クンフンツァオ」を入植させ、ムンツェーラーイとムンナーヨンの用水によって彼らに耕作を行わせた。その際、「クンフンツァオ」による開墾・耕作のために、水利灌漑施設が増設された可能性があるだろう。特にムンナーヨンの場合は、流路とタイムン村落の分布状況から見ても、主水路の最下流部が「クンフンツァオ」入植に伴う水路延長工事によるものではないかと予測される。すなわち、水路最下流部にはタイムン村落が存在せず、その部分の水路は、そこでの耕地開墾・耕作の必要性が生じたために、盆地西部からの水路を延長し流沙河に接続して排水できるように作られたということである（図4-2E参照）。その建設工事には、「クンフンツァオ」を入植させた主体、ムン権力が組織者として関わっていた可能性が大きいだろう。

この視点からムン権力の水利管理組織への関わり方を見ると、「クンフンツァオ」村落に水利官を置き水路全体を管理させていることの意味がより明らかになってくる。つまり、「クンフンツァオ」の手に水利管理の権限を与えることによって、先住民タイムン村落に一方的に有利な水管理をさせないようにし、少なくともタイムン村落の水田に対する用水供給と同程度には、「クンフンツァオ」村落の水田への用水供給を保証できることになるのである。そして、「クンフンツァオ」はムン権力が意図的に入植させた存在であり、前述のように、王族所属田の主要な耕作者であった。「クンフンツァオ」村落への用水供給は、王族所属田への用水供給とほぼ同義である。

二　ムンパーンファート

ムンパーンファートが、ムンツェーラーイ、ムンナーヨンと異なっているのは、タイムンを含まない「クンフンツァオ」のみの水路であるという点である。したがって、称号を与えられる水利管理役は当然「クンフンツァオ」であり、この点だけ見れば前述の二水路の場合と変わらない。だが、そこには、前述の二水路の場合に見られたような、タイムン勢力を押さえることによって、下流部の耕地にまで水が行き渡るようにしようという作為は存在しない。下流部の水利官にも上流部の水利官にも同じくツァーという称号が与えられ、実際には上流側が水利管理役長の地位にあったのである。

ただ、この水路の築造にも、おそらくムン権力が関わっていただろうことは想像に難くない。それは、ムン権力が入植させた従属民「クンフンツァオ」のために、おそらくムン権力が組織した「クンフンツァオ」の労働力によって、自然河川の流路を整備するという形で行われただろう。この水路の水利官がツァオペンディン自らによって任命されたというところにも、この水路が、ムン権力の私的従属民「クンフンツァオ」のための水路であったということが表れている。

＊

以上に示したように、ムン権力の水利管理への関わり方には、「クンフンツァオ」重視、下流部側重視の傾向が見られた。第三章で見たように、「クンフンツァオ」は徭役と王族所属田からの耕地使用料などを通してムン権力を支える従属的農民であり、水利管理において「クンフンツァオ」を重視することは統治者層自身の利益にも直結しただろう。では、水路下流部の灌漑が重視されたのはいったいなぜであったか。水路下流部に「クンフンツァオ」村落が多く立地し、したがってそこに存在する王族所属田が多かったという理由ももちろんあるだろう。しかし、より直接的な理由として、ツァオペンディン田が水路下流部付近に多く分布していたからということは考えられないだろうか。次に、ツァオペンディン田の分布状況を見、そこから、ムン権力が水利管理に関わることの意味を再び考えてみたい。

4-7 ツァオペンディン田の分布

図4-5は、ツァオペンディン田の名称、ナー数、所在地などを記した史料の四種類のテキスト（表4-2参照）を比較したうえで、おおよその所在地とナー数を地図中に表したものである。また、図4-2には、六水路について、水路ごとに、その受益村落の持つツァオペンディン田のナー数を書き添えてある。村によっては、六水路のうち二

17 ナーガーム	1000		バーンツェンクム？

ツァオロンパーサート本［歴三：93-94］

名　称	ナー数	所　在　地	
1　サームシン ツェットヨン	1000		
2　ナートゥンナー？	1200	バーンサーイ (31)	
3　ナートゥンナー？	1100	バーンツォムホン (64)？	
4　トゥンウェン	1000	(バーン) ツェンポム (37)	
5　ナースィーレン	1000		
6　ナーロンハーン	1000		
7　ナーツェントーン	1000	バーン ツァーン ツァイ (21)	
	1000	バーンパン？	
	300	バーンピン？	
9　ナーハオハーオ	300	バーンペート (2)	
10 ナーハオハーオ？	500	バーンクム (29)	
	350	バーンノンフォン (44)	
11 トゥンホプ	200	バーンノンフォン (44)	
12 トゥンラーン	400	バーンノンフォン (44)	
13 トゥンラーン	770	(バーン) ツェンムン (43)	
14 ナーノーンボー	200	(バーン) ドンテン (17)	
15 ナーノーンボー	310	バーンツン (40)	
16 ナーバーウムン サーオムン	350		
17 ナーガーム	1000	(バーン) ツェンクム	

トゥロンツァーン雑記［歴四：95］

名　称	ナー数	所　在　地	
1　ナーヨン	1000	バーン ツェン ラーン (66) 付近	
2　ナートゥンナー	1200	バーンサーイ (31)	
3	1100	バーンホン (42)	
4　トゥンウェン	1000	バーンツェンポム (37)	
5　ナースィーレン	1000	バーンティン (67)	
6　ナーロンハーン	1000	バーンクワーン	
7　ナーツェントーン	1000	バーン ツァーン ツァイ (21)	
8	1000	バーンナーン (18)	
9	300	バーンペート (2)	
10	500	バーンクム (29)	
11	500	バーンノンフォン (40)	
13	490	バーンツェンムン (43)	
14 ナーノーンボー	200	バーンドンテン (17)	
15	310	バーンツン (40)	
16 ナーバーウムン サーオムン	350		
17 ナーガーム	1000	バーンツェンクム	

表 4-2　ムンツェンフンのツァオペンディン田の分布

サーイ村本

名　　称	ナー数	所　在　地	耕　作　村
1　ナーサームシン ツェットヨン	1000		
2　ナートゥンハー	1200	バーンサーイ (31)	
3	1100	バーンホン (42)	
4　トゥンウェン	100	(バーン) ツェンポム (37)	
5　ナースィーレン	1000		
6　ナーロンハーン	1000		
7　ナーツェントーン	1000	バーン ツァーン ツァイ (21) 後ろ	
8　ナーヨイ		バーンナーン (18) の寺の前	
9　ナーハオハーオ	300	バーンペート (2)	
10　ナーハオハーオ？	500	バーンクム (29)	
	5＊70 (570？)		
11　トゥンホプ	200	バーンノンフォン (44)	
12　トゥンラーン	400		
13	770	(バーン) ツェンムン (43)	
14　ナーノーンボー	200	(バーン) ドンテン (17)	
15	100	バーンツン (40)	
	4＊70 (470？)		
16　ナーバーウムン			
サーオムン	5＊70 (570？)		
17　ナーガーム	1000	(バーン) ツェンクム	

ドンテン村本［歴三：94-95］

名　　称	ナー数	所　在　地	耕　作　村
1　ナーサームシン ツェットヨン	1000		バーントゥンラオ (58)，バーンタオ (36) およびバーンホームン (48)
2　ナートゥンラン？	1200	バーンサーイ (31)	バーンサーイ (31)
3　ナーホン	1100	バーンホン (42)	バーンホン (42)
4　ナートゥンウェン	1000	バーンツェンポム (37)	バーンツェンポム (37)
5　ナースィーレン	1000		バーンロンホン (68)
7　ナーツェントーン	1000		バーンツァーンツァイ (21)
8　ナーバーンナーン			バーンナーン (18)
9　ナーバーンペート	300		バーンペート (2)
10　ナーバーンクム	500		バーンクム (29)
	5＊70		バーンクム (29)
11　トゥンホプ			バーンノンフォン (44)
12　トゥンホン	400		
13　ナーツェンムン？	70＊70	西に 1，東に 1	
14　ナーノーンボー	200		バーンドンテン (17)
15　ナーバーンツン	200		バーンツン (40)
	4＊70		バーンツン (40)
16　ナーバーウムン			
サーオムン	5＊70		バーンツォムヘー (22)

史料　ムンツェンフン内の王田（ツァオペンディン田）について
（サーイ村本より）

ここに記す．ムンツェンフンの域内にあるナーロンツァオペンディン（王田）は次のようである．まず，ナーサームシンと（ナー）ツェットヨンが一千である．バーンサーイのナートゥンハーが千と二百ナーある．バーンホンには千と百あり，（バーン）ツェンポムのトゥンウェンに百ある．ナースィーレンは一千ある．ナーロンハーンは一千ある．それから，ナーツェントーンはバーンツァーンツァイの後ろに位置し一千ある．バーンナーンの寺（ワットバーンナーン）の前には，小さな田（ナーヨイ）があるだけである．バーンペートには三百あり，それはナーハオハーオツァオペンディンである．バーンクムには（ナーハオハーオツァオペンディンが？）五百と七十が五つ分（五百七十？）ある．バーンノンフォンにはトゥンホプが二百．トゥンラーンが四百．（バーン）ツェンムンには七百七十．ナーノーンボーは（バーン）ドンデンにあり二百である．バーンツンに百と七十が四つ分（四百七十？）ある．ナーバーウムンサーオムンは七十が五つ分（五百七十？）ある．ナーガームは（バーン）ツェンクムに一千ある．ナムホイコーンが注いでいる．ナーロンツァオ（王田）はこれだけである．

つ以上の水路からの水を利用している場合があり、ツァオペンディン田がどの水路の水がかかりか分からない場合があるが、その場合は、両方に記しておいた。

図4-2、4-5より、まず言えるのは、ツァオペンディン田は主に水路下流部よりに存在しているということである。そして、バーンドンテン（17）とバーンツァーンツァイ（21）というタイムン村落にあるもの（図4-2A）の他は、すべてレークノイ村落あるいはその付近に位置していることが分かる。しかも、バーンドンテンのツァオペンディン田は、一九五〇年代の調査が行われた時点ではすでになくなっている[33]。

ツァオペンディン側にとって特に重要なのが、ナーヨン（ナー・サームシンツェットヨン）（表4-2の1）であり、第三章でも示したように、その一〇〇〇ナーのほとんどすべてが徭役によって耕作されていた。このナーヨンというツァオペンディン田の灌漑に用いられる水路が、その名の示すとおり、ムンナーヨン（ナーヨンの水路）（水路E）であった。ナーヨンのために苗代を作ったり、周りに垣根をめぐらしたりという仕事を課せられ、ナーヨン管理全体の責任を負ったバーンツェンラーン（66）は、まさにムンナーヨンの水利管理役長の所在村だったのである（図4－2E、表4－1）［歴四：145］。

第三章で見たように、ツァオペンディン田の存在は、ツァオペンディンにかなりの高収益をもたらした。よって、ツァオペンディン田経営の成功は、ツァオペンディンの権威を保つというだけでなく、ムン権力の経済的基盤を安定させるという意味でもかなり重要であったにちがいない。ムン権力の水利管理への関わり方に見られる水路下流部重視の理由の一つとして、ツァオペンディン田の灌漑への配慮があったことは確実である。それが、端的に表れる事例が、ムンナーヨン（水路E）によるナーヨンというツァオペンディン田の灌漑であったといえよう。

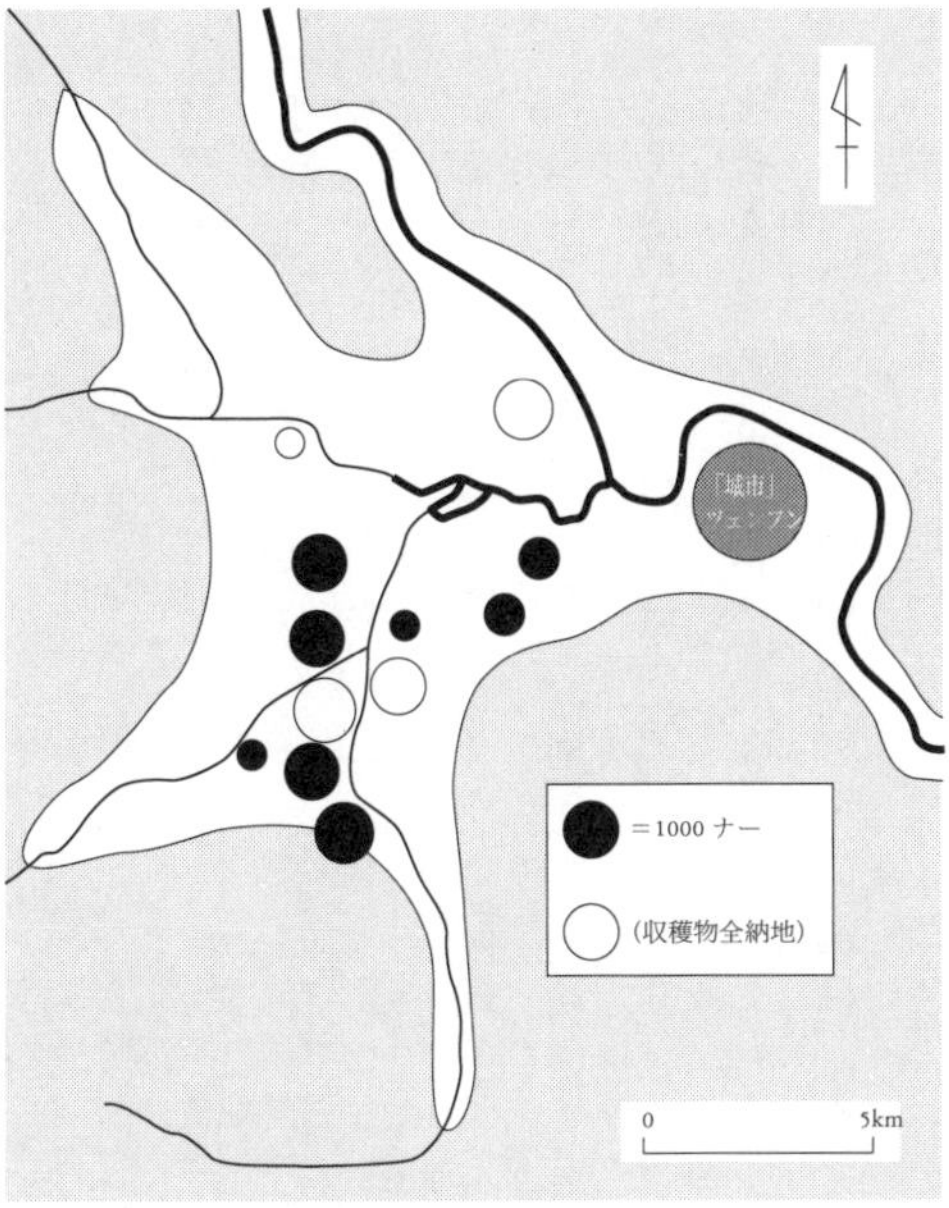

図 4-5　ツァオペンディン田の分布

4-8　おわりに

本章の4－3節以下における考察により、ムン権力の水利組織への関与のしかたの、以下のような特徴が浮かび上がった。①ムン権力は、下流部が盆地中央部の流沙江沿いにまで至る広い受益流域を潤す水路の水利管理に関与していた。②関与のしかたは、従属的農民である「クンフンツァオ」村落の水利管理役に称号を与えて水利官とし、水がかり全体に目を配らせるというものであった。③タイムン村落を含む水路の場合は、下流側の水利官に上流側のものより高位の称号を与え、下流部の灌漑に配慮した。④水路下流部の灌漑を重視した直接的理由の一つとして、ツァオペンディン田のほとんどが水路下流部に位置していたということが挙げられる。

以上を、前章と本章で明らかにした内容と合わせて総括すると、次のようになるだろう。

ムン権力は、家内労働に従事していた従属民やムン外からの移住民をムン内に入植させた。彼らの村落は盆地東部に作られる場合も多かった。盆地東部に集落を作り水田を開墾する場合、水路を新設するか既存の水路を延長するかして灌漑・排水を行い、水利管理をしなくてはならない。「クンフンツァオ」を入植させた主体であるムン権力は、おそらくその水路新設・延長工事を組織したであろう。新設された水路のうち、水利官をおいて系統的に管理せねばならなかったほど規模が大きかったのは、「クンフンツァオ」村落ばかりが用いる水路、ムンパーンファート（C）であった。また、盆地西部から続く水路を延長して長くした例が、ムンツェーラーイ（A）とムンナーヨン（E）であった。

ムンツェーラーイとムンナーヨンの水がかりにあるタイムン村落は、もとは自分たちだけで自発的に灌漑組織を作り自由に水を使っていたと考えられる。そのため、ムン権力は、「クンフンツァオ」の水利管理役に称号を与えて水利官とし、タイムンを牽制、管轄させた。特に下流側の水利官には高位の称号を与え、下流部の耕地まで十分に灌漑されるようはからった。

ムン権力によって農民の入植・開拓が進められた場所には、ポーラーム田、ツァオペンディン田も多く分布していた。特にツァオペンディン田は、大部分が水路下流部に位置しており、ムン権力の水利管理への関与は、一つにはそのツァオペンディン田の灌漑を目指していた。

中でも、ムンナーヨンへのムン権力の関与は、その水路の最下流部に位置するツァオペンディン田ナーヨンの安定した灌漑を目指して行われたと考えることができる。それは、ムンナーヨンの水利管理役長が、ナーヨンの管理者でもあるバーンツェンラーンに置かれたことから分かる。ナーヨンは、すべて徭役によって耕される、すなわちツァオペンディンが高収益を得る可能性がある田であり、そこを確実に灌漑することが目指されたのである。

ムン権力の水利組織への関与は、加治の言うように、統治者層自身の直営田に十分な用水を供給して自らの統治基盤を固めるのが主目的であった(34)。ただ、その前提として「クンフンツァオ」農民の存在があったことには注意しておきたい。「クンフンツァオ」自身が、徭役や王族所属田の開墾、耕作を通じてムン権力を経済的に支える存在であり、そもそも、それを目的に、ムン権力が「クンフンツァオ」を盆地内に移住させたと考えられるのである。「クンフンツァオ」の入植、タイムンが住んでいなかった盆地東部を耕地化するための水路の開設・延長、王族所属田の開墾、そしてムン権力の水利組織への関与は、実は一連の、切り放すことのできない事象である。そして、「クンフンツァオ」村落設置による盆地開拓は、歴史的、構造的に、先住者タイムンの盆地開拓とは異質なものなのである。

一方、ムンツェンフン以外のシプソンパンナーのムンでは、水路は村田灌漑のためのタイムン主導のものであったという［馬場 1990：96–100］。第二章で見たように、一般に、これらのムンには、ムンツェンフンに比べて、「クンフンツァオ」村落、王族所属田いずれもが少なかった。そこには圧倒的なタイムン農民の世界が存在しており、用水管理もタイムンが自らのために行っていた事例しか認められないのである。これはムン権力による用水管理なしにムンが成立している事例である。

このようなムンごとの差異は、果たして何に起因するのだろうか。少なくともシプソンパンナーにおいては、盆地規模やその他の自然的状況の相違は、そのような差異を生みだすほどの大きな影響を与えなかっただろう。それは、むしろ、各ムンのムン権力の大きさや性格の相違という側面から、歴史的環境も考慮しつつ考察すべき問題であろう。

現時点で言えるのは、ムン権力による用水管理は、ムンと呼ばれるタイ族の前近代的政治統合成立のために必要不可欠なものではないということである。シプソンパンナーではムンツェンフンでのみ見られた、ムン権力の用水管理への介入は、未墾地にムンの支配者層の水田、すなわち収穫米の部分的あるいはすべての徴収権を主張できる水田を開くことを主目的としていた可能性がある。用水管理を通して農民を支配しようという発想は、そこには、おそらく無いのである。

註

(1) シプソンパンナーの政治権力がなぜ水利灌漑に関わったかについては、張公瑾も、統治者たちの直営田への水を確保するためというのが最も大きな理由だったと述べている［張 1981］。

(2) 本章の内容の大半に関して、その最初のアイディアは、一九八八年一月に名古屋大学文学部に提出した卒業論文の中で提示されたものである。また、一九八九年一月には、卒業論文とほぼ同じ内容の報告を東南アジア史学会関西例会で行っている［加藤 1989］。筆者は、卒業論文執筆の段階から一九九〇年初めごろまで、しばしば馬場と意見交換をした。その結果、筆者の史料批判、分析方法、分析過程と導き出した結論の多くに対して、馬場も基本的に賛同するに至った。馬場は一九九〇年六月発表の論文［馬場 1990］において、筆者の見解を踏まえたうえで彼自身の議論を展開している。馬場の論文中に本稿の内容と重なる部分がしばしば見られるのはそのためである。本来は、馬場に先だって、筆者が自らの見解を公にするべきであったが、それは実現できなかった。したがって、馬場の論文中には、筆者の導き出した結論が、詳細な分析過程が示されないまま提示してある箇所がいくつかある。本章において馬場の記述の前提となる分析過程が示される場合は、その都度、注で指摘することとする。

(3) 雲南省内のメコン河は瀾滄江と呼ばれる。ナムホンはツェンフンにおけるタイ・ルー語の呼称である。

(4) ツェンフン盆地の地形と土地利用については、五〇万分の一の地形図および衛星写真が、入手できるうち最も精度の高い資料である。そのため微地形の分析は不可能であった。

(5) 第二章でも引用した、拙稿に対するコメントとして佐藤哲夫氏からいただいた手紙の一部として示されている。地理学者の視点から各種資料を分析した結果に基づいているので、その方面の専門的知識、分析技術を持たない筆者にとっては、たいへん貴重なものであった。この場を借りて、佐藤氏に心からの感謝の意を表したい。また、これは、私信という形での筆者への個人的コメントであり、公刊されていないものを参照させていただくのであるから、それを引用する場合の責任は言うまでもなくすべて筆者にあることを再度付記しておく。

(6) 調査時、すなわち一九五〇年代前後の水利環境について記した『調査報告』中の史料としては、「景洪的水渠管理和水規」[総二：67-70]と「西双版納勐景洪的灌漑系統及其管理和官田分布」[歴三：78-98]、「勐景洪的土地状況調査」[歴四：95-108]などがある。

「景洪的水渠管理和水規」は、一九六二年五月に、当時のバーンオートという村のパヤー・パンムン（パヤーという称号をもつ水利管理役）、バーンサーイのツァー・パンムン（ツァーという称号をもつ水利管理役）、刀学新、刀建徳という人物を調査対象として、刀永明、刀述仁、曹成章が調査し、刀永明と曹成章が整理したものである。刀永明はムンツェンフンの旧王族であり、刀述仁はムンハーイのもとツァオムンであった。曹成章は漢族の研究者である。もと王族や漢族がインタビューすることにより、インフォーマントが選択的にある種の片寄りを持つ情報を提供している可能性はある。また、整理の段階で、王族側あるいは中国政府側のバイアスや、具体的事実に基づかない通説が入り込んでいることも十分考えられる。しかし、受益村落名や村落を超えるレベルの水利管理役がいる村落名などは、事実に基づいて記載がされていると考えてほぼ間違いなかろう。

「西双版納勐景洪的灌漑系統及其管理和官田分布」は、一、勐景洪傣族対於農田灌漑的行政管理、二、勐景洪的灌漑系統、三、景洪壩的宣慰田及官田、四、宣慰田、頭人田的分布和租額以及悶瀾東水溝灌漑面積、などの内容を含んでいる。一は、刀学興という人物が口述した内容である。二以下は、タイ・ルー語の文書を漢語音訳したものである。

「勐景洪的土地状況調査」は、中共思茅委聯絡組、中共西双版納工委調研組による調査である。もと王族である刀国棟や漢族研究者の朱徳普などがメンバーに加わっている。朱徳普は、調査報告書の整理も行っている。王田については、トゥロンツァーン（パヤーロンツァーン）という大臣所有の（あるいは自ら書写した）手書き本に基づいた情報も紹介されている。

また、『調査報告』中の資料ではなく、バーンサーイという村落で筆者が写真撮影し持ち帰った史料の中にも、水利灌漑に関する情報が含まれている（サーイ村本、第一章注11参照）もある。この史料中の灌漑水路とその受益田に関する記述については、それと原本を同じくする史料の中国語訳がある（「西双版納勐景洪的灌漑系統及其管理和官田分布」[歴三：78-98]の二から四までの部分）。また、表4-2とともに掲載してある史料は、サーイ村本の中のツァオペンディン田に関する記述を、筆者が日本語訳したものである。

（7）一般に山間盆地では、河川に築いた堰とそこから導水する用水路を用いる重力式灌漑が広く採用されている［田辺 1976a：690, 1976b：183］。田辺繁治はまた、そのような灌漑方法に関わる先行研究を整理している。その一つ、クレドナー Credner の研究においては、北タイの山間盆地に古くから発達した固有の灌漑方法として、河川に堰を築いて用水路に水をひく以外に、小河川が流れ出る谷口に小規模な溜池を築く方法があること、また、堰と用水路による灌漑を、河川が平野に出るところで、緩傾斜をもった運河を分岐させ、平野の縁辺にそって流し、そこから平野内の水田に導水する方法であるとしているという。

（8）タイ・ルー語史料中では、十二水路の名が挙げられているが、受益村落の名や数、流路についてまでは記載されていない［歴三：80・サーイ村本］

（9）ムンとは導水路、用水路という意味である。前述した政治単位としてのムンと導水路という意味のムンとは、音は同じだが声調の違う別の語である。

（10）水路A・B・Eについては、幹線用水路の予測される流路を図4-2に書き込んである。水路Cは、河川自体を用水路にして用いている。水路Fも、小河川を用水路にしているが、その流路は確認できない。水路Dの流路も不明である。

（11）水路Dは四つの受益村落を持つ水路であり、五大水路中では最小で受益村落を五つしか持たない水路Fに準ずる規模のものと考えてよい。ここでは資料中に五大水路として記されているものに水路Dを加えて考察する。

（12）パンは差役、ムンは用水路を示すという［総二：67］。パンムンは世襲の職ではなかった。他所から移住してきたものが、パンムンになる例もあったという。

（13）称号は、高位のものから順にパヤー、ツァー、セーンである。第三位の称号はセーンだが、水利管理役にセーンの称号が与えられている事例は見あたらない。

（14）支水路の水利官として機能している場合もある。

（15）図中に示した村落の位置は、厳密にいえば集落の位置である。集落立地の適地と耕地の適地は一致しないため、灌漑環境を議論する際、本来は村落所属耕地の分布状況も考慮されるべきである。しかし、村落所属耕地の分布状況は不明である。また、村落は集落の周りに個々の領域を持ち所属耕地は領域内にのみ存在するため、集落と耕地との間の距離的隔たりはさほど大きくないはずである。したがって、ここでは集落立地をもとに議論を進める。

　なお、瀾滄江左岸に一村のみあるタイムン村落（バートゥー、69）は、もとは瀾滄江右岸の、現在のバーンツェンラーン（66）、バーンティン（67）附近にあったが河川の浸食により耕地がなくなったため、対岸に移ったのだと言う（二〇〇〇年一月二日、筆者の聞き取りによる。インフィーマントは、第三章注23に述べたのと同一人物である）。

（16）水路掘削は、タイムンに担われるべき「徭役」、カーンムン（ムンの公共業務）の一つとされている（第三章3-3節の三参照）。また、水路Aの水利官（20番の村落のもの）の次のような言葉が史料中にある。「タイムンがいて（現れて）初めて水路ができ耕地が開かれた。

耕地が開かれて初めてツァオ（支配者）が現れた。ツァオが現れて初めてレークノイ、ホンハーイが現れた。レークノイ、ホンハーイの田は後から開かれたものである。」これらの情報は、一九五五年四月に出された報告による［歴四：139-140］。

(17) 佐藤の分析（注5の私信）によれば、ムンツェーラーイ（水路A）の水がかり周辺地区の特徴は、まず西側の山地から多数の小河川が流入していること、そして盆地周辺ではそれらの谷口から奥に向かって森林の撹乱が著しいこと、さらに山麓における二毛作田の分布の輪郭がかなり明確に見られることであるという。したがって、小河川を利用した灌漑が自発的に行われてきたが、さらにそれら小河川を結ぶ連結水路を開削することで水利条件を安定化させたのではないかと佐藤はいう。そこでは、連結水路が幹線、自然の小河川が支線なのである。

つまり、水路A（ムンツェーラーイ）と呼ぶものの主水路は、連結水路であり、本当の意味で原初的に形成された灌漑の系は小河川ごとの灌漑の系なのかもしれない。

一方、ナムヒー川から取水する水路については、佐藤は次のように分析する。「ナムヒー川の支谷は狭いが直線的で傾斜も緩やかであり、堤が土石流の被害を受けることはあったかもしれないが、水路の建設は比較的容易な地形である。先住の集落が多数立地していることも肯首される。」よって、ムンナムトーン（水路D）、ムンナーヨン（水路E）の扇状地部を潤す部分は、タイムンが自発的に灌漑の系を作り上げていた可能性が高いことになろう。

いずれにしても微地形および土地利用状況が不明であるため、これ以上の議論はできない。

(18) これら二つの村落は、多くの伝承の中でムン最古の先住民村落であったとされている（第三章、表3-1参照）。

(19) 水路Aの水がかり地域では、ナムオート川の水による灌漑だけでなく西側山地から流れ込む小河川による灌漑が並立しているので、ナムオート川が盆地に流れ込むあたりはそれら小河川の水を使う灌漑に対しては強制力を持てないことになる。それに対して水路Eの水がかり地域では、ナムヒー川が盆地に流れ込むバーンターホームンのあたりが、水がかり地域全体に対して有利な立場にあることになる。

(20) 水路Bは主にレークノイが利用する水路であり、タイムンではバーンター（1）のみが受益村落となっている。タイムンについては、流沙河の南側、すなわちナムオート側村落群つまりロンサーイ所属村落群はすべて水路Aの受益村落となっている。また、バーンモーロン（59）は流沙河左岸にありながら水路Aも使用する。この村落は、流沙河右岸のナムオート川流域にも耕地を持っていたと考えられる。

(21) ロン所属の主要村落の代表者を構成員とする。

(22) 一九五〇年代の段階では、ムン内の最大の灌漑の系は、ロンの領域に加えて、それよりも下流部にあたる地域を合わせた範囲に成立していたと見ることができる。したがって、ロンの領域を越えた部分あるいはその部分を含む水争いは、ロンを超える紛争であった。それらはムンレベルの農民審議機関やムン権力の審議機関により調停されるべき問題となる。

各村の水利管理役（パンムンまたはポー・パンムン）は、統治機構の一部分に組み入れられていると同時に、ロンとホーシプのパンムン・ロンから指示を受けるという垂直系統の中にも位置づけられていたと、『調査報告』中には書かれている［歴四：8］。「ロンのパンムン・ロン」というのが、ロンというタイムン自治組織の中で長とされた水利管理役［歴四：3］を指すとしたら、ロンにおいてタイムンが自治的に灌漑を統制するしくみが存在していたということになる。

(23) 4-4節の四でも述べるが、ムンナーヨン（水路E）については、佐藤も、下流部の受益地区が水路の延長によって後から編入された可能性を認めている。しかし、ムンツェーラーイ（水路A）の主水路は、用水不足のため開発の遅れた扇状地などでの用水整備をするために開削された連結水路ではないかと佐藤は指摘している（注5で記した私信より）。この連結水路は、タイムンが自発的に作った可能性もあるが、その建設にあたってムン権力の統率があった可能性も否定できない。

なお、水路Aの下流部に位置するバーンドンテン（17）、水路Aと水路Eの下流部に位置するバーンモーロン（59）では、ポーラームが水路作りを援助した代わりに、その水路によって開墾できた耕地の一部をポーラーム田として提供したという。この二つの村落はどちらもタイムンの村落であるが、集落は流沙河岸、すなわち、水路のかなり下流部よりに位置している（図4-3）。そのあたりに耕地を持つ場合は、たとえタイムンの村落であってもムン権力の力を借りて用水路を作った事例として、注目すべきであろう。

(24) 馬場も同様のことを述べている［馬場 1990：95-96］が、それは、ここで展開した議論を踏まえたうえで示されたものである（注2参照）。

(25) 詳細は、第三節以下で検討する。ここでは、「クンフンツァオ」に視点をおいて水路と水利官をめぐる状況を概観し、タイムンの置かれていた状況と対比させることを目的としている。

(26) 佐藤は、ムンツェーラーイ（水路A）は西側の山地から流れ込む多数の小河川流域までをその水がかり地域に含むと指摘している。また、ムンツェーラーイ「による受益地区はナムオート左岸に広がる、盆地西縁の農地である。流沙河の南二～三キロメートル付近に見られる非灌漑地域が地形的条件によるのか、または水量の不足によるためか、判断は困難であるが、その付近までが受益地区に含まれると考えてよかろう。」と述べている。一方、ムンナムシン（B）の受益地区については、次のように分析している。「ナムシン用水による受益地区はナムオート川右岸、盆地南縁の農地である。ここは扇状地と思われるのでおそらく起伏が大きく……」（注5で記した私信より。固有名詞の表記は本書中の表記法に変えてある）。

(27) 佐藤は、ムンパーンファート（C）は、二毛作田の分布からみて、はっきりした幹線水路や連結水路をもった灌漑システムだったかどうか疑問である、それは、水路管理というよりもナムオート川支流水系の管理をする組織ではなかったかとも思われる、としている。二毛作田は、ナムオート川の支流と盆地東側の山地にはさまれた地域と、盆地が東に開けた地域の山麓、そしてナムオート川下流のおそらく低地に、それぞれまとまって分布するが、それらの輪郭は不明瞭であることが指摘されている。また、東側の山地から流入する河川の流量は十分とは思われず、用水が不足がちだったであろうことは、ナムオート川の支流にダム（図4-1下部）が建設されたことからも推察されると言っている（注5で記した私信より）。

(28) その管理のしかたの詳細は不明である。
(29) 刀学興の口述によれば、バーンオートはナムロンバーンオットという水路の管理責任を負うことになっており、一方で、あとの三村の水利官がムンツェーラーイの管理責任を負うことになっている［歴三：79］。
(30) バーンコンロンの水利官がパヤーの称号を与えられていることが記されているすぐ下に、バーンツンの水利管理役がパヤーパンムンであると書いているところがある［総二：69］。
　バーンツン（村落番号40）は、ムンツェーラーイ（水路A）の水以外に、ムンナムシン（水路B）とムンパーンファート（水路C）の水も利用する（図4-2A、B、C、村番号40）という意味で特殊な村落である。また、バーンツン領域内には何か所か王田も存在したようである。
(31) この水路の水利組織が連合的、重層的構造になっていたゆえ、複数の水路官が存在したと仮定することもできよう。
　佐藤は、西側の山地から多数流入する小河川を支線、小河川を結ぶ連結水路を幹線と考え、また、水路末端の北東部で用水の不足が著しい状態を考慮した場合、ムンツェーラーイの水利組織が連合的、重層的構造になっていたことも納得できるとしている（注5で記した私信より）。
(32) ポーは父親、メーは母親を指す言葉であり、役職の正・副を表すのにも一般的に用いられたようである。例えば村長と副村長を、ポーバーン、メーバーンと呼ぶなどである（第五章参照）。
(33) 大洪水で流されたのだという［歴四：95］。
(34) チェンは、ある用水路が徴発労働によって修築された例を挙げ、その受益村落にはかなりの量のナーツァオ（ツァオの田、支配者層の田の意味か）があることを指摘している［Chen, 1949：41］。また、ツァオペンディン田、ポーラーム田に関する水路の補修にはツァオペンディンやポーラームが費用を供出するという情報もある［馬場 1990：94］。一方、『議事庭長修水利命令』には、ツァオペンディン田やポーラーム田などが干ばつのために荒廃することは許されない旨、明記されているという［張 1981：60；馬場 1990：103］。

第5章　村落の立場から見たムン支配

——耕作と税負担の実際

5-1 はじめに

第三章から第四章にかけては、ムンツェンフンの内部支配のあり方について考察してきた。だがそれは、いわばムン権力側から見た支配のあり方であり、それが実際に支配される側にどう受け止められていたかということまでは考察できなかった。本章においては、見方を変えて、支配される側に視点を据え、彼らがムン支配をどう受け止めていたかということを考えてみる。考察にあたっては、以下のような視点から見ていきたい。

第一に注目したいのは、村落(バーン)という枠組である。第三章でも述べたように、ムンの最小の行政単位は村落(バーン)であった。支配者であるムン権力側からの被支配民への働きかけは、村落というものを基礎単位として行われていた。前章までで確認した限りでいえば、タイムンにせよ、「クンフンツァオ」にせよ、ムン権力へ納める税は主に村落を単位として課されていたのである。ここでは、まず、村落の内的構造を探ってみたい。そしてその後、課税をはじめとするムン側からの働きかけが、村落内において実際にどう処理されていたかという観点から、支配される側にとってのムン支配というものを考えてみたい。これが、5-2節で議論される内容である。

その上で、第二に注目したいのは、村落と村落の間の関係である。村落間の関係がどのように取り結ばれており、ムン権力からの働きかけが村落間関係にどのような影響を与えているかということについて考えていきたい。その際、5-2節の議論を受けて、耕地と税負担をめぐる村落間の関係に特に注目したい。

また、一方がタイムン村落であり他方が「クンフンツァオ」村落である場合、一般に、タイムンと「クンフンツァオ」の区分と関連する特徴的な村落間関係が取り結ばれるかどうかということにも留意して考察したい。前章まででは、ムン権力と「クンフンツァオ」との関係、ムン権力とタイムンとの関係については考察してきたが、タイムンと「クンフンツァオ」との関係については触れなかった。タイムンと「クンフンツァオ」が、ムンの支配システムの枠内においてどのような具体的相互関係を取り結んでいたかということも、ムン支配の実際を考える際の重要な視点であろう。その具体的関係が結ばれる基礎単位は、やはり村落である。

以下、これらの視点によって、村落の立場から見たムン支配というものを順に議論していきたい。

5-2 ムンの中の村落（バーン）[1]

一 村落の構造

(1) 土地をめぐる村落の性格——村民の農業生産に関して

前述のように、ムンツェンフンにおいては、村落（バーン）と村落との境界はかなり明確に定められていた。[2] 村落領域内の土地は、原則としてすべてその村落の管理下にあり、管理責任は村長（ポーバーン）、副村長（メーバーン）にあるとされる。領域内の森林は村民の共同利用地であり、耕地（多くは稲作水田）も村落に所属するものと考えられていた。家屋はひとところに集まって集落を形成していた。世帯は、夫婦と子供、あるいはそれに夫婦どちらかの親という形の家族で構成される場合が多かったという。屋敷地が個人またはその世帯に属するという観念が存在したか否かは明らかでないが、家屋や耕牛・農具などは個人・世帯が所有していた。

村落領域内の耕地は、村民全員参加の集会における決定に基づいて、村落内各戸にほぼ平等に割りふられるのが原則であった。その際、村落の成員として各種の義務を果たすことが、村落で分配地を与えられる前提条件であった[3]。独立した新世帯や外部からの移入世帯には新たに耕地が割りあてられ、外部への移出世帯が持っていた分配地は村落に返却されて再分配される[4]。これら移出入に対する耕地の再分配は、定期・不定期に行われる割替[5]によってなされた。村民が個人的に開墾した耕地も、三年後あるいは五年後には、村落管理下の割替用耕地の中に組み入れられる［歴四：6など］。

割りあてられた耕地は各世帯が個別に用役することになっており、耕牛や農具も個人で調達しなければならなかった。分配地を貸し出したり質入れしたりするのはその耕地の用役権を持つものの自由であった[6]が、売買の対象とすることは許されなかった。田植えなど数世帯の労働力が必要な時には、同一村落内のもの同士で助けあうこともあった［歴一：83］。また、村落の灌漑施設の修理・整備、村落の耕地の周りの囲い作りなどは、カーンバーン（村落の仕事）と呼ばれ、村民の共同労働によってなされた。村の中の灌漑用水の管理は、第四章でも述べたように、その村の水利管理役（パンムン）が責任を持ち、水争いが起こった時は村長、副村長が調停を行った。

以上から、農業生産における、村落という枠組の重要性が確認できるだろう。まず耕地からして、村落のもとで一括して管理されるのが原則だったのである。農民の農業生産に関わる事柄は、第四章で見たような複数村落が用いる大用水路の管理や5-3節で詳述する村落間の耕地貸借を除けば、村落という枠組の中で完結していたと言ってよい。また、各世帯への耕地の分配のしかたからは、村落内での平等志向性が読み取れるだろう。

(2) 村落役職者のあり方から見た村落

村落には自治のための組織と役職者[7]が存在する。ここでは、村落の自治組織と役職者のあり方から抽出できる村落という社会的枠組の特徴について考察する[8]。ただし行論の都合上、別の村落やムン権力と関わる対外的な部分についてては後述する。

村落の役職者中には、職田（「頭人田」）の用役権や村内各世帯から供出される米の受領[9]、田植えや刈り取りの際の各世帯からの労働力提供などの、職に伴う報酬を受けるものがあった。それは村長（ポーバーン）、副村長（メーバーン）の他、ポーパン、ポーツァーン、ポーモーと呼ばれる役職者であった[10]。

村長の仕事としては、村落の境界を守り、村落の土地や移入民、移出民を管理するといった前述の仕事の他に、民事のもめごとの解決、婚姻管理、宗教事務管理などがあった[11]。副村長の仕事は村長の仕事と共通していたが、村のクワーン（「議事会」）を召集し主宰する役割は副村長に課せられていた。一方、村長は村のクワーンには出席しなかった。

ポーパンは村外からの客の接待、伝達、集会の召集、防火の呼びかけなどの仕事を行い、副村長と並んで村のクワーンの構成員であった。クワーンの構成員四人のうち、この二人が報酬を受ける役職者だった。

ポーツァーン、ポーモーは宗教関連の役職者である。ポーツァーンは通過儀礼と仏教関連の宗教儀礼を行うのになくてはならない存在であったという。仏教儀礼においては、ポーツァーンは在家側のまとめ役、代表者としての役割を担っていた。また、ポーモーは村落の守護霊をまつる祭司であった。ポーモーが村落の欠くべからざる役職者として存在していること、それがツァオバーン（村落の主）と呼ばれる場合もあることは、村落守護霊を拠所とした村落の観念の存在を示すものと言えよう。

以上の五つの役職が、職田や各戸から供出される米の受領などの報酬を受けている職であった。職田や米受領がない村落役職者の中では、タオケー（郷老）[12]という役職者も村のクワーンの構成員として欠くことのできない存在だった。村落内で起こった民事紛争の解決は、村長、副村長とともにタオケーの職務でもあった。タオケーはそのうち主として家庭内のもめ事の調停に関わったという。タオケーが職に伴う報酬を受けない理由は、タオケーがいわゆる「頭人」ではなく一般農民の立場に立った存在であったからだと説明される。タオケーの中心的職務が村落の「頭人」と一般農民との間を取り持つことだったという点にも、その立場が表れている。さらにこの事実から、村落においては「頭人」すなわち職に伴う報酬を受けるものと一般農民とが区別して扱われていたことが分かる。

その他、報酬を受けない役職者としてフンヘク（書記）、パンムン（水利管理役）などがいた。また、特に男女関係に関する問題はナーイバーオ（若者頭）、ナーイサーオ（娘頭）という役職者によって処理された。秩序維持、犯罪者の処罰にはクンハーン（戦士）という村落役職者が関わっていた[13]。また、役職者と呼べないかもしれないが、『調査報告』中で役職者に関してと同時に報告されているのは、大きな村落には金・銀細工師、商人、医者、歌の専門家（ツァーンハプ）なども存在していたということである[14]。

以上見てきたように、一つの村落の中に、自治行政、紛争解決[15]、秩序維持、宗教文化活動、用水管理、農具や装飾品の調達、その他の各種サービス調達など、各分野担当の役職者あるいは専門家がそろっていた。役職者の活動を通して、農民の日常的社会生活に関わる問題は基本的には村落の枠組内で処理しえたと言えよう。

役職者のうち、村長とクンハーン（戦士）のみは、その職務としてムンと直接の交渉を持つことがあった（後述）。この二人の役職者が村のクワーンから排除されていたことから見れば、村落の審議機関クワーンは原則としてムンとは切り離された自治的、自律的機関として機能していたと考えてよいだろう。

また、村落の重要な役職者は、職に伴う報酬を受けるという点で一般農民とは区別されて扱われていたことが見出せた。しかし、村長やポーモー（司祭）の職が世襲の場合もあるのを除いては、役職は世襲ではなかった。豆を投げるなどの占いで役職者を決めていた村落もあったという［歴四：2］。ここから、村落の「頭人」／一般農民という上下の序列関係の存在と、その根本にある村落住民間の平等志向との並存が読みとれるだろう。

二　村落から見たムン権力

(1)　土地をめぐる村落の性格——税との関係

第三章でも述べたように、村落によって、その領域内に農民所属田しか持たない場合もあれば、王族所属田しか持たない場合、両者を合わせもつ場合もあった。農民所属田はもちろんのこと、王族所属田が領域内にあっても、領域内の耕地の管理は、ほぼすべてその村落に任されていた。領域内耕地が村落内各世帯に割りふられる時には、どの田が農民所属田でどの田が王族所属田にあたるかということは無視され、各戸に対してほぼ平等になるようにという条件のみに照らして分配された(16)。

村田に付随するとされる徭役および村落領域内の王族所属田からの収穫米上納は、ムン権力が村落という社会的枠組に一括して課したものであり、その納税の責任を負うのは村長である。ツァオペンディン田の耕作徭役も、村落という枠組に対して課せられたという点では同じである。それら税負担の、村落内での分配に際しては、村全体でどれだけ納税しなくてはならないかということを見た上で、村落成員として分配地を持つものすべてに対して、平等に同じ質、同じ量ずつの負担を課した。例えば一つの村落領域内に、村田と王族所属田とが併存する場合には、分配地としてどちらに属する耕地を与えられたかに関わらず、すべての世帯が、村田耕作に伴うとされる徭役と王族所属田に伴うとされる上納米の両者を、同量ずつ負担したのである。

村落からムン権力に納める税としては、もう一つ、土地に直接結びつかない税である、村落の担当大臣（ポーラーム・バーン）に対する徭役や貢納があった[17]。それも、村全体で納めなくてはならない量を村落成員すべてに平等に課したという点では、その他の税と同じであった。

村落で分配地を与えられる前提条件である村落成員としての義務負担の中には、このようなムン権力への税負担も含まれていた。世帯数の増減は、分配地の増減と反比例的な関係があるが、税負担の増減とも反比例的に関わることとなる。したがって、村落への移入者や村落からの移出者の管理は、村落成員全員参加の集会によって検討されねばならない重要な問題だったのである（注4参照）。

この税負担分配法からは、税負担を村落の成員権に付随するものと考える論理を見出すことができる。徭役と収穫米上納を耕地自体に付随するものとするムン側の論理が、ここでは適用されないことには注目すべきであろう。

以上より、土地分配に加え税負担分配についても、村落内では平等分配の志向性が強いこと、農民の移入・移出に対する厳格さの原因の一端は税の村請制度にあったこと、土地に課税するというムン側の論理によって支配しえた対象は農民個々人ではなく村落という枠組までであり[18]、個々の農民は村落内の論理にしたがって村落成員として対応していたこと、などが確認できよう。

(2) ムン権力に対する村落役職者

〈ムンから村落役職者への称号授与〉

村落の重要な役職者に選ばれたものは、就任の際、ムンから称号が贈られることになっていた。称号には、上からパヤーロン、パヤー、ツァーロン、ツァー、セーンロン、セーンという六種があり［歴二：32］、最上位のパヤーロンを除く五種が、村落役職者に授与されうる称号であった。[19] 一つの村落で複数の役職者に称号が与えられている場合には、村長が最上位の称号を持っていた。

村長の称号が何であるか、同一村落の役職者のうち何人が称号保持者であるかは、村落の古さ、大きさ、ムンにとっての重要度などによって異なっていたという。ある意味では、称号は役職者個人に与えられるものでなく、村落という社会的枠組に与えられるものであったと言えよう。逆にいえば、ムンがどのような称号をいくつ与えるかによって村落の格付けがなされ、村長の称号の違いが村落を超えるレベルの審議機関での発言権、影響力に差を生じさせたかもしれない。ムン権力による称号授与が、村落間の序列関係を固定化あるいは再編していた可能性があるのである。称号を受ける時に一定額の納入金をムンに納めなければならなかったが、それは村落住民が平等に出しあって集められた。称号授与が村落全体の利益につながるとすれば、村落成員の義務として納入金を分けもつという負担のしかたも不自然ではない。

〈称号を持つ村落役職者の免税特権〉

5-2節の一(2)で述べたように村落の重要な役職者には一般の分配地とは別に職田（「頭人田」）が与えられる場合があったが、職田に対してはムンへの徭役も収穫米上納義務も一切課せられなかった。また、役職によっては、一般の分配地を持っていても、分配に対する義務であるムンへの徭役に、その役職者がしたがう必要がない場合もあった。

これらは一見、村落役職者という個人に対してムン側から与えられた優遇措置のようである。しかし、前述したように、ムンへの徭役、収穫米上納は農民世帯に割りあてられた個々の耕地に課せられるのではなく、村落全体にまとめて課せられるものだった。とすれば、職田分を余分に保有していてもその分だけ多くの徭役に従事したり多くの収穫米を出したりする必要がない、または、分配地を保有していても徭役に出たり収穫米を出したりする必要がないという取り決めは、村落での税負担分配のレベルで行われたことになる。さらに言えば、村落の役職に関わる仕事を遂行することが徭役、上納米負担という村落成員の義務の代わりである、あるいは、徭役、上納米負担の免除は、職田や米の授与と同様、役職に対して村落から与えられた報酬であると考えることも可能である。ムンがこの優遇措置に関わることができたとしたら、それは役職者に与えられる職田と分配地の分だけ、村落に課する税を減らすということのみである。[20] 村落役職者に対する優遇措置は事実上、村落枠内で実現されねばならないものであり、ムンとは間接的な関わりしか持たなかったと言うことができよう。

以上、村落の役職者とムンとの関わりを、ムンからの称号授与と、ムンへの徭役や収穫米上納義務免除の特権について考察した。称号を受ける時のムンへの納入金を村落住民が平等に出しあったという事実は、村落内における平等志向性を示すと同時に、ムンから称号を授与されるのは一個人ではなく村落という枠組であったことを示すものである。また、村落役職者に対する優遇措置が実質的には村落枠内で実現されていたというのも、ムンが個々の農民と直接つながるチャンネルを持たず村落という枠組を通してのみ人々と関わっていたことの証拠となろう。[21]

5-3 耕地をめぐる村落間の関係と税負担の実際[23]

次に、村落間に取り結ばれる関係について、耕地と税負担をめぐる問題に焦点を当てて考察していきたい。また、『調査報告』中には、ある村落に別の村落が「附属」するという村落間関係についての言及があるが、その具体的関わり方についても、耕地や税負担という視角をもって考察してみたい。

一　村落間の耕地貸借関係

(1)　村落間の耕地貸借

前述のように、村落領域内にある耕地は、原則としてすべてがその村落の管理下にあり、村民にほぼ平等に割りふられた。しかし、村民の労働力に対して耕地の過不足がある場合は、村落間の耕地貸借が行われる。一つの村落が、集落から遠い耕地を貸し出し、集落に近い別の村落の耕地を借り入れるという例も頻繁に見られた［歴四：20など］。また、村落領域内で別の村落が開墾、耕作を行った場合も、その村落に耕地を貸し出したものとして、開墾の三、四年後から収穫米の一部を納入させたという[23]。

村落間の耕地貸借に関わっている村落は、次の三つのうちどれかに該当することになる。

① 貸し出すのみの村落：住民が耕作できる以上の耕地がある場合。

② 貸借を同時に行っている村落：集落から遠いなど耕作するのに不便な耕地を貸し出し、集落に近い別の村落の耕地を借りている場合。このような村落には、借りる耕地と貸す耕地が同量になる場合とならない場合があるだろう。同量にならない場合は、領域内の耕地が余っている場合と不足している場合の両者が想定できる。

③ 借りるのみの村落：領域内の耕地が不足している場合。

ムンツェンフンでは、この三つの例がすべて見られる。

村落間の耕地貸借は、村落単位で行われるのが基本的な形であった[24]。耕地を借りた村落から耕地を貸した村落へは収穫米の一部が納入されることになっていたが、その受け渡しもそれぞれの村長が代表者となって村落単位で行われた。

村落単位での米の「収入」と「支出」を考えてみると、「収入」として考えうるのは貸し出している耕地からの納入米であり、「支出」は借り入れている耕地についてその耕地の所属村へ納める米とムンへの納入米である。「収入」ばかりの村、「支出」ばかりの村、「収入」と「支出」と両方があり差し引きすると「収入」が多くなる村、「支出」が多くなる村と、それぞれの村落によって事情は違うであろう。

結果的に「収入」が多くなる場合、米は村民に分配された。分け方は、村落内各世帯が平等に分けあう場合と、「頭人」が多めにとってその残りを一般農民の間、または特に生活の苦しい農民の間で分けあう場合とがあった。

結果的に「支出」の方が多くなる場合は、村落成員すべてに対して、平等に同じ量ずつの米供出を課した。5－2節ではムンへの納税についてしか触れなかったが、実際は村落間の耕地貸借も含めて、村全体でどれだけ出さなくてはならないかということを見て、各世帯に平等に米供出負担を分配していたのである。
以上から、耕地貸借においては、対外的交渉の単位が個人ではなく村落であったことが分かる。また、村落内の余剰米の分配や供出米の負担分配のあり方からは、「頭人」／一般農民の上下の序列関係とともに、村民間の平等志向をも見出すことができる。

(2) 耕地貸借におけるタイムン村落と「クンフンツァオ」村落

『調査報告』によると、村落間の耕地貸借に関して、王族、タイムン、レークノイ、ホンハーイそれぞれに異なった傾向が見られるという。まとめてみると、以下のようになる[25]。

王族：王族の村落同士で貸借を行う。
タイムン：貸す例、借りる例ともに見られるが、全体としては、貸し出す方が主である。東南部山地の六村落を除いた一一の村落すべてが耕地を貸し出している。貸し出し先の村落はレークノイ村落が二〇村、ホンハーイ村落が四村となっている。
レークノイ：貸す例、借りる例ともに見られるが、全体としては借りる方に重心がある。
ホンハーイ：個々の農民間では同じホンハーイの村落の間で貸し借りする例も見られるが、村落単位で貸し出す例はない。主として借りる側である。
一般的傾向としては、タイムン村落が貸す側にまわり、「クンフンツァオ」（レークノイ、ホンハーイ）村落が借りる側にまわる傾向が強かったと言えよう。

第三章でも述べたように、一般に、村落領域内の耕地の広さは、タイムン、レークノイ、ホンハーイの順に狭くなる傾向が見られる(表3-3参照)が、実質上、耕作を行う耕地面積は土地貸借によって均衡化されていたという。

二　税負担の他村落への転嫁と耕地貸借

すでに述べたように、耕地を貸し出している村落の場合、その耕地から入ってくる使用料としての米をムンへ納入する分にあてて、実質的に税を軽減、解消することが可能であった。(26) これは、いわば、耕地貸借という関係から間接的に生じたものであった。

一方、実際に他村落に税負担を転嫁するという形での、税軽減、解消の事例も見られた。以下、事例を挙げながら、詳しく見ていこう。

(1)　ポーラーム田からの米上納——バーンターの事例

タイムン村落、バーンター(村落番号1)の領域内にホンハーイの人々が新たに村落をつくった。そのホンハーイ村落がバーンター領域内に開墾した耕地を、バーンターは自らの村田と位置づけて、耕地を貸しだしていると見なし、耕地使用料として米を納めさせていた。しかし、あるポーラーム(ムンの大臣)が「土地台帳」をひそかに書き換えてしまい、ポーラーム田としてその耕地の収穫米の一部をそのポーラームに納めなくてはならなくなった。バーンターは、ポーラーム田となった耕地の耕作をそのままそのホンハーイ村落に続けさせ、それまでの耕地使用料に加えて、ポーラームに納める米を上乗せして徴収し、それをバーンターからのものとして納めたという[歴四・

207］。

ポーラーム側にしてみれば、バーンターが責任を持って上納米を出せば、実際に耕作するのが誰でも、得られる物と量に違いはない。また、バーンターにとってみれば、上記のような方法を取れば、ポーラーム田ができたといっても、実際はそれ以前と何も状況は変わらなかったのである。ここでは、それが、領域内での別村落による耕地開墾という形での耕地貸し出しに伴うものであったことに注目しておきたい。

(2) ツァオペンデイン田の耕作徭役――ナーヨンの事例

第三章3-4節の二で見たように、ナーヨンの耕作徭役は、計七ヨンのうち、二ヨン分がバーンニウ（村落番号49）に、一ヨン分がバーンホームン（48）に、一ヨン分がバーンモーロン（59）、一ヨン分がバーントゥー（69）に課せられていた。その他、バーントゥンラオ（58）二ヨン、あるいはバーントゥンラオ（58）一ヨンで、あと一ヨンはバーンツェンラーン（66）という形になる。

さて、実際耕作を行っていたのは、必ずしもムン権力から耕作徭役を課せられた村落であるとは限らなかった。バーンニウ（49）の二ヨンはバーンツェンラーン（66）が、バーントンゥラオ（58）の一ヨンはバーンノンハム（55）が実際の耕作を行っていた。また、バーントゥンラオがあと一ヨンの耕作を受け持つことになっていたとしても、それもバーンツェンラーン（66）によって耕作されていた可能性が高い（図3-2参照）。バーンツェンラーンはレークノイ村落、バーンノンハムはホンハーイ村落、すなわち、実際の耕作を肩代りした二村落はどちらも「クンフンツァオ」村落であることにも注目すべきであろう。

バーンノンハムは、バーントゥンラオから耕地を借りうける交換条件として耕作を肩代りしたのだという。バーンツェンラーンの事例の方には、どのような経緯で耕作徭役を肩代りさせられるに至ったのか、『調査報告』中には何も記述がないが、バーンノンハムと同様の理由による可能性もある。

(3) ツァオペンデイン田の耕作徭役——ナートゥンウェンの事例

徭役によって耕作された一〇〇ナー、一五丘のうち、バーンツェンポム(37)に一丘、バーンヒム(38)、バーンツン(40)にそれぞれ二丘ずつ、バーンターに(1)に一〇丘という形で耕作徭役が課せられていた[27](3-4節の二参照)。単純に計算すれば、一丘は六・七ナーほどに相当することになる。

実際は、バーンターは、一〇丘の半分の五丘だけを自ら耕作して、残りの半分は三丘をバーンクワーン(23)に、二丘をバーンコンワット(9)に耕作させていた[歴四:145]。どちらもレークノイの村落である。

バーンクワーン(23)の方は、バーンター(1)の近くにあり、バーンターから耕地を借り入れていたと『調査報告』中に書かれている。バーントゥンラオに対するバーンノンハムの場合と同様に、土地を貸し与える交換条件として、バーンターがバーンクワーンに耕作義務を肩代りさせた可能性もあろう。

バーンコンワットは、ナートゥンウェンの中の一〇〇ナーを、別に上納米免除の「労役田」として耕作している。バーンコンワットにすれば、その「労役田」に隣接する二丘すなわち一三〜一四ナーほどの耕地を耕作し、全体として一一三〜一一四ナーの中で一三〜一四ナー分の収穫米にあたる量だけを上納しているという感覚になるであろうか[28]。一ナーにつき同量の収穫が得られるとすれば、バーンコンワットは全収穫物の一二パーセントほどを納めている計算になる。耕地使用料を納める形のツァオペンディン田やポーラーム田から収穫量の約一〇パーセントの米が納められているのと、比率としてはそれほど大きな違いはない。

以上、実際に他村落に税負担を転嫁するという形での税軽減、解消の事例を検討してきた。タイムン村落、バーンターのポーラーム田は、領域内に「クンフンツァオ」村落が開墾した耕地をポーラーム田にされてしまったわけだが、バーンターは実際の耕作を行っていたその「クンフンツァオ」村落に、耕地使用料に加えてポーラームに納める米を上乗せして徴収するという手段を取り、実際は何も負担を負わなかった。負担が増えたのは、「クンフンツァオ」村落の方のみであった。「クンフンツァオ」村落は、耕地をその後も借りつづけるためにも、貸し主であるバーンターの負担を肩代りせざるをえなかっただろう[29]。

ツァオペンディン田の方では、「クンフンツァオ」村落がタイムン村落の耕作徭役を肩代りしていた事例が数例ある。それを引き受けざるをえない理由として、耕地を貸し続けることを交換条件にして肩代りを強制されたということがあったのは確かである。その事例として『調査報告』に示されているのは、ナーヨンのバーンノンハムの一例だけであるが、これは他の事例にもあてはまる可能性が大きい。例えば、バーンクワーンがバーンターの耕作徭役を肩代りした背景には、バーンターから耕地を借り入れていたという事実が大きく影響していただろうことは想像に難くない。

以上をまとめてみると、村落間の税負担の転嫁の事例は、すべてタイムンから「クンフンツァオ」への、王族所属田に関わる税負担転嫁であり、それは村落領域の広さにおいてタイムンが「クンフンツァオ」より優位に立っていたことや、それから派生する、タイムンから「クンフンツァオ」への耕地貸付と関連していたということになる。

一方、第三章でも見たように、ムン権力がタイムン村落に税負担を課したねらいは、特に耕作徭役について言えば、米の確保にあったばかりでなく、タイムンに耕作徭役を課すという形式自体にもあったかもしれない。王族所属田がムン公民であるタイムンの徭役によって耕作されるという形そのものが、ムン支配の原則的形式として重視されたと見ることができるのである。

ただ実際は、ムンツェンフンの支配権力は、「クンフンツァオ」村落領域内の、おそらくその村落に開墾させたツァオペンディン田の一部のみを、タイムン徭役用耕地に流用するという手段を取っていた（ナートゥンウェン、ナートゥンナー）。そして一部のタイムン村落は、その耕作徭役を「クンフンツァオ」村落に肩代りさせた。つまり、ツァオペンディン田をめぐっては、耕作徭役を課すものとしてのムン権力と、課されるものとしてのタイムンとの間に、「クンフンツァオ」の存在があったということになる。

他のムンでは、「クンフンツァオ」も王族所属田も主要な税の財源とはなっていなかったのに対して、ムンツェンフンでは、直接の支配対象として、まず「クンフンツァオ」があり王族所属田があった。タイムンは、ムンツェンフンの権力にとっては、「クンフンツァオ」や王族所属田を媒介として、その向こう側に存在するものであった。ムン権力とタイムンとは、「クンフンツァオ」の存在を通して、いわば間接的につながっていたのだということができよう。

三　村落間の「附属」関係

(1)　「附属」関係と土地貸借

『調査報告』中には、「附属寨」という言葉がしばしば現れる。これは、ある村落に「附属」するような立場にある別の村落を指す言葉である。『調査報告』によると、「附属」の端的な意味は、他の村落の管轄下にあり、ムンの

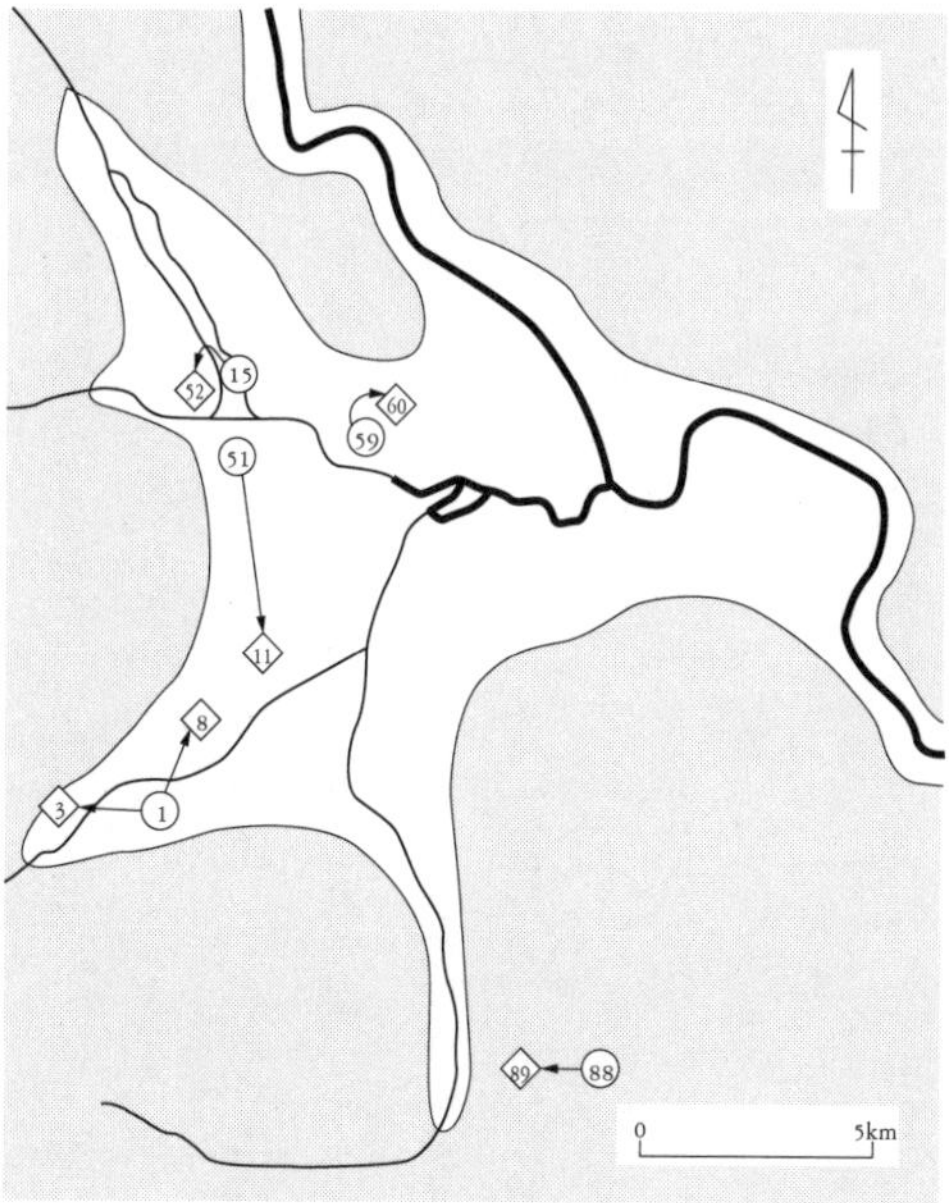

図5　『調査報告』中に表われる「附属」関係
実線矢印の先の村落が，その矢印の基部の村落に「附属」している．
○：タイムン，◇：ホンハーイ村落（出典：『歴四』80ページ）

行政単位としても独立した村落と認められていないということである。「附属」村を持っている村落は、ムンから課せられた税負担の一部を「附属」村に分けもたせることができた。また、行政機構の上でも「附属」村を持つ村落とその「附属」村とは、同じ行政単位の中に組み入れられていた(30)（第三章注25、図3－1参照）。

『調査報告』中に現れる「附属」関係を図示したものが図5である。実線矢印の先の村落が、その矢印の基部の村落に「附属」している［歴四：80］。

この図から読み取れるのは、実線矢印の先にあるもの、つまり別の村落に「附属」しているものはすべてホンハーイの村落である（村落番号3、8、11、52、60、89）こと、実線矢印の基部にあるもの、つまり「附属」の村落を持つ方はすべてタイムンの村落である（村落番号1、15、51、59、88）こと、および、「附属」関係は比較的距離の近い村落同士の間に成立していたことなどである。

別の村落に「附属」している村の起源は、もともと存在したタイムンの村落から分かれでて新しい村落を作ったもの（出自上の関係）、あるいは、外からやって来てタイムンの村落領域内に新しい村落をつくったもの（立地上のみの関係）の二種類があるという。そのような村落は、普通、村落をつくる段階で、タイムンの村落領域内に耕地を開墾して、その耕地を借りるという形をとって生活することになる。その場合、タイムンの村落に対して収穫米の一部を耕地使用料として支払うのが一般的である。

さて、村落創建時の出自や立地に関連して耕地貸借関係が生まれた場合、タイムン村落から土地を借りる側にはレークノイ村落も含まれていたと考えられるが、レークノイで「附属」村として扱われている村はない。「附属」村は、別の村落から土地を借りていることに加えて、その村落を通してのみムンと接触できるという立場に置かれた村落なのである。そして、このような関係は、実際には、ホンハーイ村落がタイムン村落の「付属」村になるという形でのみ、存在していた[31]。

5-4　おわりに

本章においては、村落農民たちが、ムン支配をどう受け止めていたかに関する考察を試みた。その結果、王族所属田への課税や村落役職者への称号授与、免税措置など、ムン権力からの働きかけは、村落内の論理で読みかえられたうえで実践されていたことが明らかになった。利益も負担も、個人ではなく村落というまとまりにもたらされたものと認識され、村落内の「頭人」／一般農民という上下関係の存在とその根本にある平等志向に照らして分配されていた。

広い領域を持つなど、条件に恵まれた村落は、別村落との関係において、ムン権力によってもたらされた税負担を軽減することもできた。まず、第一に、領域内の耕地を別村落に貸して耕地使用料を取り、それをムンへの上納米またはその一部とするという方法があった。もしムンへの上納米を払ってまだ余りがあれば、それは村落の得た利益として、「頭人」／一般農民の上下関係と一般農民間の平等志向に照らして分配されていた。第二に、耕地を貸与しつづける交換条件として、耕地を貸している村落に徭役を肩代りさせたり、ムンへ上納しなければならない分も上乗せしてその村落から耕地使用料を納めさせたりするという方法があった。第三に、「付属」村を持ち、ムンへの税負担の一部を肩代りさせるという方法があった。

この関係は、一般に、タイムン村落が「クンフンツァオ」村落を利用して税の軽減をはかるという構図になっていた。タイムンはムン支配を、「クンフンツァオ」という緩衝地帯を通して、軽減された形で受け止めていたのである。

註

（1）村落（バーン）に関する情報は、『歴四』と『歴二』の内容による。『歴四』は一冊すべてがムンツェンフンについての調査報告である。『歴二』は、馬曜による、シプソンパンナー全体についての総括報告であるが、その中にはムンツェンフンの事例をひいて議論しているところがかなりある。ここではそれも議論の材料とした。

（2）『歴二』三五ページには、村落境界が厳格に守られていた事例が挙げられている。

(3) 各戸に与えられる分配地の量は、その労働力の多少によって異なることもあった。原則として「負担」は各戸に平等に分担されることになっていたが、分配地の量の多少に応じて「負担」の量が増減した可能性もあろう。

(4) 移入、移出についても、村民全員参加の集会によって決定されたという。それは、その集会のもう一つの重要審議事項である耕地割替と密接に関わる事柄である。

ムンツェンフンにおいては、村落への移入と村落からの移出の際に、村落の守護霊に捧げ物をすることが必要だった［総一：21-24］。

(5) 一年に一度割替が行われる村落が多かったようである。一九五四年以後のムンツェンフンにおける割替の状況は、『歴四』の一三一～一三八ページに記されている。なお、桜井由躬雄は、大陸東南アジア山間盆地部のタイ族の社会に見られる割替を中世的割替と呼んで、東・東南アジアにおける割替の中に位置づけている。桜井は、「いまだ商品経済が未成熟で、自給農業が主体であった段階に、外部または内部に経済外的強制力をもった階層が成立した時、本来の即時的な共同体的割替規制が新たな権力によって固定化、もしくは発展強化される場合」の典型的事例として、山間盆地部のタイ族社会を取り上げている［桜井 1983］。

(6) 個人間の耕地貸借には、労動力・畜力が足りない、苗が枯れてしまったなど、何らかの理由で自ら耕作できないものが耕地を貸し出す例が多い［歴四：16］。ただし、ムンツェンフンでは、商業や高利貸を営むものが分配地を貸し出していた例も挙げられている［歴四：15］。

(7) 本書では、村落レベルにせよ、より上位の社会的枠組におけるにせよ、そこでさまざまな役職につくものを役職者と呼ぶ。ただし、ムンレベルでムン内の支配に関わる職を得るものに対しては、大臣、官僚あるいはポーラームという言葉を使う。

(8) もととなる情報は、『歴二』三一～三四ページ、『歴四』二四～二五ページにある。

(9) 二八村を調査したところ、村落の役職者のための田を設けているのは一二村だけで、他は村内各戸から一ハープから三ハープの米を役職者に渡す形を取っていたという［歴四：11］。

(10) 貧しい村ではポーパンにのみ役職に伴う報酬を渡していた場合もあったという［歴四：11］。

(11) 村落代表として村落を超えるレベルの会議に出席するのも村長の役目であった。その旅費は村落住民が平等に出しあい、留守中の村長の仕事は村落住民が平等に分担して手伝ったという。この事実から、村長の対外的な活動は、村落成員の義務として支援すべきものと考えられていたことが分かる。

村落を超えるレベルの会議とは、中間的行政単位であるロンの審議機関クワーンロンにおける会議や、ムンの審議機関とは別に、村落農民によって形成されるクワーンムン（ムンのクワーン）という審議機関の会議である。

(12) タオもケーも「老いた」という意味の言葉である。ここでは、『調査報告』中の漢語訳にしたがって、「郷老」という訳語を用いた。

(13) ムンツェンフンでは、とらえられた犯罪者はクンハーンによってムンのサーナームに連れてこられることになっていた［歴四：71］。また、戦争の際には、ツンハーンなど軍事を司るムンの大臣（ポーラーム）に率いられて従軍した［歴四：72］。この意味で、クンハーンは、村長と並んで、村落を超えた組織とのつながりを持っていたと言える。村落を超えた行政組織・軍事組織の中に組み入れられている村長とクンハーンが、村落の審議機関構成員からはずされていることには、あるいは、ムンと直接につながることを避ける、村落という社会的枠組の性格が表れていると言えるかもしれない。

(14)『調査報告』中では、これらのものも「頭人」の言葉のもとに一括している。彼らのように特殊な職能を持つものや商人も、村落成員である限りは、一方では農民として耕地を分配される権利とその耕地を耕作し定められた量の米を供出する義務があった。

(15) 村落における裁判、処罰の基準となるのは、マンラーイ法典など、インドシナ半島北部タイ族に広く用いられた法典類であり、ムンレベルで用いられていたものと同じである。村落の「頭人」になるためには法典の内容を熟知していることが必要だったと言われる。

(16) どの田がポーラーム田であるかということも曖昧になっている場合もあった。また、ポーラームの側も、一般に、どの田がポーラーム田であるかということを知らないまま、耕地使用料を取っていたという[歴四：9-10]。

(17) ポーラム・バーンに対する徭役や貢納の内容については『歴四』一四七、一四八ページにまとめられている。どのポーラームがどの村落の担当になっているかの具体的対応関係は『歴四』八七ページに記載されている。

村落と同様に、各ロンにも担当大臣が決まっていた。このように、ムンの大臣たちは、ロンやバーンと直接の関係を結んでいたのである。

(18) だが、実態は伴わないにしても、ムンツェンフンの支配権力が、個々の具体的耕地への課税という概念を持っていたことも軽視すべきではない。

村落（バーン）在住のタイムン農民たちにとって、現実に意識されるムン権力とは、行政組織の最上部に間接的につながっている行政機関ではなく、むしろ一対一の対面的な保護・被保護関係でつながっているポーラーム・バーンであったはずである。この一対一の関係の集積が、ムン支配の中で大きな比重を占めていたと予測できよう。

そして、ムン権力が一対一の関わりを持った行政単位であるバーンとロンは、それぞれ農民の生活維持のうえで重要な意味をもつ社会的枠組であったことに注目すべきである。

(19) パヤーロンの称号を持つものは、多くはムンの審議機関サーナームに属する大臣、官僚であり、城市ツェンフンに住んでいた。一方で、パヤーロンの称号を持ちながら村落で生活するものもあったが、彼らは村落レベルの役職者ではなく、村落を超えたレベル、すなわちロンやロンを統合したさらに上のレベルの役職者であった。

(20) ルンターという、王族所属田から収穫米をムンに納入するに際しての監督者も、税を免除されていた。ルンターに任命されるのは、主に村長職にあるものだったらしい。よって、ルンターとして免除される分の米も、村落内では村長職に伴う報酬と位置づけられていた可能性がある。

(21) 以上から抽出された村落（バーン）というものの姿は、次のようにまとめられるだろう。

1　農民の日常的社会生活に関わる主な問題を自律的、自己完結的に処理しうる機能が村落に備えられていたこと。
2　村落内の「頭人」／一般農民という上下関係の存在と、その根本にある平等志向の存在。
3　ムンは、個々の農民を支配の対象にすることはできず、村落という社会的枠組を直接の支配対象としていたこと。

(22) 5-2節で述べたように、ムン権力による村落役職者への称号授与が、村落間の序列関係を固定化あるいは再編していた可能性がある。だが、その実際は、『調査報告』中には具体的事例としては言及されていない。よって、ここでは、称号が村落間関係に与える影響については、議論できない。

(23) 例えば、レークノイの村落、バーンツェンタイ（16）が、タイムンの村落、バーンドンテン（17）の領域内に開墾した五〇〇ナーの田からは、三年後からバーンドンテンに対して耕地使用料を支払うことになり、バーンドンテンの村田と位置づけられるようになったという［歴四：6］。

(24) 個人間の耕地貸借もあった（注6参照）が、それが異なる村落の農民の間でどれほど行われていたかは不明である。

(25) もととなった情報は、『歴四』一二五〜一二六ページ、一二九〜一三一ページ、二〇五ページなどにある。

(26) ムン権力への税について各村落の事例を確認していくと、税を課されているといっても、実質上、その村落の負担となっていない場合もある。例えば、もとは城市にいて配膳の仕事を担当していた、ホンハーイのバーオツァーイという範疇の人々が、二〇世紀に入ってからタイムンの村落であるバーンターに移住してきた。その配膳の仕事は彼らが引き続き行い、それが形のうえではバーンターに課せられた徭役となっているように見えるのである［歴四：199］。

(27)『調査報告』中には、ナートゥンウェンの耕作徭役をする村落として、この四か村に加えてバーンドンテン（17）というタイムン村落の名も挙げている記述もある［歴四：184］。

(28) バーンコンワットがバーンターから耕地を借りるという関係があったかどうかについては、『調査報告』中には何も記述がない。

(29) バーンドンテン（17）というタイムン村落についても、その村の老人の話によれば、村田のうち一〇〇〇ナーが、ホイダーンバーンホンという大臣のポーラーム田にされてしまったという［歴四：8］。だが、一方で、領域内にバーンツェンタイ（16）というレークノイ村落の開墾した田、五〇〇ナーを村田にして、バーンツェンタイから耕地使用料を取っていたということも、バーンドンテンの老人から聞いた話として『調査報告』中に収録されている［歴四：6］。『調査報告』中では、この両者の間を関係づけるような報告はなされていないが、ポーラーム田ができてムンに納めなければならない米負担が、他村からの耕地使用料で軽減できたのは確かであろう。

(30)「付属」村落の「付属」の仕方の具体例は、第六章参照。

(31) ここまで見てきた、ムンツェンフンにおける村落間の関係をまとめると、以下のようになる。
1　耕地貸借など複数の村落間にまたがる関係においては、個人ではなく村落が対外交渉の単位であった。
2　別の村落から耕地使用料として納められた米の分配、あるいは、別の村落への耕地使用料負担の分配には、村落内の論理として、平等志向性と村落「頭人」／一般農民の序列関係が存在した。

3　タイムンから「クンフンツァオ」へ耕地貸与、税負担の転嫁がなされる場合が多い。耕地貸与は、税負担の転嫁の際の強制力となる。

4　ムン権力からタイムン村落への課税には、間に緩衝地帯としての「クンフンツァオ」村落の存在があった。

5　ホンハーイ村落がタイムン村落に「付属」する例が存在していた。

第6章

「支配者」としてのタイムン村落
——バーンターの事例

6-1 はじめに

ムンツェンフンにおいては、タイムン村落と「クンフンツァオ」村落との関係のあり方として、一般に、タイムン村落が「クンフンツァオ」村落より優位に立った形での関係を結ぶ傾向があることが、前章の考察で明らかになった。すなわち、「クンフンツァオ」村落がタイムン村落から耕地を借りたり、「クンフンツァオ」村落がタイムン村落に課せられた税を肩代りしたり、「クンフンツァオ」村落(ホンハーイ村落)がタイムン村落の「附属」村となったりした事例がいくつもあることが示されたのである。

さて、前章でも紹介したが、バーンター(村落番号1)というタイムン村落については、さまざまな「クンフンツァオ」村落にさまざまな税を肩代りさせた事例が『調査報告』中に紹介されている。また、バーンターは、複数の「附属」村をもっている唯一の村落であり(図5参照、図中の①)、耕地の貸し出しも大規模に行っている。[1] 本章では、他村落への耕地貸出、税の肩代りの他村落への強制、「附属」村の存在、の三者が同時に表れる、このバーンターという村落について、他村落との関係を中心に具体的に考察してみたい。そして、それを通して、ムンツェンフンに特徴的である多数の「クンフンツァオ」村落立村が、先住のタイムンにどのように受け入れられていたのかということについても考えてみたい。

バーンターの事例は、中国人の研究者による研究においても取り上げられている。例えば、宋蜀華は、バーンターを、村落の「頭人」が「公僕」から「統治者」へと変わった例として挙げている。宋は、バーンターの村長がバーンターの村民や周辺の他村落を支配したという点を強調するのである［宋蜀華 1963］。一方、曹成章はバーンターを、ムン権力に土地を取られ続け、その領域内にムン権力の附属農民すなわち「クンフンツァオ」の村落がつくられてしまった例として紹介している。曹はまた、バーンターがそれら「クンフンツァオ」村落に税の一部を肩代りさせたことを示して、ムン権力による「クンフンツァオ」村落の立村はバーンターに利益をもたらしたと書いている［曹 1980：69–70, 1986：43, 45］。

宋蜀華は、ムン権力との関わりには触れずに村落側に視点をすえて、バーンター村長による権力の掌握を論じている。曹成章の方は、バーンターがムン権力に支配されていたという前提のもとに、ムン権力の伸張という視点からバーンターの事例を見ている。宋も曹も、『調査報告』のもととなったデータを用いて分析をしており、そう解釈できる可能性のある具体例の存在という点では、この二つの見方にはどちらもそれなりの確からしさがある。ならば、この両者の要素を統合して、新たなるバーンター像を描くことは可能であろうか。

筆者は、バーンターと周辺村落との関係を主要な分析対象とする。その際、バーンターが周辺村落との間に築く一種の支配従属関係に注目するという点では、宋に近い分析視点を持つことになるが、曹のいうムン権力の伸張という側面も合わせて整合的に説明する枠組を打ちだしたいと考える。

論を進める順序としては、まず、バーンターという村落自体の持っている特徴について、主に他のタイムン村落との比較をしながら見ていく。次に、バーンターと周辺村落との関係を分析し、バーンターの周辺村落に対する力の及ぼし方とムン権力の支配の仕方との間に類似点があるかどうかを検討していく。最後に、ムン権力の伸張とバーンターの周辺村落への権力伸張との間にはどのような関係があるかについて考察していきたい(2)。

6-2

タイムン村落、バーンター

一　ロンサーイにおけるバーンター

第三章で述べたように、ムンツェンフンでは、最上位行政単位であるロンは四つあり、そのうち三つが、タイムンの村落をまとめるものとなっていた。ロンホンとロンサーイとロンホイである（図3-1参照）。バーンター（村落番号1）は、そのうちロンサーイに属していた。

さて、東南部山地のタイムン村落をまとめるロンホイは、行政組織の上ではロンサーイの中に含まれており（図3-1）、ロンホイを構成するタイムンの村落五つのうち、ロンサーイの審議機関に加わっているのは二村落だけであった。パヤーロン（ロンの長）を出す村落であるバーンクウェー（村落番号87）と、メーロン（ロンの副長）を出す村落であるバーンポク（83）である。

流沙河左岸のタイムン村落をまとめるロンホンでは、それを構成するタイムンの村落のうち、審議機関に参加しない村落が一つ（バーンホームン、48）あり、ロンの長はその名の示すとおりバーンロンホン（68、ロンホンの村落という意味）というレークノイの村落に置かれた。

それに対して流沙河右岸のタイムン村落をまとめるロンサーイ（ロンホイ部分を含まない狭義のロンサーイ）は、ロンを構成するタイムンの村落すべてが審議機関に参加することになっており、ロンの長、副長ともタイムンの村落から出していた。バーンターの属するロンサーイは、タイムンの自治的枠組として最も完全な形を取っていると言えよう。

二　伝承におけるバーンター

ムン創建とそれに続く時代についての伝承は『調査報告』の中の何か所にも記されているが、その中にはムン最古の村落の名が挙げられているものがある。バーンターの名はその多くに最古の村落の一つとして現れている（表3-1参照、表中の村落番号1）。またムン創建伝承によると、ムン創建以前から悪霊ピーヤックが宿っていた山のふもとにバーンターはたてられ、その悪霊をまつる責任を負うことになっている［歴四：198］。また、バーンターの領域はムンツェンフンの村落のうち一番広く、境界まで歩いて一日あまりかかり、ムンハーイと境を接していたという伝承もある［歴四：198］。

その他、バーンターと同様にムンの草分けのバーンとして認識されていたのは、ロンサーイの中では、少なくとも、タイムンのバーンマイロン（15）、レークノイのバーンノンフォン（44）、ロンホンの中では、少なくとも、バーンホームン（48）、バーンニウ（49）、バーントゥンロン（51）という三つのタイムンの村落である（図3-1、図6-1、表3-1参照）。このうちバーンマイロン（15）は、バーンターから土地を分け与えられてたてられた分村であるという。

伝承におけるバーンターは、最古の村落の一つであり、その意味では、流沙河右岸のタイムン村落をまとめるべき存在としてふさわしいと言えよう。

	29	1570	70	1000	500
	30	2390	0	1390	1000
	31	4052	260	2577	1200
	37	4685	235	2630	1000
	39	2445	285	2160	0
	40	1610	0	1300	310
	42	3205	1600	410	1100
	44	2610	1410	0	500
	50	803	783	0	0
	53	725	625	0	0
	54	2560	1770	1650	0
	56	1255	0	1070	0
	57	840	0	590	0
	66	3561	1121	2065	0
	68	1710	200	210	1000
平均		2171	463	1268	300
ホンハーイ					
	11	575	0	575	0
	12	990	0	960	0
	13	245	0	245	0
	52	0	0	0	0
	55	460	0	450	0
	60	231	30	10	0
	71	300	0	140	0
	74	1130	0	1110	0
平均		491	4	436	0
総平均		491	719	993	189

三　バーンターの持つ耕地

ムンツェンフンのタイムンの村落のうち、耕地面積の具体的数値が分かっているのは一六の村落のうち九村落で、流沙河右岸に限っていえば、五村落の中の四村落である（表3-3、表6、グラフ6参照）。

数値が分かっているタイムンの村落の中で、盆地部のタイムン村落の平均、三六七二ナー（表3-3、表6参照）より多いのは、耕地の多い順に示すと、五五六五ナーのバーンドンテン（村落番号17）、四七五〇ナーのバーンマイロン（15）、そして四

表6　ムンツェンフンの耕地

単位：ナー

	村落番号	耕地合計	村　田	ポーラーム田	ツァオペンディン田
王　族					
	72	1295	30	1200	0
	73	2305	70	2235	0
平均		1800	50	1718	0
タイムン					
	1	4656	2434	0	0
	15	4750	4320	350	0
	17	5565	3640	1000	200
	21	2780	890	890	1000
	48	2382	2125	20	0
	51	3660	1900	1790	0
	58	1910	1700	0	0
	83	1324	372.8	0	0
	87	1527	50	1352	0
平均		3173	1937	600	133
平均（盆地）		3672	2430	579	171
レークノイ					
	2	1195	0	895	300
	7	1445	580	705	0
	9	1980	0	1980	0
	10	1490	420	1050	0
	14	5385	0	4818	0
	16	3085	1080	1545	0
	25	553	80	473	0
	28	770	120	650	0

六五六ナーのバーンター（1）の三つである。また、村田の多い順に盆地部タイムン村落の平均、二四三〇ナー（表3-3、表6参照）以上のものを示すと、バーンマイロン（15）が四三二〇ナー、バーンドンテン（17）が三六四〇ナー、バーンター（1）が二四三四ナーとなる。ただし、バーンマイロンの村田[5]からは、ムン権力に対して米を上納していたという［歴四：176］。

ここに表れてきたのは、いずれもバーンターを含む同じ三つの村落であり、どれも流沙河右岸に位置する（図4-3の村落番号1、15、17）。

盆地中央部の広い耕地の得や

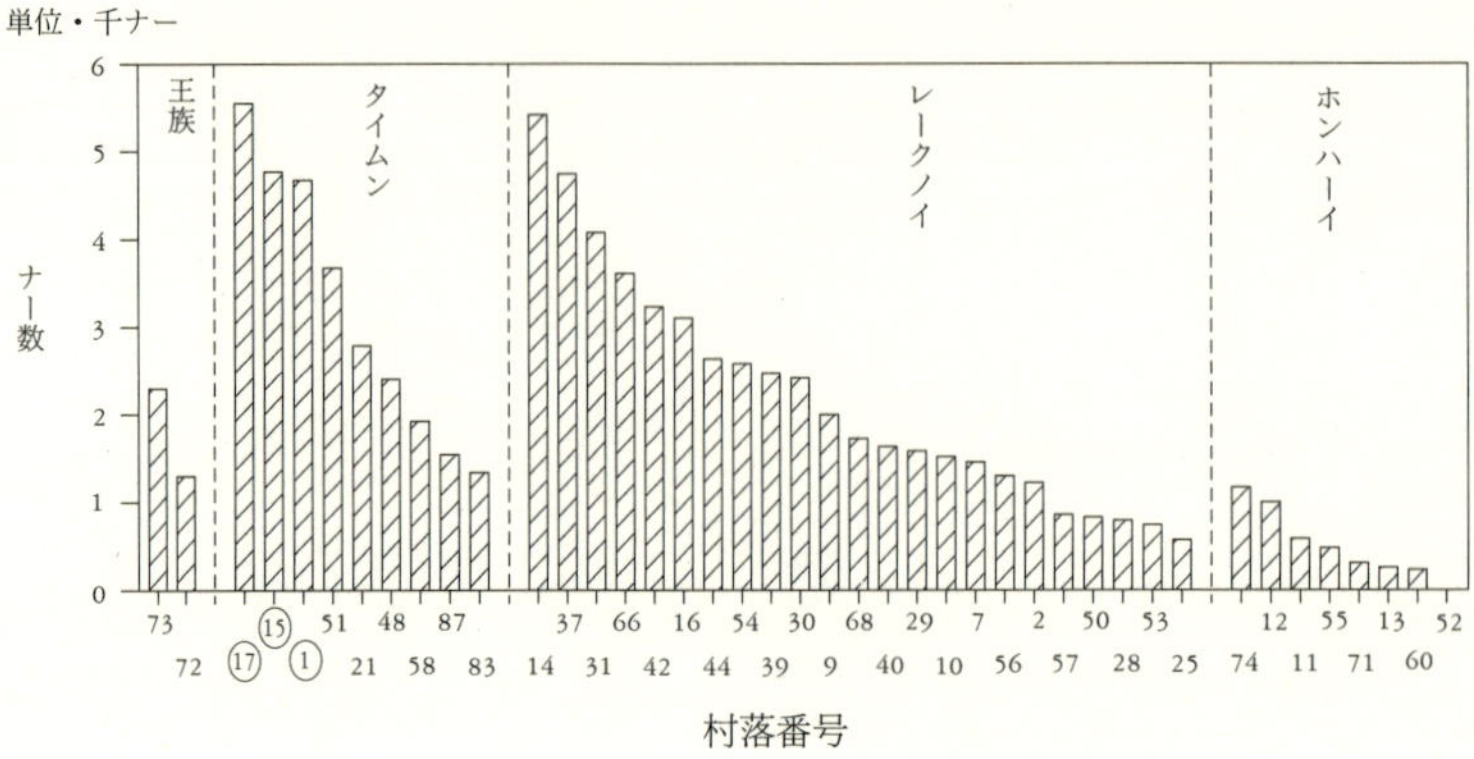

グラフ 6-1　ムンツェンフン　村落領域内の耕地

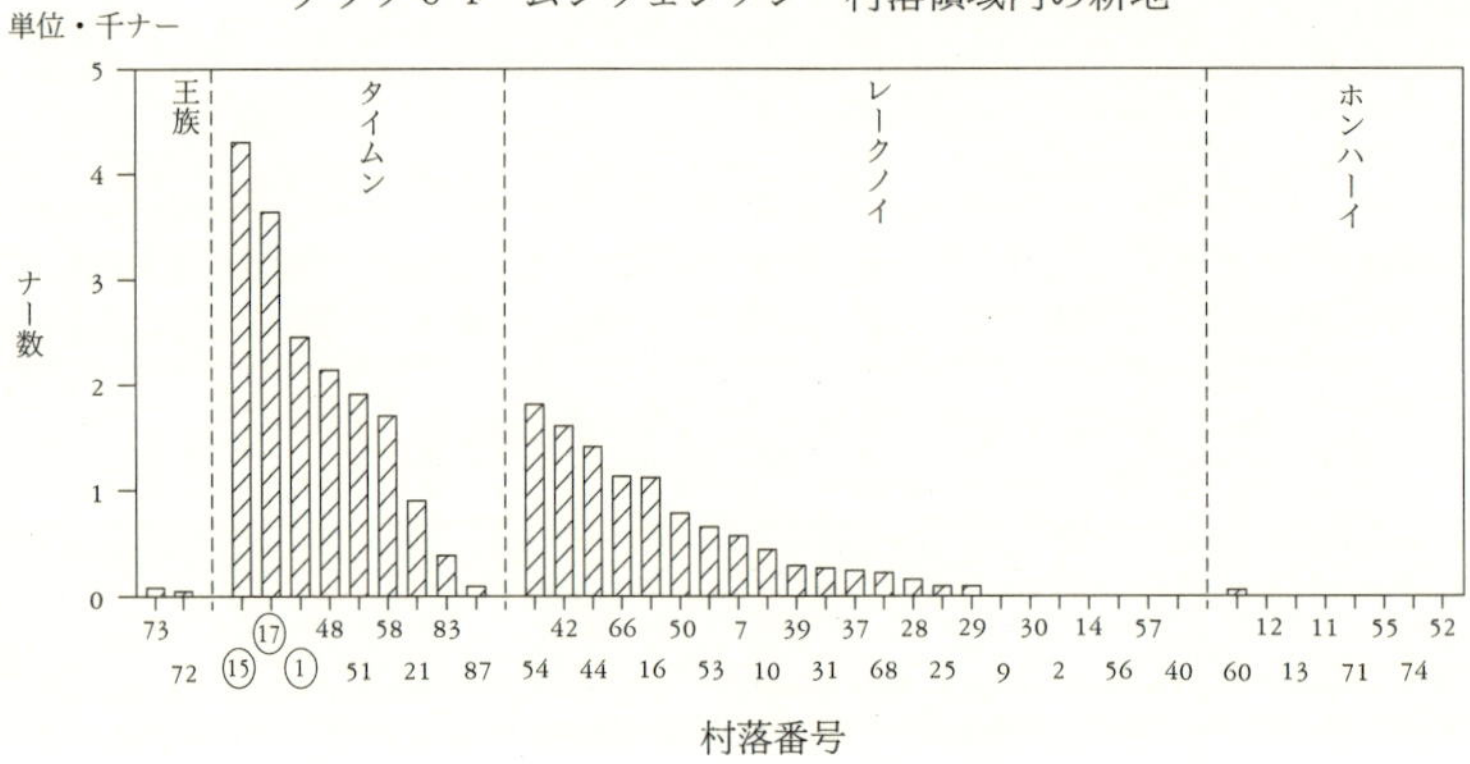

グラフ 6-2　ムンツェンフン　村落領域内の村田

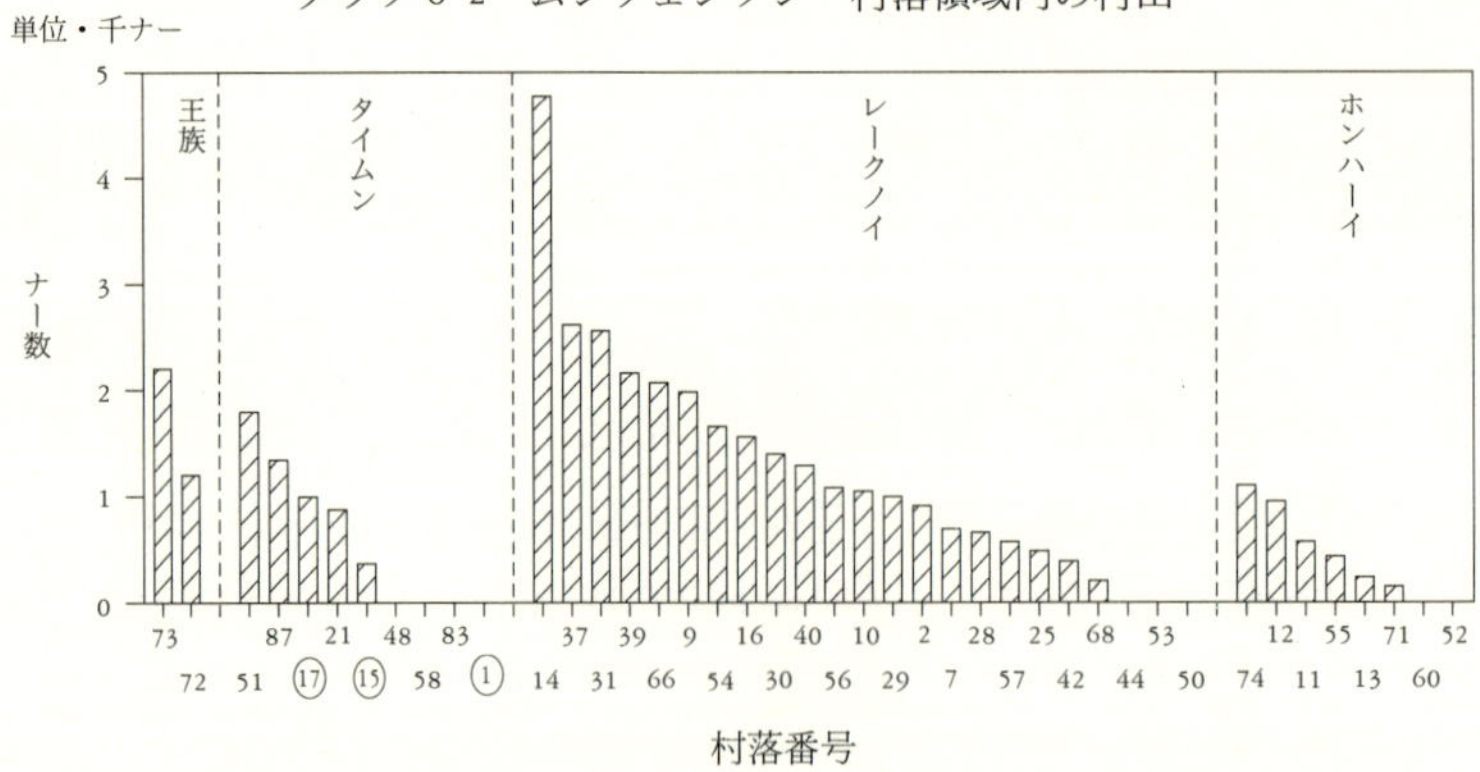

グラフ 6-3　ムンツェンフン　村落領域内のポーラーム田

す い場所に立地するバーンドンテン（17）とバーンマイロン（15）は、耕地合計でバーンターに勝っている。しかし、バーンター（1）の数値とバーンマイロン（15）の数値は一〇〇ナーも違わない。またバーンターには、かつては、あと一二五〇ナーのポーラーム田があった（注13参照）。他にもバーンターの手ばなした田があるという（6－5節の一参照）。それを加えて考えれば、バーンマイロン（15）はもちろんのこと、バーンドンテン（19）の耕地合計をも、バーンターは上まわる（五九〇六ナー以上）ことになる。

一方、村田に関しても、バーンマイロン（15）、バーンドンテン（17）はバーンター（1）より勝っている。だがバーンターには、他に、周辺村落に貸し出している一八五〇ナーの田がある。その中には、ポーラーム田とされているもの（第5章5－3節の二(1)参照）もあったかもしれないが、バーンターの村田として扱ってよいものもかなり含まれていたはずである。それを考えあわせれば、バーンターの村田の量も、バーンマイロン、バーンドンテンの村田と比べて、ある意味でそれほど少ないとは言えないだろう。そして、一八五〇ナーもの耕地を他村落に貸し出すことができるという点は、バーンターの優越性を表していると言えないだろうか。

四　バーンターの立地

バーンターは、ナムオートト川が盆地に流入するあたりに位置している（図6－1、6－2などの①）。ここは、ムンフン方面に抜けようとする時のムンツェンフンからの出入口にあたる場所である[6]。また、それはナムオート川本流の作る扇状地（第四章4－2節の一参照）の扇頂あたりに立地していると見ることもでき[7]、少なくともナムオート扇状地水利権を掌握できる戦略的に有利な場所に位置していたことになる[8]。

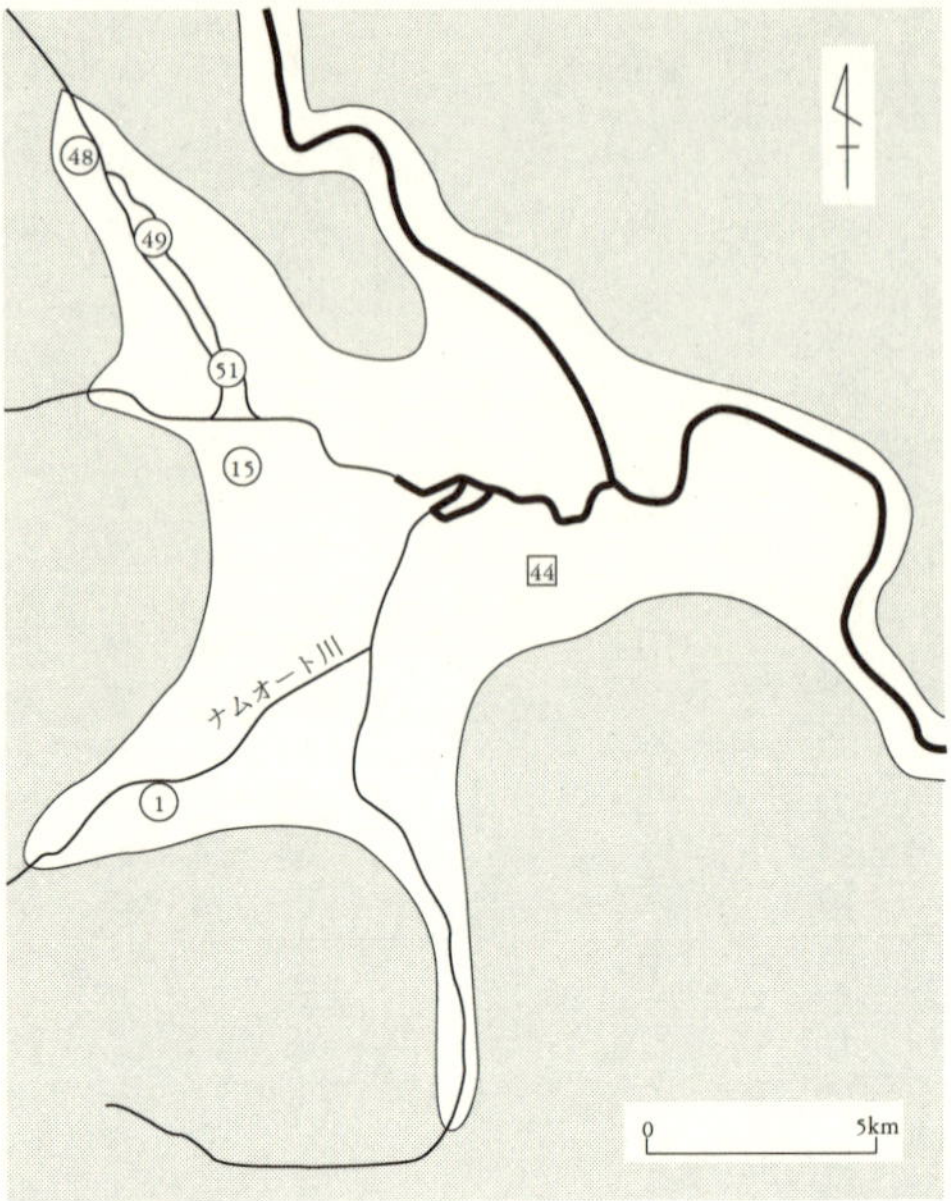

図 6-1　最古の村落として伝承に名が表れる村落
○……タイムン
□……レークノイ

第四章4-3節で示したとおり、ロンサーイは、流沙河右岸のナムオート側におけるタイムン村落の自治的枠組であると同時に、それらタイムン村落が用いる灌漑の系のまとまりであった可能性がある。その中でもバーンターは、ナムオート川が盆地に流入するあたりに立地しており、その川から水を引くムンツェーラーイ（水路A）の主水路の取水口を管理できる、つまり、それより下流の水がかり地域の灌漑を掌握できる場所にあったことになる。ムンツェンフンでは一般に、水利組織全体を管理する水利管理役長は取水口の村落に置かれるべきだと考えられていた（第四章4-2節の三参照）。よってバーンターは、タイムンの村落の中だけで考えれば、ムンツェーラーイの水利組織を統括する村落になりうるのである。(9)

6-3
バーンターと周辺村落との関係

一　非タイ族の村落に対するバーンター

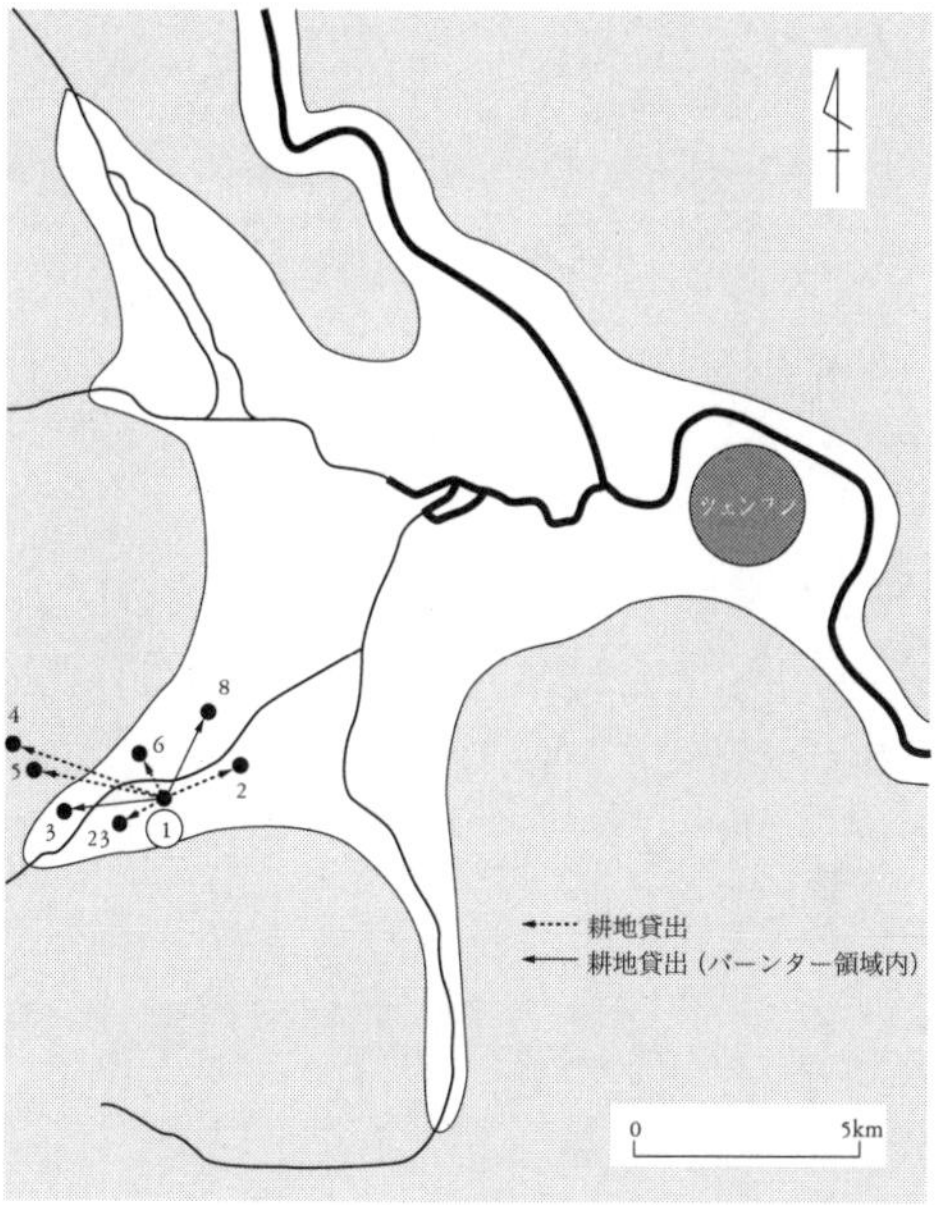

図 6-2　バーンターから耕地を借りていた周辺の 7 つの村落

バーンターの領域内には多くの村落がたてられている。その中には、タイ族の村落もあれば、漢族やハニ族など非タイ族の村落もある。領域内の非タイ族村落はすべて、バーンターの村長[10]の管轄下にあり、バーンターの村長がこれらの村落の「頭人」を任命することができた。

これら非タイ族村落には、バーンターの村長に対する毎年の貢納が義務づけられており、バーンター領域内で獣をとらえた時はその肉の一部（脚一本）を差し出さねばならなかった。『調査報告』には、ハニ族の村落である曼南[11]が、肉を差し出さなかったためにバーンターに罰金を払ったという事例が示されている［歴四：209］。また、ハニ族の村落、曼南と曼妙は、バーンターの村長が稲の刈り取りをする時に、無償で労働力を提供しなければならなかった［歴四：210］。ハニ族がアヘン用のケシを栽培していたころには、バーンターの村長に、それに対する税金をも払っていた［歴四：210］。

二　タイ族の村落に対するバーンター

(1)　バーンターからの耕地借り入れ

バーンター領域内に村落をつくり開墾するものはすべて、その前にバーンター領域内に定住するようツァオペンディンに指示されており、そのあと、バーンターの村長の同意を得なければならなかった［歴四：206］。開墾の範囲はバーンターにより指定されたという［歴四：206］。バーンターの領域内にたてられたタイ族の村落は七つあり、すべて「クンフンツァオ」の村落であった。そのうちレークノイは、バーンペート（2）、バーンナムロン（4）、バーンボーヘー（5）、バーンヤーンディー（6）、バーンクワーン（23）の五村落、ホンハーイはバーンツェンハーン（3）、バーンセオ（8）の二村落である（図6‐2）。

これらの村落は、多かれ少なかれ、バーンターに属する耕地を借りていた［歴四：206］。彼らが集落を作りその周辺の土地を開墾すれば、それはバーンター領域内にできた耕地ということになり、バーンターからの借地と位置づけられたのである。開墾された耕地に対しては、三年後あるいは五年後から、耕地使用料としてバーンターに収穫米の一部を納めることが義務づけられた[12]［歴四：206］。また、開墾地はバーンターが自由に没収することができたという[13]［歴四：206］。

ただし、耕地の一部は、それぞれの村落の「頭人」用耕地として収穫米上納を免除していた。それは、その村落内から耕地使用料分の米を集めてバーンターへ納入する役割を村落「頭人」に負わせる代償と位置づけられていた［歴四：206, 208］。

一九五〇年代初めの段階でバーンターから耕地を借りていた周辺の七つの村落（図6-2参照）は、バーンターをツァオナー（田主）、ツァオムンノイ（小ツァオムン）などと呼んでいる［歴二：32；歴四：206, 209］。その他、ナーイター（「主人」、「頭」であるバーンター）という呼称も使われており、ナーイ（「頭」）であるバーンターに対し、これらの村落はルークノン（「子弟」「子分」。ルークは子、ノンは弟妹を指す。）と位置づけられていた［歴二：32；歴四：209］。また、バーンターの村長、副村長を、それぞれポーメーロン（大父母）、ポーメーノイ（小父母）と呼んでいたという［歴四：209］。

(2) バーンターの優越性——貢納、労働力提供

これらの七つの村落の村民は、バーンターの村長に対して、牛や豚を殺した時はその肉二斤を、鹿や野生の牛をとらえた時はその脚一本を差し出さねばならなかった［歴二：32；歴四：210］。結婚する場合も、バーンターの村長に一定の金額を納めた。また、バーンターを中心としてピーヤックという精霊をまつる組織[14]が形成されており[15]（6-2節の二参照）、そのために一戸につき三枚の銅版を供出せねばならなかった［歴四：210］。

バーンターに政治的に従属するかしないかという観点でこれらの村落を見ると、ホンハーイ村落は従属し、レークノイ村落は政治的には独立した立場にある。

ホンハーイ村落のバーンツェンハーン（3）、バーンセオ（8）は、バーンターのいわゆる「附属」村である［歴四：

210]。二村落ともホンハーイの行政単位ホーシップホンハーイには属さず、タイムンの行政単位ロンサーイのもとにあった（図3-1参照）。だがそれらは、バーンターに「附属」する村落としてロン内に存在していたにすぎず、正式なロンのメンバーではなかったので、ロンの審議機関に加わることはできなかった。

また、バーンターがムンに対する税を納める時は、この二村落がその税の五分の一ずつを負ったという。バーンターに課せられたツァオペンディン田耕作義務もその他の徭役も、この二村落が手伝うことになっていた[16]［歴四：210］。

一方、レークノイの五村落、バーンペート（2）、バーンナムロン（4）、バーンボーヘー（5）、バーンヤーンディー（6）、バーンクワーン（23）は、政治的にバーンターに従属してはいなかった。すなわち、バーンターとは離れてレークノイの行政単位であるロンレークノイに所属していた。

バーンクワーンを立村した人々は、それ以前にバーンターに住んでいたことがあった。バーンクワーンは「大きな息子」[17]と呼ばれて［歴四：210］、バーンターから借用した耕地から耕地使用料として収穫米を納める率が比較的低いなど、他の村落に比べて優遇されていた。ただし、バーンターが道路を修理する際は手伝わなくてはならないとされていた。また、バーンクワーンからバーンターへ流れる水路においては、バーンクワーン住民が水浴びしたり女性のシン（巻きスカート）などを洗ったりすることは禁じられていた［歴四：209］。

6-4 バーンターとムンの支配形態の類似点

一　バーンターへの貢納

前述したように、バーンターは周りの村落から貢納を受ける権利を持っていた。バーンター領域内にたてられた別村落の村民が獣をとらえた時は、その肉の一部をバーンターの村長に差し出すことになっていた。また、非タイ族の村落にはバーンターの村長に対する毎年の貢納が義務づけられており、タイ族の村落はバーンターの村長に対して、殺した牛や豚の肉の一部を差し出さねばならなかった［歴四：209―210］。

ムンレベル以外で、ある役職にあるものが他の村落からの貢納を受けるという関係は、ムンツェンフンでは他に一例だけ見られる。ムンツェンフンのすべてのロンをまとめる立場にあったパヤーロンパーン[18]に対する貢納である［総一：23］。それは、具体的には、パヤーロンパーン直属の「クンフンツァオ」村落からの、殺した牛の肉の上納である[19]。一方、ツァオペンディンに直属するシプソンパンナー全域の非タイ族村落から、ツァオペンディンが貢納を受けるというのも、これらと形式上は類似している。また、ツァオペンディンに対しては、ムン内の農民が牛や豚を殺した時はその一部を、獣をとらえた時はその最も貴重な部分を差し出さねばならなかった。

パヤーロンパーンへの貢納については、貢納を受ける側のパヤーロンパーンはムン権力からムン内部の統括者としての地位を与えられており、貢納をする側もムン権力からパヤーロンパーン直属の村落として認められている。

ツァオペンディンと直属の非タイ族村落との関係も、当然のことながら、ムン権力によって規定されたものである。それに対してバーンターは、領域内の非タイ族村落との関係がムン権力から公的に認められているわけではない。にもかかわらず、ムン権力の及ばないところにおいて、領域内の村落からバーンターに対する貢納関係は確立されていたのである。バーンターを中心とする貢納形態とムン権力の文脈でとらえられる貢納形態との間には、以上のような多くの類似点が見出される。

二　バーンターと領域内非タイ族村落

バーンターの村長は領域内の非タイ族村落の「頭人」を封じたというが、これは、ツァオペンディンがタイ族の村落の「頭人」を任命し称号を与えることができたのと、形式上類似している。また、領域内のハニ族の村落はバーンターの村長に対して無償で労働力を提供する場合があったが、それはムン内のタイ族の村落がツァオペンディンに対してツァオペンディン田耕作などに無償労働を提供したのと形の上では同じである。

一方、バーンターに所属する耕地から耕地使用料として米を納めさせるのは、ムンの王族所属田から耕地使用料として米を納めさせるのと同様の形態を取っている。耕地を貸した村落の「頭人」用耕地から収穫米上納を免除するという形を取るのも、バーンターとムン権力双方に見られるやり方である。また、バーンターの村長は、前述のように、ポーメーロン（大父母）として、ルークノン（子弟）である領域内村落と一対一の関係を結んでいた。それは、ムンの大臣がポーラーム・バーンとして、ルークラームと呼ばれる担当村落との間に一対一の関係を結んでいたのと同形の結合である。

以上から、バーンターの他村落支配の形態は、ムンの村落支配の形態と類似する部分が多い[20]ことが確認された。バーンターの村長がツァオムンノイ（小ツァオムン）と呼ばれる背景には、このような支配形態の類似があったのかもしれない。[21]

6-5 ムン権力の浸透とバーンター権力の拡大

一 「クンフンツァオ」村落を利用した税の解消

前述したように、バーンターは領域内の非タイ族村落や「クンフンツァオ」村落との間に一種の支配従属関係を結び、観念的に優位にあったばかりでなく、物質的にもさまざまな利益を吸収していた。バーンターの村長に対しては、肉などの上納、無償労働力の提供、その他各種の「税」ともいうべきものの支払いがなされた。バーンター領域内の耕地の開墾も、バーンター村民自身が行った部分より、領域内に村落をつくった人々の力によって行われた部分の方が大きかった。そしてバーンターは、彼らによって開墾された耕地を、バーンター村民が耕作するために自由に没収することができたのである。耕地を貸していれば、その耕地使用料として普通は一定量の米を得ることができたし、場合によっては耕地使用料の代わりとして、あるいは耕地を貸し続けるという約束と引き替えに、無償労動力の提供やその他の形式の負担を課すことができた。

この支配従属関係は、一面では、第五章でも触れたように、ムン権力から課せられるのさまざまな形態の税を軽減するのに役立っていた。ムン権力からバーンターに課された徭役の一部は、耕地を貸している代償として、または従属関係にあるという理由で、別の村落に負わせることができた。具体的には、道路の修理をバーンクワーンに手伝わせた例、ツァオペンディン田の耕作徭役を部分的に別の村落に負わせた例などが挙げられる。

ツァオペンディン田の耕作徭役については、ムン権力は、他の村落よりもあえてバーンターという村落に、ツァオペンディン田耕作徭役を負わせようとした[22]。その徭役の一部を、バーンターは、さまざまな「クンフンツァオ」村落に負わせるという形で、実質上解消していた。その解消にあたっては、バーンターの強制力のきく、バーンター領域内の「クンフンツァオ」村落の存在が重要な役割を果たしていたのである。

また、一九三〇年前後あるいは一九三〇年代前半の時期に、バーンターがそのポーラーム・バーンからポーラーム田を差し出すよう要求された時、バーンターはバーンヤーンディー(6)[23]に貸していた村落田の一部をポーラーム田としたという[24][歴四：176]。バーンター自身はその耕地を手放したという形にしたため、バーンヤーンディーからの耕地使用料としての米は獲得できなくなった。しかし、自ら労働して得た収穫物はまったく差し出さずに、かつポーラーム田の存在を通してポーラームに従属するという形を避けて、事を収めることができたのである。この事件によって、新たなる負担を強いられたのはバーンヤーンディーであった。なぜならポーラームの要求する収穫米上納の率が、バーンターがそれまで要求していたものより高かったためである[25]。

二　ムン権力の浸透とバーンター権力の拡大

ここで見落としてはならないのは、バーンターが領域内の村落支配によって権力を増大する過程と、ムン権力が浸透拡大する過程とは、同時に進行していったということである。さらに言えば、バーンターが優越性を確立していくためには、古さや立地の良さという先天的な好条件に加えて、ムン権力の存在が不可欠であったということである。

バーンターは広い領域を持っており、農業水利の面でもナムオート川本流が盆地に流れ込むところに立地するという有利な立場に立っている。しかし、いくら領域が広くて水利灌漑に有利であっても、開墾して耕作を行わなければ利益はもたらされない。バーンター村民だけで開墾、耕作できる面積は限られており、農業技術の進展でもなければ、そこからもたらされる余剰も限られたものである。[26] このような条件のもとでは、観念的な側面はいざ知らず、物質的な側面での他村落との間の優劣関係は生まれるはずもない。

ところがバーンターにおいては、領域内に新しく作らせた村落が領域内の開墾を行っていった。もともとの土地「所有」権はバーンターが持っているので、新村落の開墾、耕作により、バーンターは無償で余剰を耕地使用料として得ることができるようになった。しかも、バーンターは、これらの村落との間に一種の支配従属関係を築くことができたので、土地を貸しているということとは直接関係のない利益ももたらされることになった。それには、無償労働力の提供や各種貢納などの物質的な利益ばかりではなく、幾多の従属村落に対する観念的な優越性も含まれる。こうしてバーンターは、ナムオートから取水する水路の取水口を掌握する扇頂の村落として、[27] その下流に広がる広大な土地を所有する村落として、盆地という閉鎖空間の出入口に位置する村落として、また、悪霊を鎮める能力をもつ古き村落として、その優越的な地位を確立していったのであろう。

このように、他の村落と比べてバーンターが決定的な優越性を示す理由は、従属関係にある村落を多く持ったということにある。そして、それらの村落は、すべて「クンフンツァオ」の村落、つまりムン支配者層の従属民がつくった村落であった。しかも、それらの村落がつくられる前には、村落をつくる場所について、ツァオペンディンに指定されたと言われる。つまり、これらの従属村落がつくられてバーンター領域内の開発が進んでいく段階では、すでにムン権力が存在しており、バーンター領域内の「クンフンツァオ」村落形成にある一定の影響力を持っていたということになる。ムン権力側から見れば、ムン内に従属民の村落が増えていく過程は、それがたとえタイムン村落と支配従属関係を結ぼうとも、自らの権力が浸透拡大していく過程であったことに違いはない。

タイムンがムン先住農民だとしたら、ムン権力がムン内に浸透するにつれ、タイムンに対する圧力は強まっていったはずである。しかし、タイムンの、村落領域内の支配権だけは、ムン権力によっても侵されることはなかった。よって、タイムンは、村落領域内の耕地を貸すという形によって、ムン権力浸透とともに増加していく「クンフンツァオ」の村落と一種の支配従属関係を結び、それによってムンから課せられる税を「クンフンツァオ」村落に転嫁して軽減・解消することができた(28)。特に、バーンターのような、用水管理の拠点として先天的好条件を持つ村落は、その下流の水がかり地域にたてられる多くの村落に対して、水を分け土地を分けることによって、支配権を確立していくこともできただろう。このような村落は、ムン権力の支配下に入っても、そのために逆に他村落に対して優越的な立場にたつことができたのである。

6-6 おわりに

以上、タイムンの古村落であるバーンターについて考察してきた。宋蜀華が強調したバーンター権力の周辺村落への伸張と、曹成章が着目したムン権力のバーンターへの伸張とは、実は相互に切り離せない表裏の関係にあり、同時に進行していたと考えるべきことが明らかになった。特に、ムン権力が「クンフンツァオ」に指示してバーンター領域内に村落をつくらせたことは、バーンターが、耕地拡大、村外からの米・その他の貢納、労働力提供を実現するための出発点であった。それは、バーンターが周辺村落を統括するものとしての地位を得るために、必要不可欠な要素だったのである。ムン権力の伸張は、バーンターに、ムン権力に税を納めねばならないという負担を強いたが、反面、周辺村落を統括することによる利益も与え、しかもその利益を生かして税負担を軽減できる条件をもたらしたのである。

ムンツェンフンの他のタイムン村落においても、バーンターほど大規模なものではないにせよ、ムン権力の伸張をバーンターと同じようにプラス面に生かしながら受け入れていったであろうことは、一般にタイムン村落が「クンフンツァオ」村落に耕地を貸すという傾向があったこと、ホンハーイ村落を「附属」村に持つタイムン村落が他にもあること（図5参照）から、十分に予測できる。

ムンツェンフンにおいて特徴的である、多数の「クンフンツァオ」村落の立村は、先住の民であるタイムンにとっては、ムン支配が及んでくる際の尖兵であるというマイナス面を持つと同時に、周辺に自らに従属的な村落を確保する機会でもあった。ムンツェンフンのタイムンは、「クンフンツァオ」という第三者の存在によって、ムンからの課税を実質上軽減でき、さらに、従属的な村落を持つことによるその他の実益を得る道を開かれたのである。この意味で、ムンツェンフンのタイムンは、「クンフンツァオ」村落のほとんどない他のムンにおけるのとは、異なった社会環境にあったといえよう。[29]

註

(1) ただし、他村落への耕地貸与の量的状況は『調査報告』に正確な数値ですべて報告されているわけではない。

(2) 分析に用いる史料は、主に『歴四』の一九八〜二一〇ページに記載されているものである。

(3) ピーは精霊を意味する言葉である。ヤックは鬼、夜叉と訳すことができる。

(4) このような大領域が段々と縮小され今の領域となったというのだが、領域内にいくつもの村落が作られたことがその縮小の直接、間接の原因になっている[歴四：198-199]。領域内につくられた「クンフンツァオ」村落については後述する。
伝承によると、バーンマイロン(15)というタイムンの村落もバーンターから分かれでたもので、その時に土地分けも行われたという[歴四：199]。分けられたとされる土地は、一九五〇年代の段階では完全にバーンターの所属から離れている。

バーンマイロンは、一九五〇年代の段階では、バーンターに対して、土地を借りているというような経済的従属関係もなければ、対外的に独立しないままの政治的従属関係もない。むしろ、バーンパーコー(11)のような「附属」村を持つ側の立場にある。バーンマイロンがバーンパーコーに貸している一〇〇〇ナーの田がバーンマイロンからは遠くむしろバーンターに近いのは、伝承によれば、それがバーンターからバーンマイロンに分け与えられた土地であったからだという。

(5) 原文は「バーンマイロンには村田、二一五ハープの種籾を植える分があり、そこからは官祖を納めなくてはならない」という書き方がされている[歴四：176]。種籾一ハープで四ムーが耕作でき、一ムーが四ナーに対応するとして計算すると、二一五ハープの種籾で耕作できるのは三四四〇ナーということになる。バーンマイロンの村田は四三二〇ナーとなっているので、ムン権力に米を納めなくてよい村田も一〇〇〇ナーほど存在していた可能性がある。

(6) ここを通ってムンフンやムンハーイ方面と行き来する人は非常に多かった。バーンターはそれらの人から通行料を取っていた。特に商人は高めの通行料を出さねばならなかったという［歴四：209］。

（7）高谷好一は、盆地がその外縁に特に強いアクセントを持つ閉鎖的な空間であることを指摘し、盆地の縁辺に点在する扇頂部は、機能的にはあたかも、城壁都市における城門のような性質を持っているという［高谷 1978：166］。扇頂部にあるバーンターは、実際、ムンフンやムンハーイ方面に通じる交通の要衝になっていた。

（8）高谷は、理論的には扇状地の扇頂部が水争いにおける最も戦略的な位置と言えるとして、次のように説明している［高谷 1978］。

盆地に流入する河川は、盆地に突入した途端に、水深が浅く岸高さの低い数個の劣悪な流れに分解してしまう。このような分流多発地帯で水稲耕作をしようとする時、より多量の水を得ようとすれば、分岐点に遡って自らの分流に多くの水が分水されるような手だてをしなければならない。この手だてにより別の分流が水を奪われれば、そこに水争いが起こりうる。そこで調停が成立したとしても、さらにもう一段高位の分岐点で水争いが起こる可能性がある。このように盆地では、どんなささいな分流といえども、他から切り離せないきわめて複雑な系の一部分に組み入れられた状態になっている。よって、有効な水利用のためには、緻密な計算とそれを乱さない統率が必要になる。また、より上位の分岐点になるほどより重要な意味を持つことになるので、理論的には扇状地の扇頂部が水争いにおける最も戦略的な位置となるのである。

（9）ロンサーイの構成村落の中で、ロンの長を出していたのはバーンドンテン（17）である［歴四：73, 75 など］。この村はロンサーイのタイムン村落の中で、最も下流側に位置している。言いかえれば、ムンツェーラーイを一九五〇年代の段階で利用していたタイムン村落の中で、その最下流部に位置する村落である。水利組織の副水利管理役長は用水路の最下流に置くべきだというのが規範的な考え方であった（第四章参照）から、その意味でバーンドンテンは副水路長として水利組織内の第二の地位を持つ村落になりうる。

一九五〇年代の段階で実際に水利管理の実務を行っていたのは、「クンフンツァオ」の村落であったと見てよい。しかし、ロンの長がタイムン村落の中で最下流の村落におかれたということが、タイムン村落の枠組みで考えた場合の水利管理と何らかの関係がある可能性は否定できないだろう。

（10）村長の職は、一九二七年まで世襲であった［歴四：205］。

すべての村落について報告されているわけではないので断定はできないが、『調査報告』中の事例を見る限りは、村長職の世襲はごく限られた村落だけに見られた現象のようである。特に、古くに成立したタイムンの村落に、村長世襲が定められている場合が多かったという。

（11）ハニ族の村落名の正確な発音は確認していないため、『調査報告』中で使われた漢語表記で示しておく。

（12）ナーあたりの上納量は、それぞれの村落によって異なっていた。具体的には、『歴四』二〇一ページの表などを参照。

（13）一方で、集落から離れたところにバーンター村民によって開墾された耕地一二五〇ナーは、耕地近くにできたバーンセオという村落に、二〇世紀初めに（数十年前のことと書かれており、報告には一九五四年一一月の日付があるため）分け与えられた。この田はバーンターが耕作していた時から、ポーラーム・バーンであるホイダーンツォムワンのポーラーム田であったという［歴四：187］。バーンターがその田を手放したのには、それが村田ではなく収穫米の一部上納が義務づけられるポーラーム田であったこともおそらく関係があるだろう。

(14) 中国語で「鬼隴」と記されている。「鬼隴」はおそらくタイ語のロンピーの訳である。精霊（をまつるため）のロンという意味であろう。ここでいうロンは、行政単位のロンと同じ語で、複数の村落から構成されるまとまりを指すものと考えられる。

(15)『歴四』一七六ページには、ピーヤックをツェンフン最大のムンの守護霊と位置づけ、バーンターが多くの村田を持っているから、この守護霊の祭祀を負担しなければならなかったと書かれている。つまりこれを徭役と位置づけているわけである。しかしピーヤックはもともとバーンターが独自にまつっていた守護霊である可能性もある。

(16)『歴四』一〇四ページには、バーンターが、自らに課せられたツァオペンディン田耕作義務をどの村落に肩代りさせているかが記されているが、そこにはこれら二つの村落名は挙げられていない。そこでバーンター自身が負うとされていた部分の耕作が、さらにこれら二つの村落によって分けもたれていたということであろう。

(17) 中国語で「大児子」としか表記がない。おそらくタイ語のルークロンかツァーイロンの訳だと思われる。

(18) タイムンの三つのロンとレークノイの一つのロン、すなわちホンハーイのホーシプと王族村落のホーシプを除く、ムン全体をとりまとめる立場にあるのが、バーンツァーンツァイ（21）というバーンに置かれているパヤーロンパーンという役職だった。彼は他のムンのツァオムン（ムンの首長）にあたるとされており、彼のもとに、各ロンの審議機関構成員中の、重要村落の村長が集まり、ムンの審議機関（クワーンムン）を形成する。バーンツァーンツァイからは、パヤーロンパーンを含めて四名がクワーンムンの構成員として参加していた。バーンツァーンツァイ自体の所属は四つのロンのうちどれでもなく、ホーシプホンハーイという、ロンに属さないホーシプの構成バーンとなっていた。パヤーロンパーンは、また別に、ホーンシプホンハーイをも管轄することになっていた（第三章参照）。

(19) 一方、村落農民が牛や豚を殺した時、その一部を村落の「頭人」に差し出す例はあちこちの村落で見られた。

(20) 加えて、バーンターの村長の職は、一九二七年までは、ツァオペンディンと同様、基本的に世襲であったことも、類似点と言える。

(21) バーンターは、一九五〇年ごろ、漢族の村落を一村、一二〇〇〇元の半開でムンハーイのツァオムンに売り渡したという［歴二：32］。これは、バーンターがムン権力と同じレベルで、他村落を管轄していた証拠と言えないだろうか。

(22) ツァオペンディン田の耕作徭役については、バーンターはナートゥンナー、ナートゥンウェンの両方の耕作徭役を負担させられていた。二か所にわたるツァオペンディン田の耕作徭役を課されたのは、バーンター一村のみである。特にナートゥンウェンについては、全量の三分の二の耕作がバーンターに課されていた。また、ナートゥンナー、ナートゥンウェンの耕作徭役を担う村落は、バーンターを除けば、すべて「クンフンツァオ」村落であった。これらを総合して考えると、ムン権力は、他の村落よりもバーンターという村落にあえてツァオペンディン田耕作徭役を負わせたかったと考えるのが自然であろう（第五章参照）。

なお、『歴四』一七六ページには、バーンターが多くの村田を持っていたために、バーンツェンポムのツァオペンディン田（ナートゥンウェン）とバーンサーイのツァオペンディン田（ナートゥンナー）を代わりに耕作しなければならなかったと記されている。

(23) バーンヤーンディー（6）は、『調査報告』中には、五九年前にできたと書かれている。その報告の末尾に一九五四年一〇月調査と記されている［歴四：218］ところから計算すると、バーンヤーンディーは一八九五年にできたことになる。

(24) ポーラームがバーンターの土地台帳を持っていって、重要部分を削除して、それを根拠にポーラーム田を要求したのだという［歴四：176, 207］。『歴四』一七六ページでは、それは二〇年あまり前のこととされており、その報告の末尾に一九五四年一一月の日付がある［歴四：181］。一方、『歴四』二〇七ページの方では、二〇年前のこととされており、報告末尾に一九五四年一〇月調査と記されている［歴四：218］。したがって、この事件は、一九三〇年前後から一九三〇年代前半に起こったこととなる。

(25) バーンターは全部で三六・四ハープの上納米を要求していたのに対して、ポーラームは六〇ハープを要求した［歴四：207］。

(26) 一九五〇年代前後における農業技術と生産力に関しては、『歴一』八三ページ、『総一』七一～七二ページ参照。

(27) 高谷は、生態学的考察にもとづいて盆地における権力発生の契機を探り、扇頂をおさえたものが水利権を通じて支配を確立する可能性を指摘する。また、山間盆地の開発は、ごく初期の段階から、扇頂をおさえた力のあるものの意図的な統率のもとに行われた可能性が大きいという［高谷 1978］。

(28) このような動きは、少なくとも二〇世紀の三〇年代ころまで進行していたことが、バーンヤーンディー（6）の例から確認できる。すなわち、バーンヤーンディーの成立が一九世紀終わり、バーンターがポーラーム田を要求されてバーンヤーンディーに貸していた耕地をポーラーム田として提供したのが一九三〇年前後から一九三〇年代前半のことだからである（注23参照）。

(29) ムンツェンフンにおけるバーンターと同様の様相は、ムンハムのバーンコイという村落についても見られる。第二章でも述べたように、ムンハムも「クンフンツァオ」村落が多く、ムンツェンフンに近い状況にあるムンである。詳細は、筆者の修士論文第四章第二節参照。

終章　結論と今後の課題

終-*1*　本書を振り返る

序章でも述べたように、本研究の具体的問題関心は、シプソンパンナーがいかなる性格、構造的特質を持った政治統合であったかにあった。以下、各章で明らかになったことを、全体的な視野からまとめなおしてみよう。

第一章では、シプソンパンナーのムン連合としての変遷について、ムンツェンフンに視点をすえて概観した。ここでは、第二章以下で行った、二〇世紀前半のムン連合の状況の考察にあたって、前提とした内容のみを整理して提示しておこう。

まず、史料中の年代にしたがえば、一三世紀以来、ムンフン、ムンハーイ、ムンツェーといったムンに王子を分封することによってツェンフン勢力が拡大し、一四世紀終わりには分封先にムンガートとムンプンが加わった。一五世紀になると、これらムンは、時に互いに連合しつつ、ツェンフン勢力にとってかわろうという動きを見せるようになる。特にムンツェーは、メコン西岸の有力ムンの中心的存在であり、実際にツェンフン勢力に代わって権力を掌握したこともあった。ムンツェーは、一五世紀以来二〇世紀半ばに至るまで、ツェンフンの潜在的敵対勢力であり続けたのである。

また、一八世紀以降、ツェンフンの弱体化とメコン西岸における主要ムンの力の相対的上昇、メコン東岸への中国勢力の直接的介入という状況のもとに、メコン西岸の諸ムンとメコン東岸の諸ムンはそれぞれまとまって意志表示を始める。すなわち、それぞれの「ムン連合」を内部で作り上げていたのである。それに対してツェンフンは、一九―二〇世紀になると、シプソンパンナー地域内の諸ムンとも盛んに姻戚関係を結ぶようになる。これは、ツェンフンが、シプソンパンナー地域内の諸ムンを、シプソンパンナー地域外の独立的有力ムンと同様、分封ではなく姻戚関係という形でしか関係を取り結べない独立勢力と認めたことの表れであった。

第二章では、二〇世紀前半のムン連合の状況を、それぞれのムンの依拠する盆地面積やムン内の水田面積・村落数、そしてカテゴリーごとの水田面積・村落数について比較した。盆地規模を見ると、大きい方からムンツェー、ムンフン、ムンハム、ムンロン、ムンツェンフン、ムンハーイ、ムンプンという順になる。筆者はこれらを七大ムンと呼んだ。第一章で示された、歴史上、時にツェンフンの対抗勢力であったムンは、ほとんどが上位に現れており、それらが大盆地に依拠していたことがわかる。それら大盆地の分布から見れば、ムンツェンフンとムンハムの立地するメコン河本流筋、および、ムンツェンフン、ムンハーイ、ムンフン、ムンツェーの開けている流沙河筋がシプソンパンナーの核心域であった。

その核心域においても特に有力なムンは、盆地面積、水田総面積、農民所属田面積、村落総数、ムンの公民であるタイムン村落数のすべてにおいて第一位を占めている、ムンツェーである。これは、第一章で見た、ムンツェーが潜在的にいつもツェンフンを脅かしていた強力なムンであったことに対応する事実である。一方、ムンツェンフンは、面積の割には水田としての土地利用率と村落密度が高い。そして、村落総数ではムンツェーと同数、王族所属田面積と王族の従属民である「クンフンツァオ」村落数では第一位を占めている。王族所属田は収穫米の一部または全部を獲得でき、「クンフンツァオ」は従属民的性格が濃厚で私的傜役を課すこともできるという意味で、ムン権力に直接の利益をもたらすものである。その意味で、王族所属田と「クンフンツァオ」村落を多く持つムンツェンフンは、ムンツェーやその他の大ムンとは異なった構造上の利点を備えていたと言える。

　そこで、王族所属田と「クンフンツァオ」村落が多いという特徴を持つ「ツェンフン型」、農民所属田とタイムン村落が多いという特徴を持つ「ムンツェー型」という二つの理念型を設定して、七大ムンの比較をした。結果として「ツェンフン型」を示すのはムンツェンフンとムンハム、「ムンツェー型」を示すのがムンツェー、ムンロン、ムンプン、ムンフン、ムンハーイということになった。「ツェンフン型」と「ムンツェー型」とを特にはっきりと分けるのは王族所属田の量であることも確認した。

　そのうえで、「ツェンフン型」と「ムンツェー型」の違いの背景にあるものは何かという問題意識を前提に、特に王族所属田に関して課される税に重点をおいて、各ムンの徴税システムを相互に比較した。その結果、明らかになったのは、以下のようなことである。

　王族所属田からどのように税が徴収されていたかに関しては、一部例外を除いて、メコン西岸とメコン東岸とではまったく異なった課税手段が取られていた。すなわち、メコン西岸においては、王族所属田を徭役によって耕作させるという形が一般的であり、メコン東岸においては、耕作を村落などに請け負わせてその耕地から毎年決められた量の米を耕地使用料として納めさせるという形が一般的であった。第一章で見たように、メコン東岸は一八世紀以来中国による支配が徐々に浸透していき、メコン西岸とは異なった政治的、経済的環境におかれてきた。メコン西岸とメコン東岸とで課税手段が異なるのも、その一つの表れであろうか。また、メコン本流沿いのムン、すなわちムンツェンフンとその周辺のムンでは、主に、王族所属田から耕地使用料を取る形の課税法を取っていた。

　一方、七大ムン内で比較してみると、一般に「ムンツェー型」では徭役によって耕作される耕地であったのに対し、「ツェンフン型」では耕作を請け負わせて耕地使用料を取る耕地であったという、王族所属田の性質の違いがあった。それが「ツェンフン型」と「ムンツェー型」に分かれる背景となっていたのである。

さらに注目すべきは、シプソンパンナーにおいて、耕地と関係なく戸や行政単位を対象に米を徴収する形の税が、ムンツェンフンにおいてのみ課されていなかったことである。ムンツェンフンにおいては、税としての米徴収は、実際の個別の耕地と密接に結び付いたものであるという前提が成立していた。一方、その他のムンでは、税糧は、戸や村落、その他の社会単位を支配することによって得られるものであった。この点も、「ツェンフン型」と「ムンツェー型」の違いの背景として重要である。

第三章以下では、第二部として、ムンツェンフンの事例を取り上げ、そのムン支配のあり方の特徴を明らかにしようとした。

まず、第三章では、ムンツェンフンの耕地と農民の把握の仕方について詳しく検討し、特にムンツェンフンの二つの特徴である、王族所属田が多いということと「クンフンツァオ」村落が多いということの間にどのような関係があるかについて考察した。その結果、「クンフンツァオ」農民は、村落を形成する時点からムン権力とのつながりを持っていたとされる、ムン権力への従属度が高い農民であり、王族所属田からの耕地使用料としての米上納や各種徭役を通して、ムン権力を経済的に支える存在であったことが確認された。第二章で明らかになったムンツェンフンの特徴、すなわち、①王族所属田が多く、そのほとんどが耕地使用料的に課税されることと、②「クンフンツァオ」村落が多い、ということの間には、実際には、「クンフンツァオ」村落内に王族所属田の多くがあり、主に「クンフンツァオ」がその耕作を担当して耕地使用料を納めているという密接な関係があったのである。

それに対してタイムンは、先住の民であると認識され、実際にも独立的、自律的な農民であった。徭役によって耕作されるツァオペンディン田（王田）については、その耕作徭役はタイムンを中心に課されていたが、第五章で明らかにしたように、それも多くは「クンフンツァオ」の村落に肩代りさせていたのである。

第四章では、タイムンと「クンフンツァオ」それぞれの村落の分布や水利組織内での立場について、地理的な分析視点を加えて分析を行った。その結果を、第三章で明らかにした内容と合わせ考えると、ムン権力の耕地、農民、水利灌漑への関わり方から見たムン支配展開の仮説を示すことができた。それは、以下の通りである。

ムン権力は、家内労働に従事していた従属民やムン外からの移住民をムン内に入植させた。彼らの村落は、それまでほとんど人が住んでいなかった盆地東部につくられる場合も多かった。そこに集落をつくり水田を開墾する場合、水路を新設するか既存の水路を整備・延長するかして、灌漑組織を整備し水管理をしなくてはならない。そこで、おそらくは、「クンフンツァオ」を入植させた主体であるムン権力が水路新設・延長工事を組織した。新設された水路のうち、水利官をおいて系統的に管理せねばならなかったのは、「クンフンツァオ」村落ばかりが用いる水路、ムンパーンファートであった。また、盆地西部から続く水路を整備・延長したのが、ムンツェーラーイとムンナーヨンという水路であった。ムンツェーラーイとムンナーヨンの水がかりにあるタイムン村落は、もとは自分たちだけで自発的に灌漑組織を作り自由に水を使っていたと考えられる。そのため、ムン権力は、「クンフンツァオ」の水利管理役に称号を与えて水利官とし、タイムンを牽制、管轄させた。特に下流側の水利管理役には高位の称号を与え、水路下流部の耕地まで十分に灌漑されるようはからった。

ムン権力によって、農民の入植・開拓が進められた盆地東部には、王族所属田も多く分布していた。特にツァオペンディン田（王田）は大部分が盆地中央部から東部にかけて位置しており、ムン権力の水利管理への関与は、一つにはその地のツァオペンディン田の灌漑を目指していたと言える。だが、その前提として「クンフンツァオ」農民の存在がなくてはならなかった。「クンフンツァオ」自身が、徭役や王族所属田の開墾、耕作を通じてムン権力を経済的に支える存在であり、そもそも、それを目的に、ムン権力が「クンフンツァオ」をツェンフン盆地内に移住させたと考えられるのである。「クンフンツァオ」の入植、盆地東部を耕地化するための水路の開設・整備・延長、王族所属田の開墾、そしてムン権力の水利組織への関与は、一連の切り放すことのできない事象なのであった。

以上のような分析によって、ムンツェンフンにおけるムン権力による用水管理は、盆地東部を中心とする未墾地に王族所属田、すなわち収穫米の部分的あるいはすべての徴収権を主張できる水田を開き「経営」することを主目的としていること、そして用水管理を通して農民を支配しようという発想は存在しなかったことが明らかになった。(1)

第五章においては、視点を変えて、村落農民側がムン支配をどう受け止めていたかに関する考察を試みた。その結果、王族所属田への課税や村落役職者への称号授与・免税措置など、ムン権力からの働きかけは、実際は村落内の論理で読みかえられた上で実践されていたことが明らかになった。利益も負担も村落というまとまりにもたらされたものと認識され、村落内の社会関係の論理に照らして各戸に分配されていたのである。

広い領域を持つなど、条件に恵まれた村落は、別村落との関係において、ムン権力によってもたらされた税負担を軽減することもできた。まず、第一に、村落領域内の耕地を別村落に貸して耕地使用料を取り、それをムンへの上納米またはその一部としてあてるという方法があった。もしムンへの上納米を納めてまだ余りがあれば、それは村落の得た利益として、村落内の社会関係の論理に照らして分配された。第二に、他村落に耕地を貸与しつづける交換条件として、ムンへ上納しなければならない分も上乗せして耕地使用料を請求したり徭役を肩代りさせたりするという方法があった。第三に、「付属」村を持ち、ムンへの税負担の一部を「付属」村に肩代りさせるという方法があった。

このような関係は、一般に、タイムンと「クンフンツァオ」の間に成立し、タイムン村落が「クンフンツァオ」

村落を利用して税の軽減をはかるという図式になっていた。タイムンが実際に受けるムン支配は、「クンフンツァオ」という「緩衝地帯」を通して軽減されたものであったのである。

第六章では、他村落への耕地貸出、税の肩代りの他村落への強制、「附属」村の存在、の三者が同時に表れる、バーンターというタイムンの古村落の事例を考察し、それを通して、ムンツェンフンに特徴的である多数の「クンフンツァオ」村落立村が、先住のタイムンにどのように受け入れられていったのかということについて考察した。その結果、ムン権力のバーンターへの伸張とバーンター権力の周辺他村落への伸張とは、実は相互に切り離せない表裏の関係にあり、同時進行していたと考えるべきであることが明らかになった。

「クンフンツァオ」がムン権力の指示を受けてバーンター領域内に村落をつくったことは、ムン権力にとっては権力伸張の一環であった。一方、バーンターにとっては、それは、耕地を広げさせたり米・その他の貢納品を納めさせたり労働力を提供させたりできる、従属的村落の獲得を意味した。ムン権力の伸長は、バーンターに、ムン権力に税を納めねばならないという負担を強いたが、反面、周辺村落を統括することによる利益も与え、しかもその利益を生かして税負担を軽減できる条件をもたらしたのである。

同様に、ムンツェンフンの他のタイムン村落においても、バーンターほど大規模なものではないにせよ、ムン権力の伸張を従属的村落獲得というプラス面に生かしながら受け入れていった例が多かっただろうことが、一般にタイムン村落が「クンフンツァオ」村落に耕地を貸すという傾向があったこと、ホンハーイ村落を「附属」村に持つタイムン村落が他にもあったことから予測できる。

ムンツェンフンにおいて特徴的である、多数の「クンフンツァオ」村落の立村は、先住の民であるタイムンにとっては、ムン支配が及んでくる際の尖兵であるというマイナス面を持つと同時に、周辺に自らに従属的な村落をつくる機会でもあった。ムンツェンフンのタイムンは、「クンフンツァオ」という第三者の存在によって、ムンからの課税を実質上軽減でき、さらに従属的村落を持つことによる、その他の実益を得る道を開かれたのである。

終-2 中心ムン、ムンツェンフンとはいかなるムンか?

第三章から第六章にかけて順次明らかにしたムンツェンフンのムン支配の特徴をまとめて、シプソンパンナーの他のムンと対比させてみると、以下のようになろう。

ムンツェンフンのムン支配が、シプソンパンナーの他のムンのムン支配と決定的に違う点は、税として米を徴収するための主たる課税対象が何かということにある。他のムンの場合は、それが戸や村落やさらに上位の社会単位、すなわち「人」が課税対象であったのに対し、ツェンフンの場合、王族所属田、すなわち「土地」が課税対象であった[2]。

それらの税を主に負担する対象も、ムンツェンフンとその他のムンとでは異なっていた。その他のムンでは、戸や村落などの社会単位に課せられる税は、主としてタイムンから徴収される場合が多かった。「クンフンツァオ」に課される場合も、タイムンより少量、しかも「クンフンツァオ」の中のレークノイだけに課すなどの限定条件がつく場合がほとんどであった(第二章参照)。これは、この形の税が、王族所属田の徭役に出る代わりに払う代価と意味づけされていたことと関係するであろう。王族所属田の徭役を主として担当するべき存在は、どのムンでもタイムンであったからである。それに対して、ムンツェンフンの「土地」に課税された税を負担するのは「クンフンツァオ」であった。

ムンツェンフンの王族所属田と「クンフンツァオ」は、その意味で、他のムンの王族所属田と「クンフンツァオ」とはまったく異なった機能を持った存在だった。一般に、他のムンの王族所属田は比較的少量であり、徭役によって耕作させ全収穫物を取るにしても、それは税糧全体の主要部分にはならなかった。それに対して、ムンツェンフンの王族所属田の大部分は耕地使用料として米を納めさせており、それはムンが得る税糧のうち重要な部分を占めていたのである。また、他のムンの「クンフンツァオ」は、従属民として主として家内労働をすることでムン権力に利益をもたらしたが、ムンツェンフンの「クンフンツァオ」は、それに加えて王族所属田の耕作をするものとして税糧確保の上でたいへん重要な役割を果たしていた。

ムンツェンフンが、この独特のシステムによって十分な税糧を確保しようと思えば、他のムンより多くの王族所属田と多くの「クンフンツァオ」を持たねばならなかったのは当然である。

このような課税システムが確立していく過程、つまり王族所属田と「クンフンツァオ」村落が増加していく過程であるが、第三章と第四章で明らかになったことから、以下のような仮説を示すことができよう。すなわち、ムン権力は、家内労働に従事していた従属民やムン外からの移住民をムン内に積極的に入植させて「クンフンツァオ」農民とし、入植先で開墾させてそれを王族所属田とした(3)。その開墾、耕作のために水路を新設するか既存の水路を整備・延長するかしなくてはならない場合は、ムン権力がその主導者となったのである。

さて、入植者に開墾地から収穫米を納めさせる方法であるが、ムンツェンフンの支配権力が入植者を増やし耕地を拡大していくにあたって選択したのは、開墾させた耕地を、耕地使用料を納めさせる王族所属田にするという方法だった。これは、米を徴収するために、人や労働力を支配するのでなく、耕地を支配しようという発想に基づいている。一般に、メコン西岸のムンでは人や労働力を支配して米を上納させようという発想が主であったし、メコン東岸のムンでは、耕地を支配しようとした例も見られるものの、やはり人や労働力を支配することによって税糧を確保しようという考え方が主流であった。ムンツェンフンのこの課税システムの背景にある思想は、シプソンパンナーにおいては非常に特殊なものだったと位置づけることができよう。

なぜ、ムン権力がこの課税法を取ったか、それにはどんな利点があったか、またはその方法を取らねばならないどんな理由があったのか、などについては、今のところ議論できる材料はそろっていない。だが、それは、ムンツェンフンがシプソンパンナーの中心ムンであったために形成された特徴の一つであった可能性があるし、あるいは、諸ムンをまとめるシプソンパンナーの中心ムンとしての地位をムンツェンフンが確立、維持する手段として作用したかもしれない。各ムンとの比較をさらに進め、それらの点が実際にはどうであったかを解明することは、今後に残された大きな課題である。

終-3 おわりに

本研究の問題関心は、シプソンパンナーがいかなる性格、構造的特質を持った政治統合であったかということだったが、実際に本書で検討できたのは、シプソンパンナー全般については、ムン権力の耕地・農民把握と課税のしかたとの関わり、ムンツェンフンに関しては、それに加えてムン権力の水利灌漑への関わり、さらにそこまでで検討してきたムン支配が農民側からどのように受け止められていたかということであった。今後、もう一つ注目していきたい点は、対外交易という視点から見るとムンやムン連合がどう位置づけられるかということである。シプソンパンナーも含め山間盆地のムン連合に関しては、対外交易を政治統合の特質との関係で分析した研究はまだない[4]。今後は、ムン権力の交易との関わりについても、本書で扱ったことと合わせて、総合して考えていかねばならない。

対外交易について、現在までの検討を通じて見出せた重要なこととしては、ムンツェンフンではツァオペンディンが塩を運ぶキャラバンを組織したり出資者として御用商人に交易させたりしていたこと、それに対して他のムンではムン権力が交易に関わることが少なかったということがある（その内容の一部は、拙稿参照［加藤 1998, 1999］）。本書で明らかにした、ムン権力の稲作との関わり方とも合わせて考えれば、ムンツェンフン、すなわち「ムン連合国家」の中心権力は自らの経済的基盤を支えるために稲作と交易を積極的に活用していたのに対し、他のムン、すなわち周辺の諸勢力はそれを行っていなかったという図式が描けることになろうか[5]。

また、本書で扱ったのは、基本的には二〇世紀半ばのシプソンパンナーであった。ここで明らかにされたことをもとに、少しずつ時代を遡って共通点、相違点を見出していき、時代の変遷に伴うシプソンパンナーの構造変化の大枠を見出すことも、今後長期的に取り組まねばならない大きな課題であろう。

註

（1）一方、馬場が明らかにしているように、ムンツェンフン以外のムンでは、水路は村田灌漑のためのタイムン主導のものであり［馬場 1990：96-100］、ムン権力は用水管理にまったく関わっていない。ということは、支配権力による用水管理は、ムンという政治単位の成立のために必要不可欠なものではないということになる。

田辺繁治は、ラーンナーの事例について、支配権力は水利事業を組織し遂行することによって傘下の農民人口を保持し、それを支配することを可能にしたと言っている［田辺：1976b］が、シプソンパンナーの場合、それが見られるのは、おそらくムンツェンフンのみ、それも「クンフンツァオ」に対してのみであったのである。

（2）田辺はシプソンパンナーの官僚制を支える物質的基盤として、戸税と官職に付随する田地における小作関係の両者を挙げた［田辺：1973］が、本書の考察により、それが同一のムン内で現れるわけではなく、ムンツェンフンでは官職に付随する田地における「小作関係」が、他のムンでは「戸税」がそれぞれ支配的であることが明らかになった。

（3）この仮説によれば、「クンフンツァオ」はムン権力が積極的に入植政策を行って初めて増加するものであり、入植さえすれば開墾可能な地が残っていたことになる。そして、それより前の段階では、ムンツェンフンには人も土地も相対的に少なかったことになる。東南アジアにおける希少資源は土地ではなく人であったことや、東南アジア「伝統的国家」にとっての人を集めることの重要性は、多くの先行研究により示されている。ムンツェンフンの場合もそうであると考えられよう。

（4）対外交易という視点は、タンバイヤの「銀河系的政体」論において王室経済を支えるものとして稲作と並びあげられているのをはじめとして、先行研究によってその重要性が繰り返し提示されている。

（5）このような中心―周辺の差異も、これまで東南アジア前近代国家論に抜け落ちていた視点である。

附論

日本におけるシプソンパンナー研究

本書の具体的問題設定と直接関わらなかったため、本文中では触れることができなかったが、日本においても、筆者がシプソンパンナー研究を始めるずっと以前から、主に人類学者の手によるシプソンパンナー研究が行われていた。問題の立て方は同じでないものの、本書がそれら先行研究の蓄積の上に書かれ、その研究史の流れの末端に位置しているのは言うまでもない事実である。ここで、日本におけるシプソンパンナー研究を簡単にふりかえってみたいと思う。それは、日本の研究史における本書の位置を確認するために有益であると同時に、読者の方々に、本書とは別の角度からシプソンパンナーを理解していただくための手がかりともなるであろう。

以下の記述のしかたとしては、扱っている内容で分けて項目を立て、その中で、基本的には古いものから新しいものへと紹介を行いたい。項目の立て方は、考えうるさまざまな整理のしかたの一つでしかないが、ここでは、「北部タイのタイ・ルー研究」、「政治社会組織についての研究」、「宗教に関わる研究」、「文化と文化変化についての研究」、「王権に関わる研究」という分け方で、先行研究を分類して示すことにした。なお、ここで行うのは、先行研究中でシプソンパンナーがどのように研究されてきたかの紹介であり、個々の研究の論旨にはそれほど深く立ちいらないことにしたい。

一　北部タイのタイ・ルー研究

シプソンパンナーそのものを研究対象にしたわけではないが、シプソンパンナーのタイ族、すなわちタイ・ルーを取りあげたという点で「シプソンパンナー研究」の先駆けと位置付けうるのは、一九六〇年代の岩田慶治の一連の研究である。岩田は、大阪市立大学・京都大学合同第二次東南アジア調査隊（一九六一―六二年）に参加し、北部タイのチェンカムにシプソンパンナーから移住したタイ・ルーの村落を訪れて調査している。その成果は、稲作技術［岩田 1963］、精霊信仰［岩田 1963］、村落社会の解体と再編成［岩田 1964a］、家族と親族［岩田 1964b］といったさまざまな側面から論じられた。これらの論考においては、タイ・ルー村落だけの分析に留まらず、稲作技術については北部タイのタイ・ヤイ村落での調査結果、村落社会・家族・親族については同タイ・ヤイ村落に加えて北部ラオスでの調査結果も含めて、比較の視点で分析がなされている。

北部タイのタイ・ルーについては、その後、一九九〇年代に入ってから、馬場雄司がナーン県のタイ・ルー村落で調査を行っている。シプソンパンナーとの関係でいえば、シプソンパンナーからの移住と定着の状況、移住の歴史的記憶保持の機能を果たすムンの守護霊儀礼（3の「宗教に関わる研究」参照）、村落間関係の変化に対応したその儀礼の意味付けの変化［馬場 1993a；1993b；1995；1996；1999］などが議論されている。

二　政治社会組織についての研究

シプソンパンナーのタイ族を含む、中国居住のタイ族を研究対象とした日本最初の研究者は、加治明であった。加治は、一九六八年には、江応樑による報告書［江 1950］をもとに、雲南省に居住するタイ族の政治社会組織を紹介している。そこでは、シプソンパンナーの政治社会組織もかなり詳細に取り上げられている［加治 1968］。それは、タイ国に居住するタイ族の研究と比較すれば中国居住のタイ族についての研究は極度に遅れているという状況の中で、将来の研究の手がかりとするためになされた作業であった。

大林太良は、この加治の研究も引用しながら、中国土司制度のもとにある諸民族の政治組織の具体例として、シプソンパンナーの政治制度を取り上げて議論した［大林 1970］。大林の問題関心は、隣接する高文化の統治機構との関連において政治組織を考察しようというところにあった。

一九七三年には、田辺繁治が、シプソンパンナーの統治形態解明を直接の課題とした論考を発表している［田辺 1973］。田辺は、タイ・ルー族の政治組織と土地制度を描き出し、漢人勢力がシプソンパンナーに入り込んでくる過程を追い、商品経済の浸透についても論じている。

一九八二年になると、長谷川清が、ムン連合国家の典型として、シプソンパンナーを考察の対象に取りあげた［長谷川 1982］。長谷川は、パンナーとは何かの検討を通してシプソンパンナーの統治領域について考察し、清朝がシプソンパンナーへの政治的影響力を強める過程をたどり、さらに政治支配組織についても言及している。長谷川は、一九八四年にはタイ系諸王国の創世神話を検討してムン国家のあり方について考え［長谷川 1984］、さらに一九八九年には雲南少数民族の建国神話を分析の対象とした［長谷川 1989］。その際、シプソンパンナーの創世神話・建国神話もその検討事例として取り上げられている。

さて、一九八六年になると、再び加治明が、タイ系諸族の政治社会組織についての論考を発表する。そこでは特に、ムン相互の関係のあり方、ムン間の結合のあり方に留意した事例の検討がなされる。そして、ムンがそれぞれ独立している場合（I型）、複数のムンが同等の立場で結合している場合（II型a）、ある有力ムンが他のムンを統括する場合（II型b）と類型をたて、II型bが一般的であるとしている。シプソンパンナーは、II型bの中でも、他のムンに対する有力ムンの支配が半ば恒久化し、その支配を支える組織が整備されている場合であると、加治は位置づけている［加治 1986］。

シプソンパンナーの水利組織に関しては加治と馬場による研究があるが［加治 1988b；馬場 1990］、本文中でも触れているので、ここでは取り上げない。

三　宗教に関わる研究

加治明は政治社会組織についてばかりでなく、宗教についても考察している。一九七二年に出された論文はシプソンパンナーの事例のみを扱ったものである。そこでは仏教と精霊信仰の両者について紹介がなされ、今後研究していくべきいくつかの問題が提起されている［加治 1972］。その後、一九八〇年には仏教に焦点をしぼった考察がなされ、雲南におけるもう一つのタイ族集住地域である徳宏とシプソンパンナーとを比較して、その相違を描き出している［加治 1980］。一九八〇年代に入って、中国で『調査報告』などの報告書が公刊され、多くの新たな研究成果が公表されるようになると、加治は、中国のタイ族の宗教に関するそれまでの論文の補充・再考の必要を感じたという。一九八八年に出された論考は、中国タイ族の宗教の中でも、シプソンパンナーの仏教を取りあげて再考したものであり、その他のタイ族との比較ということが強く意識されている［加治 1988］。翌年には、今度は精霊信仰を中心に議論がなされた［加治 1989］。

一方、田辺繁治は、単なる宗教の問題としてではなく、村落共同体とムンという擬制的共同体との間の隔絶と矛盾を覆い隠すものとして、ムンの守護霊儀礼を位置付けている。ムンの守護霊儀礼は、世帯の霊や村の霊の儀礼といった下位レベルの儀礼、既存の儀礼との形式面での同化によって、ムンのイデオロギー的支配の装置として作動し、民衆的合意をつくりだしたことが論じられている［田辺 1984］。

一九九三年になると、長谷川清は、シプソンパンナーのタイ・ルー族の宗教文化について、現地調査の資料をふまえた素描を行い、加えて、新中国成立後に宗教文化にいかなる変化の相があらわれているかを、中国という全体社会の文脈に即して解釈している［長谷川 1993］。

四　文化と文化変化についての研究

馬場雄司は、一九八四年に、シプソンパンナーにおいて儀礼などの際に歌を歌う、ツァーンハプと呼ばれる歌い手について分析を行った［馬場 1984］。それは、シプソンパンナーにおけるインド系文化と土着文化との複合状況を考察するためのものであった。

シプソンパンナーが中国の一部として取り込まれて以後の文化変化について論じているのは、長谷川清である。長谷川は、タイ族が国境を越えて分布する民族であることに注目する。そして、中国と東南アジアのタイ族の間で差異も生成しつつあるという視点で、シプソンパンナーのタイ族社会におけるエスニック・アイデンティティの変容と再編について検討を行った［長谷川 1990；1991b；1998］。そこでは、寺の再建や出家、寺での教育の優先によってタイ族農民がエスニック・アイデンティティを確認していることなどが指摘された。

五　王権に関わる研究

一九九一年には、長谷川が、シプソンパンナーの王権（ムンツェンフンのツァオペンディン権力）の象徴的秩序について、さまざまな面から検討を行った［長谷川 1991a］。中国およびビルマという政治的な〈外部〉の存在、ムンツェンフンの河川水系における位置、王の称号、王都ツェンフンの構造、王権と守護霊との関わり、王権の起源に関わる伝承、政治のあり方と儀式などの諸側面である。

以上、日本におけるシプソンパンナー研究を概観した。本書は歴史学的な問題の立て方をし、主に社会経済的側面の分析を行っているのに対して、先行研究の中には、本書では扱えなかった視点、すなわち、イデオロギー的側面、象徴的側面が分析されていることが明示されたことと思う。

最後に一つ確認しておきたいのは、これらの先行研究も本書も、日本における研究の枠内だけでなされてきたのではないことである。ここでは外国の研究まで取り上げて関連を見ることはしなかったが、どの研究も、日本以外の地での研究との相互関連の上で議論の発展をはかってきたことは、忘れてはならないだろう。

第二章附表

表 2-1　ムンの依拠する盆地面積

ムンの名前	記号	盆地面積 1 (km²)	盆地面積 2 (km²)	盆地面積 (%)
ムンツェー，ムンフン，ムンツェンツン	n,k,j	229	(161)	(25.19)
ムンツェー，ムンツェンツン	n,j	(143)	100	15.69
ムンフン	k	(86)	60	9.41
ムンハム	b	84	59	9.23
ムンロン	h	79	55	8.70
ムンツェンフン	a	76	53	8.35
ムンハーイ	i	51	35	5.56
ムンプン	z	48	34	5.26
ムンヒン	t	42	29	4.60
ムンヨン		38	27	4.20
ムンラー	y	35	24	3.80
ムンマーン		34	24	3.73
ムンガート	p	26	18	2.90
ムンヤーンノイ	d	26	18	2.80
ムンツェンヌー	s	25	17	2.71
ムンバーン	u	16	12	1.81
ムンツェンロー	m	15	11	1.65
ムンパーン	l	15	10	1.65
ムンション		14	10	1.56
ムンヌン	g	13	9	1.41
ムンマーン	o	12	8	1.29
ムンホン	f	11	8	1.24
ムンワン	r	10	7	1.08
ムンハーン	q	5	4	0.58
ムンカン		3	2	0.37
ムンスーン	e	3	2	0.33
合　計		911	637	100.00

注　盆地面積 1 は [劉 (他，編) 1990] 中の数値である．盆地面積 2 は，佐藤哲夫氏がムンツェー，ムンフン，ムンハーイについて求めた数値が盆地面積 1 の約 7 割になっていることから，盆地面積 1 の各数値に 0.7 をかけたものである．ただし，ムンツェー，ムンフンそれぞれの盆地面積 1 は佐藤氏の数値から逆算したものである．

表 2-2　水田総面積

ムンの名前	記号	水田総面積 (ムー)	水田総面積 (%)
ムンツェー	n	52198	17.11
ムンロン	h	35924	11.78
ムンツェンフン	a	29213	9.58
ムンフン	k	28942	9.49
ムンハーイ	i	20427	6.70
ムンハム	b	20361	6.67
ムンプン	z	18571	6.09
ムンツェンツン	j	11914	3.91
ムンラー	y	11779	3.86
ムンヤーンノイ	d	11448	3.75
ムンヒン	t	10128	3.32
ムンツェンヌー	s	9942	3.26
ムンワン	r	8073	2.65
ムンガート	p	6942	2.28
ムンマーン	o	5940	1.95
ムンスーン	e	5503	1.80
ムンツェンロー	m	2980	0.98
ムンバーン	u	2654	0.87
ムンツェントン	v	2639	0.87
ムンパーン	l	2400	0.79
ムンツェンハー	c	2366	0.78
ムンハーン	q	1755	0.58
ムンホン	f	1228	0.40
ムンヘム	w	916	0.30
ムンウェン	x	828	0.27
合　計		305071	100.00

表 2-3　ムンの依拠する盆地面積と水田面積

ムンの名前と記号		盆地面積 (km²)	盆地面積 (%)	水田面積 (km²)	水田割合 (%)
ムンツェーn, ムンツェンツン	j	143	15.69	42.74	29.92
ムンフン	k	86	9.41	19.30	22.51
ムンハム	b	84	9.23	13.57	16.16
ムンロン	h	79	8.70	23.95	30.23
ムンツェンフン	a	76	8.35	19.48	25.61
ムンハーイ	i	51	5.56	13.62	26.90
ムンプン	z	48	5.26	12.38	25.85
ムンヒン	t	42	4.60	6.75	16.12
ムンヨン		38	4.20		

ムンラー	y	35	3.80	7.85	22.70
ムンマーン		34	3.73		
ムンガート	p	26	2.90	4.63	17.53
ムンヤーンノイ	d	26	2.80	7.63	29.90
ムンツェンヌー	s	25	2.71	6.63	26.86
ムンバーン	u	16	1.81	1.77	10.75
ムンツェンロー	m	15	1.65	1.99	13.24
ムンパーン	l	15	1.65	1.60	10.68
ムンション		14	1.56		
ムンヌン	g	13	1.41		
ムンマーン		12	1.29	3.96	33.70
ムンホン	f	11	1.24	0.82	7.25
ムンワン	r	10	1.08	5.38	54.70
ムンハーン	q	5	0.58	1.17	22.04
ムンカン		3	0.37		
ムンスーン	e	3	0.33	3.67	100.00?
合　計		911	100.00	218.19	

注　盆地面積は［劉（他，編）1990］中の数値である．
ただし，ムンツェー，ムンフンそれぞれの盆地面積は佐藤氏の数値から逆算したものである．

表 2-4　村落総数

ムンの名前	記号	村落総数	村落総数（%）
ムンツェンフン	a	89	14.15
ムンツェー	n	89	14.15
ムンロン	h	62	9.86
ムンハム	b	54	8.59
ムンプン	z	45	7.15
ムンラー	y	32	5.09
ムンハーイ	i	30	4.77
ムンフン	k	29	4.61
ムンツェンツン	j	28	4.45
ムンツェンヌー	s	26	4.13
ムンヤーンノイ	d	23	3.66
ムンヌン	g	20	3.18
ムンワン	r	14	2.23
ムンスーン	e	12	1.91
ムンツェントン	v	12	1.91
ムンヒン	t	11	1.75
ムンツェンロー	m	8	1.27
ムンマーン	o	7	1.11
ムンガート	p	7	1.11

ムンパーン	l	6	0.95
ムンバーン	u	6	0.95
ムンウェン	x	5	0.79
ムンツェンハー	c	4	0.64
ムンホン	f	4	0.64
ムンハーン	q	3	0.48
ムンヘム	w	3	0.48
合　計		629	100.00

注 1. この表は主に『歴二』pp. 86-96 の数値によった.
　2. ムンバーンには，あと六村以上存在するという情報もある.

表 2-5　農民所属田

単位：ムー

ムンの名前	記号	農民所属田総面積	農民所属田総面積 (%)
ムンツェー	n	52038	19.21
ムンロン	h	35826	13.23
ムンフン	k	26800	9.90
ムンハーイ	i	19993	7.38
ムンプン	z	18029	6.66
ムンハム	b	15777	5.83
ムンツェンフン	a	14073	5.20
ムンツェンツン	j	11486	4.24
ムンヒン	t	10122	3.74
ムンツェンヌー	s	9777	3.61
ムンヤーンノイ	d	8914	3.29
ムンワン	r	7654	2.83
ムンガート	p	6656	2.46
ムンラー	y	6280	2.32
ムンスーン	e	5503	2.03
ムンマーン	o	5356	1.98
ムンツェンロー	m	2780	1.03
ムンバーン	u	2469	0.91
ムンパーン	l	2322	0.86
ムンツェンハー	c	2282	0.84
ムンツェントン	v	2178	0.80
ムンハーン	q	1731	0.64
ムンホン	f	1160	0.43
ムンヘム	w	916	0.34
ムンウェン	x	706	0.26
合　計		270828	100.00

表 2-6　王族所属田

単位：ムー

ムンの名前と記号		ツァオムン田	ポーラーム田	王族所属田 総　面　積	王族所属田 総面積 (%)
ムンツェンフン	a	2487	12653	15140	48.15
ムンハム	b	0	4584	4584	14.58
ムンラー	y	2194	2158	4352	13.84
ムンヤーンノイ	d	150	1784	1934	6.15
ムンフン	k	1766	0	1766	5.62
ムンマーン	o	286	288	574	1.83
ムンプン	z	330	152	482	1.53
ムンツェンツン	j	410	0	410	1.30
ムンハーイ	i	356	38	394	1.25
ムンワン	r	346	0	346	1.10
ムンガート	p	282	0	282	0.9
ムンツェンロー	m	200	0	200	0.64
ムンバーン	u	185	0	185	0.59
ムンツェンヌー	s	124	0	124	0.39
ムンウェン	x	122	0	122	0.39
ムンツェー	n	120	0	120	0.38
ムンロン	h	50	48	98	0.31
ムンツェントン	v	86	0	86	0.27
ムンツェンハー	c	0	84	84	0.27
ムンパーン	l	48	30	78	0.25
ムンホン	f	60	0	60	0.19
ムンハーン	q	24	0	24	0.08
ムンスーン	e	0	0	0	0.00
ムンヒン	t	0	0	0	0.00
ムンヘム	w	0	0	0	0.00
合　　計		9566	21879	31445	100.00

注　ツァオペンディン田はツァオムン田としてカウントした．

表 2-7　王族所属田と農民所属田の比率

単位：%

ムンの名前	ムンの記号	王族所属田	農民所属田	そ の 他
ムンツェンフン	a	51.83	48.17	0.00
ムンラー	y	36.95	53.32	9.74
ムンハム	b	22.51	77.49	0.00
ムンヤーンノイ	d	16.89	77.87	5.24
ムンウェン	x	14.73	85.27	0.00
ムンマーン	o	9.66	90.17	0.17
ムンバーン	u	6.96	93.04	0.00

ムンツェンロー	m	6.71	93.29	0.00
ムンフン	k	6.10	92.60	1.30
ムンホン	f	4.89	94.46	0.65
ムンワン	r	4.28	94.81	0.91
ムンガート	p	4.06	95.88	0.06
ムンツェンハー	c	3.55	96.45	0.00
ムンツェンツン	j	3.44	96.41	0.15
ムンツェントン	v	3.25	82.53	14.21
ムンパーン	l	3.25	96.75	0.00
ムンプン	z	2.60	97.08	0.32
ムンハーイ	i	1.93	97.88	0.20
ムンハーン	q	1.37	98.63	0.00
ムンツェンヌー	s	1.25	98.34	0.41
ムンロン	h	0.27	99.73	0.00
ムンツェー	n	0.23	99.69	0.08
ムンスーン	e	0.00	100.00	0.00
ムンヒン	t	0.00	99.94	0.06
ムンヘム	w	0.00	100.00	0.00

表 2-8　タイムン村落数

ムンの名前	ムンの記号	村落数	村落数 (%)
ムンツェー	n	56	17.07
ムンロン	h	52	15.85
ムンハム	b	28	8.54
ムンプン	z	25	7.62
ムンフン	k	21	6.40
ムンラー	y	18	5.49
ムンツェンフン	a	17	5.18
ムンハーイ	i	14	4.27
ムンツェンツン	j	12	3.66
ムンツェンヌー	s	12	3.66
ムンワン	r	9	2.74
ムンヤーンノイ	d	8	2.44
ムンヌン	g	8	2.44
ムンツェントン	v	8	2.44
ムンツェンロー	m	7	2.13
ムンマーン	o	6	1.83
ムンガート	p	6	1.83
ムンバーン	u	6	1.83
ムンホン	f	4	1.22
ムンパーン	l	4	1.22
ムンウェン	x	3	0.91

ムンハーン	q	2	0.61
ムンヘム	w	2	0.61
ムンツェンハー	c	0	0.00
ムンスーン	e	0	0.00
合　計		328	100.00

表 2-9 「クンフンツァオ」村落数

ムンの名前	ムンの記号	村落数	村落数（%）
ムンツェンフン	a	60	22.64
ムンツェー	n	31	11.70
ムンハム	b	26	9.81
ムンプン	z	17	6.42
ムンツェンツン	j	16	6.04
ムンヤーンノイ	d	14	5.28
ムンハーイ	i	14	5.28
ムンツェンヌー	s	14	5.28
ムンスーン	e	12	4.53
ムンヌン	g	12	4.53
ムンロン	h	10	3.77
ムンラー	y	9	3.40
ムンフン	k	8	3.02
ムンワン	r	5	1.89
ムンツェンハー	c	4	1.51
ムンツェントン	v	4	1.51
ムンパーン	l	2	0.75
ムンウェン	x	2	0.75
ムンツェンロー	m	1	0.38
ムンマーン	o	1	0.38
ムンガート	p	1	0.38
ムンハーン	q	1	0.38
ムンヘム	w	1	0.38
ムンホン	f	0	0.00
ムンバーン	u	0	0.00
合　計		265	100.00

表 2-10　タイムン村落と「クンフンツァオ」村落の比率

単位：%

ムンの名前	ムンの記号	「クンフンツァオ」村落	タイムン村落	王族村落
ムンツェンハー	c	100.00	0.00	0.00
ムンスーン	e	100.00	0.00	0.00
ムンツェンフン	a	67.42	19.10	13.48
ムンヤーンノイ	d	60.87	34.78	4.35
ムンヌン	g	60.00	40.00	0.00
ムンツェンツン	j	57.14	42.86	0.00
ムンツェンヌー	s	53.85	46.15	0.00
ムンハム	b	48.15	51.85	0.00
ムンハーイ	i	46.67	46.67	6.67
ムンウェン	x	40.00	60.00	0.00
ムンプン	z	37.78	55.56	6.67
ムンワン	r	35.71	64.29	0.00
ムンツェー	n	34.83	62.92	2.25
ムンパーン	l	33.33	66.67	0.00
ムンハーン	q	33.33	66.67	0.00
ムンツェントン	v	33.33	66.67	0.00
ムンヘム	w	33.33	66.67	0.00
ムンフン	k	27.59	72.41	0.00
ムンラー	y	25.71	51.43	22.86
ムンロン	h	16.13	83.87	0.00
ムンマーン	o	14.29	85.71	0.00
ムンガート	p	14.29	85.71	0.00
ムンツェンロー	m	12.50	87.50	0.00
ムンホン	f	0.00	100.00	0.00
ムンバーン	u	0.00	100.00	0.00

表 2-12　ムンツェンフン(a)における徴税［歴四］

王族所属田との関わりで課せられる税

王族所属田面積　15140 ムー

1) ツァオペンディン田の一部
　耕作のあり方：徭役耕作
　徭役対象：ツァオペンディン（王）
　担当（耕作）者・担当単位：定められた村落（タイムンおよび「クンフンツァオ」）

2) ポーラーム田，残りのツァオペンディン田
　納入物：耕地使用料として　米
　納入対象：当該の田が所属するポーラーム（大臣）あるいはツァオペンディン
　納入（耕作）者・納入単位：その田を領域内に持っている村落

王族所属田と直接に関わりのない税

徭役（ツァオペンディン田の耕作以外）
　担当者・担当単位：タイムン，「クンフンツァオ」ともに負担，村落単位
　　カーンムンと総称されるムン公民としての業務はタイムンの負担
　　王族の家の家内労働は，主として「クンフンツァオ」が従事

＊村田を耕すものは，ムンの徭役を負担せねばならないと言われていた．

注　名目的にはすべて土地はツァオペンディンのものとされており［歴四：6 など］，その論理でいけば，土地を耕作する代価は何らかの形で支払われねばならないことになる．そこで，徭役と実質上の米の負担がない村田とを結びつけるという考え方が出てくるのであろう．それらの徭役が，本当に個別の農民所属田と結びついた形で課されていたかどうかについては，更に詳細な検討が必要である．土地とは直接関係なく，むしろ，タイムンと「クンフンツァオ」というカテゴリーに関わって課されていた可能性もある．タイムンと「クンフンツァオ」とで，課される徭役の種類や量がどのように異なっていたかについての具体的検討は本文第二部で行っている．

表 2-13　ムンハム(b)における徴税

王族所属田との関わりで課せられる税

王族所属田面積　4584 ムー［歴八：32-35］(再計算値)

1) ムンツェンフンのポーラーム（大臣）の職田

納入物：耕地使用料として　米（収穫の約 5 パーセント）で納める場合,「卵 100 個，魚 30 匹」など米以外の物で納める場合がある.

納入対象：当該の田が所属するポーラーム

納入（耕作）者・納入単位：その田を領域内に持っている村落の村民　村落単位で納入

2) ツァオツェンハー（ムンツェンフンのポーラーム）に属する領域内の土地［歴八：11］

納入物：開墾して 3 年後から，耕地使用料として銀を納める

納入対象：ツァオツェンハー

納入者：開墾・耕作者

王族所属田と直接に関わりのない税

1) ハオハーン［歴八：18］

納入物：米

納入対象：ムンハムのツァオムン（ムンの首長），パヤーカオ（筆頭大臣）

納入者•納入単位：タイムンの自治的行政単位，ホーサーオおよびボク（内部に複数の村落を含む）　ボク一つあたりの納めるべき米の量は等しかった

注：ホーサーオやボクごとに内部に含む戸数が違うので，一戸あたりの負担数は，どのホーサーオやボクに属するかよって異なっていた.

注：ハオは米を表す語である．タイ国語では語頭の子音にカ/kh/が使われるが，タイ・ルー語ではそれがハ/x/という音になる.ハーンは怠惰なという意味であり,ハオハーンとは徭役に行かない代わりに納める米というのが元義であるという.

2) ハオコン［歴八：18］

納入物：米（同時に柴，馬のための草も）

納入対象：ムンハムのツァオムン，ハーマー（ムン最大の行政単位の長である大臣）

納入者・納入単位：多くは「クンフンツァオ」が納入　村単位で負担

注：もとはツァオムンとハーマーのための家内労働をする徭役が「クンフンツァオ」に課せられており，その仕事をする者はクンコンと呼ばれていた.その徭役に行かなくなった代わりに納めるようになったのが，ハオコンであるという.

注：ハオが米を指すことは確かである．コンは徭役を意味する言葉だと『調査報告』中にはある．クンコンのクンは,「クンフンツァオ」のクンと同様，人という意味のタイ・ルー語である.

3) ムンツェンフンのポーラームたちへ納められる税

表 2-14　ムンヤーンノイ(d)における徴税

王族所属田との関わりで課せられる税

王族所属田面積　1934 ムー［歴八：146 表］

1) ムンツェンフンのポーラーム（大臣）の職田［歴八：138］
納入物：耕地使用料として　米
納入対象・納入料：100 ナーのポーラーム田につき 4 石から 6 石（1 石＝約 100 キログラム）の米がムンヤーンノイに納められ，その中の 4 分の 3 がムンツェンフンに渡された

2) ムンヤーンノイのツァオムンに属するツァオムン田
耕作のあり方・納入物：一部が耕地使用料を米で納める形で，一部が傜役耕作
納入・傜役対象：ツァオムン（ムンの首長）

3) ツァオペンディン田の存在を示す記述もあり
ツァオペンディン（ムンツェンフンにいる王）のためにラッパを吹く傜役が付随［歴八：35］.

王族所属田と直接に関わりのない税

1) ハオハーン［歴八：134］
納入物：米
納入対象：ツァオムン
納入者・納入単位：各戸

2) 門戸銭・養傷費［歴八：134］
納入物：米
納入対象：ツァオペンディン（ツェンフンのツァオロンパーサートという大臣に納められたいう説もある）
納入者・納入単位：各戸（一戸につきそれぞれ半開 1.2 元と 1 元）

注
養傷費：『調査報告』には，タイ語からの中国語への意訳でこのように記されているが，それが訳し違いである可能性があるとの注記もある.
半開：雲南で流通していた銀貨で，五角（2 分の 1 元）の価値を持ったものを指していると考えられる.

3) 家内労働を中心とした傜役［歴八：133］
傜役対象：ムンツェンフンのポーラームであるツァオツェンハーとツァオロンナーホーク
担当者・担当単位：定められた村落

注：ツァオロンナーホークに対するものは，半開の支払いで代替されるようになっていた.

表2-15　ムンツェンハー(c)における徴税

王族所属田との関わりで課せられる税

王族所属田面積　84ムー［歴八：66］

ツァオツェンハー田［歴八：66］
納入物：米
納入対象：ツァオツェンハー（ムンツェンフンのポーラーム）
納入（耕作）者・納入単位・納入料：3つのボクという行政単位（内部に複数の村落を含む）
ボクあたり10ハープずつ

注：この小ムンは，ムンツェンフンのポーラーム（大臣）であるツァオツェンハーの領地となっている．王族所属田としても，ツァオツェンハーのポーラーム田しかない．

王族所属田と直接に関わりのない税

1）ハオハーンと，それに類するツァオツェンハーへの税［歴八：68］
納入物：米
納入者・納入単位　合わせて，一戸につき60斤（＝1.2ハープ相当）

2）ツァオツェンハーに対する家内労働徭役

注：このムンの民はツァオツェンハーのレークノイと位置づけられていたので，ムンを挙げて順番に徭役に出ていた。レークノイという集団範疇名称は，多くのムンで存在し，『調査報告』中では「クンフンツァオ」の下位範疇として扱われている．レークとは，支配者の誰かに所属している民という意味で使われた語であると思われる．ノイは小さいという意味である．ムンの公民で誰にも所属していないタイムンに対して，もう1つの主要な民のあり方がレークノイであったと考えられる．

3）ツァオペンディン（ムンツェンフンにいる王）のために船を管理する仕事［歴八：68］
担当者：定められた村落

表2-16　ムンツェー(n)における徴税

王族所属田との関わりで課せられる税

王族所属田面積　1954年の段階でツァオムン（ムンの首長）田120ナー

注：1954年から見て40年余り前には，ツァオムン田は100ムーあまり多かった
中華民国時代に，ツァオムンはその100ムーあまりをクワーン（ムン議会）の長，ツァオクワーンに売却した．『調査報告』には，国民党の柯樹勛の入って来る前との記述が添えられている．それは，1910年前後のことと見てよいであろう．

① 1954年から見て40年余り前のツァオムン田［歴六：13］
耕作のあり方：耕作徭役
徭役対象：ツァオムン
担当（耕作）者：ムンのすべての農民

② 1954年段階［歴六：13］
1）ツァオムン田120ムーのうちの80ムー
納入物：耕地使用料として　米
納入（耕作）者：2つの村落

2) ツァオムン田 120 ムーのうちの 40 ムー：ツァオムンの兄が「占有」[歴六：18]
耕作のあり方：耕作徭役
担当（耕作）者：毎年一戸につき 2 日

3) ポーラーム田（数字としてはカウントされていない）[歴六：19]
耕作のあり方：耕作徭役
担当（耕作）者・担当単位・担当量：そのポーラーム（大臣）が管轄を担当するボク内の農民
毎年 1 戸につき 2-3 日，作業が完了するまで行われた

注：ボクは，他のムンの場合と同様，数個の村落をまとめる自治的行政単位である．ムン権力は，村落やボクなどの自治的行政単位それぞれに対して，その管轄を担当するポーラームを定めていた．その場合，ポーラームの特定の職が特定の行政単位と結び付けられているのであって，誰であってもその時々にそのポーラーム職にあるものが管轄を担当した．

王族所属田と直接に関わりのない税

1) ハオハーン
納入物：米
納入対象：ツァオムン 8 に対してポーラーム 2 の割合で分配される [歴六：18]
納入者・納入単位・納入量：各戸　一戸あたり 1 ハープ

2) ポーラームに対する家内労働徭役
担当者・担当単位・担当期間：そのポーラームの担当ボク内の農民
毎年一戸 5-15 日

3) 入安居，出安居の際の貢納（スマー）[歴六：19]
納入物：半開，蠟燭，布，米
納入対象：ツァオムン　一部をポーラームに分け与えた
納入者・納入単位・納入量：各戸　一戸につき半開 4 角，蠟燭 2 対，布と米を少しずつ

4) クワーン（ムン議会）に対する税
納入物：半開
納入者・納入単位・納入量：各戸　一戸につき半開 2 角から 3 角（ボクを通して納められた）

表 2-17　ムンロン(h)における徴税

王族所属田との関わりで課せられる税

王族所属田面積　ツァオムン田 50 ムー，ポーラーム田 48 ムー，合計 98 ムー

＊税徴収に関する記述，『調査報告』中になし

王族所属田と直接に関わりのない税

1) ハオハーン［歴八：66］
納入物：米
納入対象：ツァオムン（ムンの首長），ポーラーム（大臣）
納入単位：ホーシプ（複数の村落を含む自治的行政単位）
納入料：ツァオムンに 1.5 ハープ，パヤーロンカオ（筆頭大臣）に 0.5 ハープ，フンヘクに 0.5 ハープ（おそらく一戸あたりの数値）

注：文書化された規定による．いつ書かれたか記載されていないが，「この制度は三年から四年ごとに一度検討して，（必要があれば）制定し直す.」との言葉が文頭にある．

ホーシプの管轄担当となっているポーラームに，ホーシプ全体から 20.5 ハープ

2) ハオファークラーム［歴八：66］
納入物：米
納入対象：そのホーシプの管轄担当となっているポーラーム
納入単位・納入料：ホーシプごとに 20 ハープ

注：ハオが米を指し，ファークが預けることを意味している．ラームはポーラームのことを指すと思われる．村の「頭人」が会議のために街に滞在している時に食べる米を，その村が所属するホーシプの管轄ポーラームに預けておくという名目で納められる．

3) ポーラームの「禄」（コン？）［歴八：86］
納入物：米
納入対象：そのホーシプの管轄担当となっているポーラーム
納入単位・納入料：ホーシプごとに 110 ハープ　実際は，どの村からどのポーラームに払えという通知にしたがって，指定されたポーラームに村から直接納められた

＊徭役についても，税徴収上でタイムンと「クンフンツァオ」との区別がなされているかどうかについても，記述はない．

表 2-18　ムンハーイ(i)における徴税

王族所属田との関わりで課せられる税

王族所属田面積：394 ムー

1) 城市の近くにある王族所属田（1952 年ごろまで）［歴五：37］
耕作のあり方：徭役耕作
担当者・担当単位・担当期間：タイムン　一戸につき 2 日間

2) ポーラーム田［歴五：37］
耕作のあり方：徭役（原則）　耕地使用料として半開に換算して支払う村の事例あり

王族所属田と直接に関わりのない税

1) ハオハーン［歴五：37］
納入物：米
納入対象：ツァオムン（ムンの首長）
納入者・納入単位・納入料
a. タイムンとレークノイ（「クンフンツァオ」の中の一範疇）
戸単位，タイムンは一戸につき 1 ハープ，レークノイは一戸につき半ハープ
b. バーオツァーイ（「クンフンツァオ」の中の一範疇）
村単位で 100 ハープ

注：タイムンと「クンフンツァオ」の間には，以前は通婚関係がなかったといわれるが，調査が行われたころには通婚の例も見られた．例えば，タイムンとバーオツァーイの通婚の例なども報告されている［歴五：36］．

2) 入安居，出安居の際の貢納（スマー）［歴五：37］
納入対象：ツァオペンディン（ムンツェンフンにいる王）　ツァオムン（ムンの首長）
納入物：茶，銅板，黄蠟
納入者・納入単位・納入量：タイムン　ツァオペンディンに対しては，戸単位で，茶ひとつつみ，銅板 3 枚，黄蠟 23 両，ツァオムンに対しては，戸単位で，茶ひとつかみ，銅板 2 枚，黄蠟 1 両

注：スマーを納めるという行為は，タイムンのムン公民としての立場を示すものと見てよいであろう．
スマーは，ツァオペンディンに対するもののほうが，ツァオムンに対するものより多い．ツァオペンディンに対して一戸の出す量は，半開では 15 元，米では 7.5 ハープに相当するという．よって米 1 ハープは 2 元と計算されていることになる．ツァオムンに対して一戸の出す量は，半開では 5 角に換算できる．事例として挙げられている村では，村全体で 23 元になり，米では 11.5 ハープに相当するという．『調査報告』中には，このように換算率が示されているが，スマーが実際何で支払われていたかは明らかでない．

表 2-19　ムンプン(z)における徴税［歴九：40-49］（1955 年 2 月の日付あり）

王族所属田との関わりで課せられる税

王族所属田面積：482 ムー

1）ツァオムン田
　納入物：耕地使用料として　米
　納入対象：ツァオムン（ムンの首長）
　納入（耕作）者：「クンフンツァオ」

2）ポーラーム田（ツァオボク田）［歴九：44］

＊具体的にどのように徴税していたかについては記述がない．

注：かつて農民が農業用水をめぐる水争いをした際にツァオムンが間に入って解決し，その後，ポーラームに水路を管理させるかわりに耕地の一部をポーラーム田としたのだという．文脈と田の呼称から言えば，そのポーラームとは，ツァオボクという，ボクを統べるポーラームを指すようである．

注：ムンプンは，ムンマーンとムンヨンを下部行政単位として含み込んだものとして，『調査報告』中では報告されている．そこには，ムンプンだけに関するのか，ムンマーンやムンヨンを含んだ状況のことか，はっきりしないデータも多いが，主にムンプンについて述べたと判断できる記述にしたがった．
　ムンヨンは，片仮名表記にすると区別がつかないが，シプソンパンナーの南に位置する有力ムンのムンヨン Moeng Yawng とは別のムンヨン Moeng Yon（タイ国語では Yuan という発音になる）である．ムンプンの西南方に位置していた．

王族所属田と直接に関わりのない税

1）ハオハーン［歴九：49］
　納入物：米
　納入者･納入単位：ハマーという行政単位に対して負担が分配され，ハマー内部で更に戸単位に分けて課される
　納入量：タイムンが 100 パーセント，「クンフンツァオ」とツァオツォム（王族の子孫）がそれぞれその 3 分の 1 ずつ　毎年合計 300 ハープ

2）徭役［歴九：49］
　担当者
　　a．家畜の世話，儀礼，家内労働などは「クンフンツァオ」
　　b．建築，農業労働，冠婚葬祭などに関する臨時性の労役はタイムン　平均 1 年一戸 4 日

＊柯樹勛時代から徴収されるようになった門戸銭についての記述もある．
＊ポーラーム田から税がどのように納められていたかは分からない．

表 2-20　ムンフン(k)における徴税

王族所属田との関わりで課せられる税 [歴五：100, 103]

王族所属田面積：1766 ムー（ツァオムン田）

ツァオムン田
　納入物：耕地使用料として　米
　納入対象：ツァオムン（ムンの首長）
　納入（耕作）者：タイムンと城市に住むクンナイ（「クンフンツァオ」の中の一範疇）の中で，耕地がなかったり少なかったりするものに貸し出された

注：ポーラームのために田を耕作する徭役があるとの記述もある．ポーラームのための耕作徭役には 350 日を要したという [歴五：100, 103]．よって，数字で明記されてはいないが，少なからぬポーラーム田が存在している可能性がある．

王族所属田と直接に関わりのない税 [歴五：101]

1) ハオハーン
　納入物：米
　納入対象：ツァオムン
　納入者・納入単位：負担戸ごとに 1 ハープ

2) ハオルオラーム（漢字への音訳，タイ語の原語は不明）
　納入物：米
　納入対象：管轄を受けているポーラーム（大臣）
　納入者・納入単位：負担戸ごとに 1 ハープ

3) 薪の貢納
　納入対象：ツァオムン、ポーラーム
　納入者・納入単位：負担戸ごとにツァオムンとポーラームに 2 束（1 ハープ）ずつ

＊その他，「兵費」を半開で納め，食料や生薬を現物で納める [歴五：101]

4) 徭役
　a．ツァオムンのための家屋建築・修理，その他の仕事 [歴五：100]
　　担当単位・担当期間：一負担戸につき 1 年に 1 日
　b．家畜の世話，儀礼，家内労働，ツァオペンディン（ムンツェンフンにいる王）への労役奉仕 [歴三：101]
　　担当者：「クンフンツァオ」

注

負担戸：税を課すために設定された数値で，実際の戸数より少ない．よって，負担戸一戸ごとにどれだけという課税方法を取った場合，①実際の一戸の負担量がそれより少なくなるか，②何年かに一度順番で負担する，あるいは何年かに一度負担しなくていいということになる．

ツァオペンディンへの労役奉仕：4 つの村について記述がある．そのうち 2 村は，村ごとに 1 人ないしは 2 人が，入安居，出安居それぞれに鶏と米と銭少々を持ってツェンフンまで働きに行くという形態をとる．もうひとつは，同じく 1 人ないしは 2 人が入安居，出安居に際して，台所を修理に行くというものである．残りのひとつとしては，5 月，6 月，12 月に 2 人が炊事をしにいくことになっていた．
なお，入安居，出安居と新年には，ムンフンに対しても，ムンパーンとツェンローから動物のリスが貢納品として送られてくることになっていた．

表 2-21　ムンツェンツン(j)における徴税

王族所属田との関わりで課せられる税

王族所属田面積：410 ムー（ツァオムン田）

＊それがどのように耕作されているかが，『調査報告』中に明示されているわけではない．だが，『調査報告』中の当該の節の題は「労役負担：“カーンムン”と農業，専業性の労役」である．また，その内容において，ツァオムン（ムンの首長）とポーラーム（大臣）に対する徭役について触れたあと，ボクという行政単位の長に対しても耕作に必要な労働力提供をすることがあったとの記述がある．それらから，判断してツァオムンへの耕作徭役も存在したと考えるのが自然であろう［歴六：112］.

王族所属田と直接に関わりのない税

1) ハオハーン［歴六：111］
納入物：米
納入対象：ツァオムン
納入者・納入単位・納入量：タイムンは自然戸ごとに 1 ハープ，「クンフンツァオ」は負担戸ごとに 1 ハープ

2) ハオルオラーム［歴六：111］
納入物：米
納入対象：ポーラーム
納入者・納入単位・納入量：タイムンは自然戸ごとに 1 ハープ，「クンフンツァオ」は負担戸ごとに 1 ハープ

3) 徭役（耕作徭役も含む可能性あり）［歴六：112］
徭役対象：ツァオムン　ポーラーム
担当者・担当単位・担当期間：タイムンは負担戸ごとに 2 日，「クンフンツァオ」は自然戸ごとに 2 日

注：米納入と徭役とでは，税を課す単位，自然戸と負担戸が，タイムンと「クンフンツァオ」で逆になっているのは興味深い．負担戸は課税対象の戸数としてムン側が設定したものであり，実際の戸数（自然戸）より数は少なくなっている．よって自然戸を対象にする方が，その税負担が相対的に重いことになる．したがって，米納入はタイムンのほうが負担が重く，徭役は「クンフンツァオ」のほうが負担が重いというになるのである．

　ただ，これは柯樹勛の入って来る以前の状況である．それよりさらに前は，タイムンは，カーンムン（ムンの公共事業を内容とする徭役）をする他に，ツァオムンとポーラームに対してそれぞれ 1 ハープずつ米を納入していた．一方，「クンフンツァオ」は，ツァオムンとポーラームに対する農業労働 2 日の他に「専業労役」をおこなっていた．柯樹勛の入ってきたあとで，「クンフンツァオ」も米を納め，タイムンも労働するようになった［歴六：111］．税負担上のタイムンと「クンフンツァオ」の分業がくずれたということになろう．

　また，ツェンツンには，ツェンフンに直属するクンマーと呼ばれる人々の村も 2 つあり，ツァオペンディンに対する徭役とムンハーイのツァオムンに対するハーオハーンを負担していた［歴六：112］.

表 2-22　ムンスーン(e)における徴税

王族所属田との関わりで課せられる税

＊ムンスーンにはツァオムンが存在せず，三大行政単位を3人のパヤーロンの称号を持つ長がそれぞれ統括することになっていた［歴五：155］．また，統計上では，このムンには王族所属田はないことになっている［歴五：164-5］．だが，一方で，パヤーロンとポーラーム（大臣）のために耕作労役をしていたという記述もある［歴五：168］．伝承によれば，パヤーロンは在地の農民の中の有力者として認識されているようであり［歴五：160］，統計中には農民所属田として入っているものが，他の農民に分け与えられるのと同様に，パヤーロンとポーラームにも一部，分配されているということなのかもしれない．

王族所属田と直接に関わりのない税

ハオハーン

＊1953年になって初めて，三大行政単位のひとつであるスーンタイの農民がパヤーロンとポーラームのための耕作徭役をやめ，そのかわりハオハーンとして一戸につき1ハープの米を納めるようになった［歴五：168］．

表 2-23　ムンワン(r)における徴税

王族所属田との関わりで課せられる税

ムンの首長田約298ムーの半数を除く王族所属田［歴六：162-163］

耕作のあり方：徭役耕作

担当者：ムンの首長田の徭役耕作を担当したのは「クンフンツァオ」，耕作準備はタイムン［歴六：162］，その他の王族所属田は主にタイムンの徭役によって耕作された［歴六：164］

注：他のムンではツァオムンと呼ばれるムンの首長を，ムンワンではツァオヤークワーン（召雅貫という漢語表記からの類推音）と呼んでいた［歴六：158］．

注：ムンワンに関する『調査報告』中の記述には，耕地面積の数値上につじつまの合わないところが多い［歴六：156］．王族所属田の面積も，ツァオヤークワーン，大臣それぞれの所属耕地の数量を合わせると550ムー，ホーシプの長や村長のものを合わせても746ムーにしかならない（また、合計の欄には825ムーと記されている）［歴六：156］のに，一方では全部で1350ムー［歴六：172］との数値が示されている．

なお，『調査報告』では，ホーシプの長や村長に属する耕地も，「領主」の耕地としてムンの首長や大臣・官僚の土地と同じように扱っている．ここで合計として示されている中には，ホーシプの長や村長に属する耕地も含まれていると考えてよい．

王族所属田と直接に関わりのない税

1) ハオハーン［歴六：163-4］
　納入物：米
　納入対象：ツァオヤークワーン（ムンの首長）
　納入者・納入単位：タイムンはホーシプという自治的行政単位ごと　「クンフンツァオ」は村落や居住地単位ごと

2) ツァオペンディンに対する草刈り，その他の徭役［歴六：163-5］
　担当者：タイムン

＊半開で代納されることもあった

表 2-24　ムンハーン(q)における徴税

王族所属田との関わりで課せられる税
王族所属田面積：24 ムー（ツァオムン田）[歴六：150]
ツァオムン（ムンの首長）田
耕作のあり方：徭役耕作 [歴六：150]
1953 年にすべてナーターム（負担田）とされた
注：ナーターム（負担田）とは，その耕地を耕作すればムンの徭役負担をしなければならないといった意味の呼称であるが，つまりは，その耕地と直接結び付いた米納入が課されない「農民所属田」として扱われるようになったということである．
王族所属田と直接に関わりのない税
1) ハオハーン 　納入物：米 　納入者・納入単位：耕作戸が 1.5 ハープずつ出す
2) ムンレベルの徭役（耕作以外）[歴六：150] 　担当者：タイムン（このムンではラーオムンと呼ばれる）　レークノイ 　　家内労働はレークノイの負担とされていた
3) 米以外の品物の納入 　担当者：タイムン　レークノイ
4) 入安居，出安居の際の貢納（スマー） 　納入対象：ツァオペンディン（ムンツェンフンにいる王） 　納入者：タイムン
5) ツァオペンディンの行列に加わる徭役 　担当者：タイムン
6) ツェンフンのツァオロンナーホークという大臣に対して，徭役に行くかわりに，盆地部の村の一戸につき 1 元の半開を納める [歴六：151] 　担当者：タイムン
7) ムンツェーのクワーン（議会）に対する「文書銀子」（詳細不明）納入 　担当者・担当単位・担当量：タイムン　一負担戸あたり 1 銭

表 2-25　ムンガート(p)における徴税

王族所属田との関わりで課せられる税

王族所属田面積　282 ムー（ツァオムン田）

ツァオムン田のうち城市内にある 138 ムー（1946 年以前）［歴六：140］
耕作のあり方：徭役耕作

王族所属田と直接に関わりのない税

1) ハオホーカン（ツァオムン＝ムンの首長への米納入）［歴六：134-5］

＊ 1950 年前後に徐々に量が少なくなり，やがて廃止された
1948 年　耕作戸 1.5 ハープ　非耕作戸 1 ハープ
1952 年　耕作戸 1 ハープ　非耕作戸 0.5 ハープ
1954 年　納めなくなった

2) ハオフンカン（ツァオクワーン＝ムン議会クワーンの長への米納入）［歴六：134-5］

＊ 1950 年前後に徐々に量が少なくなり，やがて廃止された
1948 年　耕作戸 1 ハープ　非耕作牛馬所有戸 0.5 ハープ
1952 年　耕作戸 0.5 ハープ
1953 年　納めなくなった

3) ハオポーラーム（ポーラーム＝大臣への米納入）［歴六：135］
納入単位・納入量：村ごとに 10 ハープ／耕作戸 0.5 ハープ

＊ 1950 年以後は，納めなくなった

4) ハオポームン（ポームンへの米納入）［歴六：135］
納入単位・納入量：耕作戸 1 ハープ　非耕作戸 0.5 ハープ

5) ハオランパン（ポーパンへの米納入）［歴六：135］
納入単位・納入量：耕作戸 0.5 ハープ　非耕作戸 0.25 ハープ

6) ツァオムンに対する銀納入［歴六：135］
納入単位・納入量：柯樹勛の入って来る前　耕作戸 1 銭，非耕作戸 0.5 銭
柯樹勛の入って来た後　徐々に増加　最終的に耕作戸半開 2.5 元，非耕作戸半開 1.25 元

7) 徭役（耕作以外）［歴六：134］
担当者・担当単位：村ごとに負担戸の数を定め徭役を課す　日数はタイムンより
レークノイ（「クンフンツァオ」）の方が多かった

＊ 1950 年前後に徐々に量が少なくなり，1955 年の段階では基本的に消滅していた

表 2-26　ムンマーン(o)における徴税

王族所属田との関わりで課せられる税

王族所属田面積：574 ムー［歴六：129］

1）ツァオムン（ムンの首長）田
　耕作のあり方：徭役耕作
　担当（耕作）者：タイムン

2）いずれかのホーシプを管轄することになっているポーラーム（大臣）の田
　耕作のあり方：徭役耕作
　担当（耕作）者：当該ホーシプ内のタイムン

3）ホーシプを管轄していないポーラームの田［歴六：126］
　耕作のあり方：徭役耕作
　担当（耕作）者：当該ポーラームの管轄下にある「クンフンツァオ」村落

王族所属田と直接に関わりのない税

1）ハオハーン［歴六：127-8］
　納入物：米
　納入対象：ツァオムン、ポーラーム
　納入者・納入単位：6 つのタイムンの村がツァオムンとポーラームそれぞれに対して納める．ツァオムンに対しては，各村 6 元の半開の他に，村ごとに決められたハープ数の米を納め，ポーラームに対しては，3 元の半開の他に，村ごとに決められたハープ数の米を納める

2）家内労働の徭役［歴六：127-8］
　担当者：主にタイムン

注：多くのムンで家内労働は「クンフンツァオ」に従事させることが多いのに対して，このムンではタイムンに割り当てられていたのは，このムンの「クンフンツァオ」の数が少ないということによるのかもしれない．

表 2-27　ムンパーン(1)における徴税

王族所属田との関わりで課せられる税

王族所属田面積：78 ムー

＊王族所属田は 1950 年より前は徭役によって耕作されていた［歴五：146］．一村落につき男女ひとりずつが，ツァオムン（ムンの首長）のために耕作に行っていたという記述もある［歴五：146］．

王族所属田と直接に関わりのない税

1) ツァオムン，ポーラーム（大臣），ポームンに対する米納入
納入単位・納入量：毎年一戸につき，1 ハープ

2) 人頭税
納入物：半開
納入者・納入量：18 歳以上のもの　半開 1 角ずつ

3) ツァオムンがムンハーイなどに会議に行く時の費用や称号を持つ者が「加封」を受けるために必要な費用は，一般の人々の負担となった［歴五：144］

注：「加封」は入安居，出安居に際して行われた．ムンパーンのパヤー以上の称号を表つものは，ムンフンのツァオムンによって封じられたという．ムンパーンがムンフンの属国の立場にあることを示す例として興味深い．

＊「クンフンツァオ」の方が税負担が軽かったようであるが，概してタイムンと「クンフンツァオ」との明確な区分は見られないという［歴五：144］

表 2-28　ムンツェンロー(m)における徴税

王族所属田との関わりで課せられる税

王族所属田面積：200 ムー（ツァオムン田）［歴五：152］

＊ツァオムン（ムンの首長）田に関しては，徭役によって耕作されるという記載［歴五：151］と，ひとつのレークノイ（「クンフンツァオ」）の村が耕作を請け負って定額の耕地使用料を納めるという記載［歴五：152］がある．これは，例えば，数年あるいは数十年の時期の違いによる状況の変化である可能性もある．いずれにせよ，時期については明記されていないので，これ以上の議論はできない．

王族所属田と直接に関わりのない税

1) ハオハーン［歴五：152］
納入物：米
納入者・納入単位・納入量：すべての村で一戸あたり 1 ハープから 2 ハープ

＊タイムンの村ではポーラーム（大臣）にも同様に米を納めたところもあるようだが，史料の原文からして意味が通らない部分があり，その実態を明らかにすることはできない［歴五：152］．

2) 徭役（耕作以外）

＊「クンフンツァオ」に課されているのが確実なのは，馬を飼うことと夜警だけである［歴五：151］．徭役の性質によって，タイムンの担当か，「クンフンツァオ」の担当かという明確な区別はなされていないようである．

表 2-29　ムンツェンヌー(s)における徴税

王族所属田との関わりで課せられる税

ツァオムン（ムンの首長）田［歴七：7］
耕作のあり方・納入物：3 つの村に分散して分布おり，それぞれの村に貸し出すという形をとって，収穫米の 50 パーセントという比較的高額の耕地使用料を取っている

王族所属田と直接に関わりのない税

1) 村田の，1 石の種籾をまく広さ（「喝」という単位で呼ばれる）ごとに納められる米
〈柯樹勛の入って来る前〉
納入者•納入量：タイムンは「喝」ごとに 1012.5 斤（4.5 石），レークノイは「喝」ごとに 337.5 斤（1.5 石）［歴七：7，11］

＊柯樹勛の入って来た後は，米の上納も各種徭役も減ったという．

2) カーンムン（ムンの公民としての仕事）
担当者：タイムン

3) ツァオムンに対する家内労働的徭役
担当者：レークノイ

表 2-30　ムンヒン(t)における徴税

＊このムンには王族所属田はない．

1) ハオハーン［歴七：49］

納入物：米

納入単位・納入量：村単位，毎年一か村あたり 6 万石

注：耕作戸一戸（自然戸）を一負担戸（ホーフンタン）とするというが，実際は戸ごとに供出量に違いがあったようである．耕作している耕地が広いほどハオハーンが多いという事例はあるが，それも耕地の広さに比例はしていない［歴七：45］．

2) 国民党に対する負担［歴七：49］

表 2-31　ムンバーン(u)における徴税

王族所属田との関わりで課せられる税

王族所属田面積：184.8 ムー（ツァオムン田）

ツァオムン（ムンの首長）田のうち 96.8 ムー［歴七：91］

納入物：耕地使用料として　米

納入（耕作）者・納入量：3 つの村に対して貸し出して　7 石の米

王族所属田と直接に関わりのない税

戸単位で納める米と半開［歴七：95］

a．「土地清丈」前

納入量：毎戸 1 石の米と 2 元の半開

b．「土地清丈」後

納入量：毎戸 5 斗の米と 1.5 元の半開

c．「解放」(1950 年) 後

納入量：毎戸 2.5 斗の米．

＊徭役，貢納の名がついた田の存在［歴七：91］から見て，特定の田と結び付いた形で課される徭役，貢納がかつて存在した可能性もある．

表 2-32　ムンツェントン(v)における徴税

王族所属田との関わりで課せられる税

王族所属田面積：86 ムー（ツァオムン田）

ツァオムン（ムンの首長）田の大部分［歴七：122, 132］
納入物：耕地使用料として　米
納入量：土地の善し悪しによって異なる．一斗の種籾をまく土地に対して，少なくて 1 石，普通は 1.5 石，多くて 2 石［歴七：132］

＊納入（耕作）者に関する具体的記述はない．

王族所属田と直接に関わりのない税

1）ツァオムンのための徭役［歴七：120］
担当者：タイムン

2）ツェンフンへ行って行う徭役［歴七：120］
担当者：タイムン

＊ナーターム（負担田）すなわち村田を耕作するものは，ツェンフンのツァオペンディン（王）とツァオムン両方のための徭役に行かなくてはならないとの記述もある［歴七：121］．

表 2-33　ムンホン(f)における徴税

王族所属田との関わりで課せられる税

王族所属田面積：60 ムー（ツァオムン田）

ツァオムン（ムンの首長）田［歴八：71］
耕作のあり方・納入物：戸単位に貸し出して耕地使用料を取っている

王族所属田と直接に関わりのない税

1）ハオハーン［歴八：73］
納入物：米
納入単位・納入量：戸ごとに同額ではなく，その戸が分け持っている耕地を耕作するのに，犁をひく牛が何頭必要かをみて，牛 1 頭分につき 2 ハープ納める

表 2-34　ムンラー(y)における徴税

王族所属田との関わりで課せられる税

ツァオムン（ムンの首長）田［歴九：8-9］

①タイフンノイという「クンフンツァオ」とシプサーオ（タイムン）に，徭役として耕作させるもの

②各種徭役（「専業労役」）の報酬としてレークノイに分け与えるもの

③貸し出して耕地使用料をとるもの

注：タイフンは，直訳すると「家の人」という意味であり，家内労働を受けもつ「クンフンツァオ」を指すと思われる．ノイは，小さいという意味である．タイフンの中にも，ノイ（小さい）とロン（大きい）の区分があったのかもしれない．

注：シプサーオは，西掃と書かれた中国語音訳から，予測したタイ語音を片仮名表記したものである．他のムンのタイムンにあたる．

＊ポーラーム田もあった［歴九：8］が，そこからどのように税を徴収したかは不明である．

王族所属田と直接に関わりのない税

1) ハオハーン［歴九：5-6］
　納入物：米
　納入者・納入単位：シプサーオ（タイムン）　村落単位に納入

2) 毎戸 5 ハーオ（半開 1 個，10 ハーオで 1 元に相当する）を納める税

3) ハマー・ラールーという自治行政単位から，そのハマーの担当となっているパヤーカオという大臣（筆頭大臣）に，一戸あたり 3 元を納める税［歴九：7］

注：ハーマー・ラールーには，もともと別の小「土司」（首長）がいたという．ラールー田と呼ばれる田は，ハーマー・ラールー以外の別のハーマーにもある．別のハーマーにおいて，ラールー田を村田として使っている村は，ポーラーム・ラールー（ハーマー・ラールーを管轄するポーラーム）に対する徭役の一部を肩がわりすることになっていた［歴九：9］．

表 2-35　ムンウェン(x)における徴税

王族所属田との関わりで課せられる税

王族所属田面積：122 ムー（ツァオムン田）

ツァオムン（ムンの首長）田［歴九：60］

＊ 1950 年以前には徭役によって耕作されていたが，1951 年に耕作徭役をやめ，ハオハーンを 1 戸につき 2 斗とるようにしたという．1952 年には，それも廃止されている．

王族所属田と直接に関わりのない税

1) ツァオムンのために魚を取る徭役（1952 年まで）［歴九：60］

2) ツァオペンディン（ムンツェンフンにいる王）の家での家内労働（1909 年まで）
担当期間：2 人ずつ 2 か月交替

＊ 1909 年からは，年に 3 両の銀納となり，柯樹勛時代からは年に半開 40 元すなわち，一戸あたり 1.2 元を納めるようになった．

3) ムンツェンフンのツァオロンナーフワーという大臣に対する出安居の際の貢納［歴九：60］

注：ムンウェンは，もともとツァオペンディンの「クンフンツァオ」だったと，『調査報告』中には書き加えられている．

あとがき

本書は、名古屋大学大学院文学研究科に提出した博士学位論文がもとになっている。また本書の内容の一部は、平成七年度の奨励研究（A）の研究成果である。

もとは純粋に歴史学の学位論文として書いたものを、なぜ京都大学東南アジア研究センター地域研究叢書の一冊として出版していただくに至ったのか。まず初めに京都大学学術出版会への橋渡しをしてくださったのは、私の学生時代の指導教官の森正夫先生と、やはり学生時代から非常にお世話になっていた石井米雄先生であった。平成一一年度科学研究費補助金「研究成果公開促進費」（一般学術図書）の交付が決定したあと、担当の鈴木哲也氏から、東南アジア研究センター地域研究叢書に入れていただくよう審査してもらってはどうかとのお尋ねがあった。この論文に対するコメントをいただけるのならありがたいこと、と私は単純に考えて、そのようにお願いした。だが、あとになって考えると、私の書いたものが「東南アジア地域研究」に対してどれほど貢献できるか、確たる自信はない。もちろん、三人のレフェリーからいただいたコメントをもとに、今の段階でできるかぎり手を入れはした。あとは読者の方々のご批判を待つばかりである。

ただ、思いおこしてみると、私が東南アジア史を研究対象に選んだのは、京都大学東南アジア研究センターにおける研究会がきっかけであった。卒業論文の準備を始めたころから修士論文を書きあげるまでの間、私は一、二か月に一度は東南アジア研究センターを訪れていた。東南アジア史学会関西例会が毎月そこで開かれていたからである。その研究会には、当時東南アジア研究センターに所属されていた先生方をはじめとして、関西方面で東南アジアを研究対象となさっている方々が出席していて、いつも緊張感のある最先端の議論が交わされていたように思う。大袈裟に言えば、下手な発表をすると生きて帰れないような雰囲気があった。その研究会に行くたびに、私は自分の無知を思い知って打ちひしがれ、同時に、東南アジアをもっと知りたい、東南アジア史をもっと勉強したいという気持ちを高めていった。私はそこで学問の恐ろしさとおもしろさを知ったのである。

東南アジア史という分野で研究をやっていこうと私が決心したのは、博士後期課程に入ってからである。まず、石井米雄先生、桜井由躬雄先生のご指導をあおいで東南アジア史研究の基礎を身につけ、そしてタイ国北部のチェンマイへと留学した。そこでお会いした先生方の、北タイやシプソンパンナーの歴史に関するご研究は、非常に示唆に富むものであった。だが、私の力不足のため、本書ではその内容に言及することができなかった。特にラタナポン Ratanaporn 先生のご研究はシプソンパンナーに直接関わるものであったが、今回は触れることができなかった。今後、さらに大きな視野で「盆地世界」を語る機会があれば、ぜひそれらの研究も取り上げて議論したいと思う。

本書ができあがるまでには、多くの方々にお世話になった。名古屋大学東洋史学研究室においては、先に記した森先生の他、重松伸司先生、江村治樹先生にご指導いただいた。東南アジア史の分野では、石井米雄先生、桜井由躬雄先生に、大学院生時代から今に至るまで非常にお世話になっている。シプソンパンナー研究の先達である加治明先生、長谷川清先生、馬場雄司先生は、研究を始めたばかりの何も分からない私を、シプソンパンナー研究へと導いてくださった。本文中でも記したが、佐藤哲夫先生には地理学の立場から貴重なご意見をいただいた。また、シプソンパンナーでも、ツァオ・マハー・カンタウォン（中国語名、刀金祥）氏をはじめとして、たくさんの方が私の研究に対して重要な情報を提供してくださった。タイ・ルー語用語の発音・意味、タイ・ルー語史料の読み方については、イサラー・ヤーナターン氏からも助言をいただいた。その他、東南アジア史学会の先生方、本書でいう「盆地世界」を調査地とされている研究者の方々など、紙幅の関係でお名前をお一人お一人挙げることはできないが、この場をお借りして、すべての方に心からの感謝の言葉を申し上げたい。また、京都大学学術出版会の鈴木哲也氏には、本書の出版にあたって、多くの有益なご意見と様々なご配慮をいただいた。記して感謝の意を表したい。

加藤　久美子

二〇〇〇年一月

史料・参考文献リスト

以下は、本書執筆にあたって、史料として用いた主な文献および関連研究として参照した文献のリストである。中には、史料としての性格と先行研究の成果としての性格の両者を合わせもつものもあるが、便宜上、主に史料として使用したものとそれ以外のものとに分けて記載した。

主に史料として使用した文献については、中国語、タイ・ルー語の二つに分けて示した。また、本書で用いた史料の略称一覧表も付記しておいた。それ以外の文献については、日本語、中国語、英語、タイ語の四つに分類してある。

それぞれの分類項内の文献の配列順は以下のとおりである。

①日本語の文献は著者、編者の姓名の五十音順に配列した。

②それ以外の文献は、著者、編者の姓名をローマ字表記した時の、アルファベット順に並べた。ただし著者、編者がタイ人の文献のみ、姓ではなくファーストネームを優先してアルファベット順に配列してある。ローマ字表記は、中国語は拼音字母に従っている。

1 史料として使用したもの

1-1 中国語

國立故宮博物院圖書文獻處文獻科（編）
1986『宮中檔乾隆朝奏』第48輯、台北：國立故宮博物院
《民族問題五種叢書》雲南省編輯委員会（編）
1983a『西双版納傣族社会総合調査（一）』、昆明：雲南民族出版社
1983b-f『傣族社会歴史調査（西双版納之一〜五）』、昆明：雲南民族出版社
1984a『西双版納傣族社会総合調査（二）』、昆明：雲南民族出版社
1984b『傣族社会歴史調査（西双版納之六）』、昆明：雲南民族出版社

桃木至朗（編）
1984–1985『大清実録中東南亜関係記事　乾隆』(1)-(5) 1984-1985　東南アジア史学会関西例会《漢籍を読む会》
雲南調査組（編）
1958「西双版納景洪傣族民主改革以前的領主経済」、『民族研究工作的躍進』二五三—三〇三頁、北京：科学出版社
雲南歴史研究所（編）
1985『《清実録》越南緬甸泰国老撾史料摘抄』、昆明：雲南人民出版社
雲南省編集組（編）
1985a, b『傣族社会歴史調査（西双版納之七〜八）』、昆明：雲南民族出版社
1987『傣族社会歴史調査（西双版納之十）』、昆明：雲南民族出版社
1988『傣族社会歴史調査（西双納納之九）』、昆明：雲南民族出版社
雲南省少数民族古籍整理出版規劃弁公室（編）
1989a『中国傣族史料輯要』
中国人民政治協商会議西双版納傣族自治州委員会文史資料工作委員会（編）
1987『版納文史資料選輯』2

I-2　タイ・ルー語（中国語訳に原文が付されているものを含む）

高立士
1982「《西双版納召片領世系》訳注」、『民族学報』（総第二期）八一—九一頁、昆明：雲南民族出版社（中国語およびタイ・ルー語）
李拂一
1944『車里宣慰世系考訂』、昆明：国立雲南大学西南文化研究室（中国語およびタイ・ルー語）
雲南省少数民族古籍整理出版規劃弁公室（編）
1987『勐泐王族世系』、昆明：雲南民族出版社（中国語およびタイ・ルー語）
1989b『車里宣慰使世系集解』、昆明：雲南民族出版社（中国語およびタイ・ルー語）（刀永明の注釈つき）

史料略称一覧

総一：『西双版納傣族社会総合調査（一）』
総二：『西双版納傣族社会総合調査（二）』
歴一：『傣族社会歴史調査（西双版納之一）』
歴二：『傣族社会歴史調査（西双版納之二）』
歴三：『傣族社会歴史調査（西双版納之三）』
歴四：『傣族社会歴史調査（西双版納之四）』
歴五：『傣族社会歴史調査（西双版納之五）』
歴六：『傣族社会歴史調査（西双版納之六）』
歴七：『傣族社会歴史調査（西双版納之七）』
歴八：『傣族社会歴史調査（西双版納之八）』
歴九：『傣族社会歴史調査（西双版納之九）』
歴十：『傣族社会歴史調査（西双版納之十）』
世系：『車里宣慰使世系集解』

2　その他の文献

2-1　日本語

石井米雄
1975「歴史と稲作」、石井米雄編『タイ国――ひとつの稲作社会』一六―四五頁、東京：創文社
1991「東南アジアの史的認識の歩み」、石井米雄編『講座東南アジア学 4 東南アジアの歴史』一―一四頁、東京：弘文堂
1994「タイの中世国家像」、池端雪浦編『変わる東南アジア史像』一二九―一四九頁、東京：山川出版社
石井米雄・桜井由躬雄
1985『東南アジア世界の形成』東京：講談社

石井米雄・吉川利治（編）
1993『タイの事典』、東京：同朋社
岩田慶治
1963「北部タイにおける稲作技術――タイ・ヤーイ族とタイ・ルー族の場合」、『東南アジア研究』第二号：二二―三八頁
1963「ホー・ピー（精霊の祠）について――東南アジアにおける仏教以前の信仰」、『民族学ノート』二一二―二三〇頁
1964a「北部タイにおける村落社会の解体と再編成――部族から国家への道程」、『東南アジア研究』第二巻第二号：二一―二九頁
1964b「インドシナ半島」北部におけるタイ諸族の家族と親族――タイ・ヤーイ族、タイ・ヌーア族、タイ・ルー族社会の比較」、『民族学研究』第二十九巻第一号：一―三二頁
大林太良
1970「中国辺境の土司制度についての民族学的考察」、『民族学研究』三五巻二号：一二四―一三八頁
カウティリア（上村勝彦訳）
1984『実利論――古代インドの帝王学（下）』、東京：岩波書店（岩波文庫）
加治明
1968「西南中国の傣族（擺夷）――特にその政治社会組織について」、『上智史学』一三号：一九〇―一九八頁
1972「雲南傣族の宗教について――特に西双版納地方を中心に」、古野清人教授古稀記念会編『現代諸民族の宗教と文化――社会人類学的研究』二一一―二三二頁、東京：社会思想社
1980「雲南傣族の仏教文化の諸相」、山本達郎博士古稀記念論叢編集委員会編『東南アジア・インドの社会と文化』上巻、東京：山川出版社
1986「タイ系諸族の政治＝社会組織についての一考察――インドシナ半島北部を中心に」、馬淵東一先生古稀記念論文集編集委員会編『社会人類学の諸問題』五―二六頁、東京：第一書房
1988a「雲南傣族の上座部仏教――西双版納地方を中心に」、『東洋研究』八五巻：四七―七五頁
1988b「中国少数民族の社会政治制度の一側面――雲南省傣族の水利潅漑制度」、大東文化大学教養課程委員会編『大東文化大学教養課程創立20周年記念論文集』二七―四五頁、東松山市：大東文化大学教養課程委員会
1989「雲南傣族の土着信仰について――披曼と被勐を中心に」、『東洋研究』九十二巻：一一三―一四四頁
加藤久美子
1989「1950年代におけるタイ・ルー族の『身分制』とムァン『支配』――ムァンツェンフンの事例を中心に」、東南アジア史学会関西例会（1月）報告ドラフト

1990『タイ・ルー族ムァンの社会構造に関する一視角』（名古屋大学大学院文学研究科提出の修士論文）
1991「シップソーンパンナー・タイ族における伝統的農民統治の地形的分類――「盆地国家」ツェンフン（景洪）王国の分析」、『東南アジア――歴史と文化』二〇号：三―三四頁
1994「ムアン政治権力の水利組織への関与をめぐって――シップソーンパンナー、ムァンツェンフンの事例」、『名古屋大学東洋史研究報告』一八号：一四一―一六五頁
1996『東南アジア「伝統的国家」としてのタイ族ムアン連合の研究――シップソーンパンナーの事例』（名古屋大学大学院文学研究科提出の博士学位論文）
1997「シップソーンパンナーに対する中国の政治的影響力――チェンフン年代記中の記述から」、『東アジア諸文化と儒教文化の混交と対立』（平成七年・平成八年度特定研究報告　研究代表者：名古屋大学　今鷹　真）：一五―四九頁
1997「シップソーンパンナーにおける「中央」と「地方」――ムアンチェンフンと周辺勢力との関係をめぐって」、『東南アジア史の中の「中央」と「地方」』（平成六年度～平成八年度科学研究費補助金　国際学術研究　研究成果報告書　研究代表者：大阪外国語大学　吉川利治）：四四―八一頁
1999「タイ族盆地政権連合国家、シプソンパンナーの統治のあり方に関する一考察――20世紀半ばにおける「課税」方法の分析」、『名古屋大学文学部研究論集（史学）』四五号：一一七―一四六頁

佐々木高明（編著）
1984『雲南の照葉樹のもとで』、東京：日本放送出版協会

桜井由躬雄
1983「東・東南アジアにおける割替制の分布と展開」、『南西諸島農耕における南方的要素』（文部省科学研究費一般研究B「日本農耕のオーストロネシア的要素」報告書）
1986「東南アジア前近代国家の類型的考察」、石井米雄編『東南アジア世界の構造と変容』二〇七―二三二頁、東京：創文社

白鳥芳郎
1974「タイ・ルー族（Sip Song Panna）村調査の覚書――第三次西北タイ調査ノート」、『上智史学』一九号：七八―八七頁

新谷忠彦（編著）
1998『黄金の四角地帯――シャン文化圏の歴史・言語・民族』、東京：慶友社

関本照夫
1987「東南アジア的王権の構造」、伊藤亜人・関本照夫・船曳建夫編『現代の社会人類学3――国家と文明への過程』三一―三四頁、東京：東京大学出版会

高谷好一
1975「地形と稲作」、石井米雄編『タイ国――ひとつの稲作社会』二一五―二三九頁、東京：創文社
1978「稲作圏の歴史的発展過程にかんする生態学的考察」、加藤泰安・中尾佐助・梅棹忠夫編『探検・地理・民族誌』一五九―一七九頁、東京：中央公論社

田辺繁治
1973「雲南シップソーンパンナーの統治形態の関する一考察――ルゥ族の政治組織・土地制度を中心に」、『季刊人類学』四巻一号：一三一―一六七頁、東京：講談社
1976a「ノーンパーマンの潅漑体系――ラーンナータイ稲作農民の民族誌的研究(1)」、『国立民族学博物館研究報告』一巻四号：六七一―七七七頁
1976b「Lannathai の水利形態に関する考察――muang-fai をめぐる2、3の問題」、加藤泰安・中尾佐助・梅棹忠夫編『探検・地理・民族誌』一八一―二二三頁、東京：中央公論社
1984「神々の弁証法――タイ・ルー族の守護霊儀礼」、佐々木高明編『雲南の照葉樹のもとで』一三一―一七二頁、東京：日本放送出版協会

坪内良博
1984「東南アジア島嶼部における「小国」の存在形態に関するノート」、『東南アジア研究』二二巻一号：六―十四頁

富沢寿勇
1987「社会構造と国家」、伊藤亜人・関本照夫・船曳建夫編『現代の社会人類学3――国家と文明への過程』三五―五六頁、東京：東京大学出版会

長谷川清
1982「Sip Song Panna 王国（車里）の政治支配組織とその統治領域――雲南傣族研究の一環として」、『東南アジア――歴史と文化』十一号、一二五―一四八頁
1984「滇緬タイ系諸王国の政治統合と創世神話」、『紀尾井史学』四号：二五―三二頁
1989「雲南少数民族の政治統合と建国神話」、君島久子編『日本民間伝承の源流』三五六―三七五頁、東京：小学館
1990「タイ族における民族文化の再編と創造」、『文化人類学』八号：一一六―一二六頁、アカデミア出版
1991a「「父」なる中国・「母」なるビルマ――シップソーンパンナー王権とその〈外部〉」、松原正毅編『王権の位相』三八〇―四一四頁、東京：弘文堂
1991b「『伝統』の改革――タイ族の社会・文化変化をめぐって」、『聖徳学院岐阜教育大学紀要』二十一集：七五―九九頁

1993「雲南省タイ系民族における仏教と精霊祭祀」、田辺繁治編『実践宗教の人類学――上座仏教の世界』二二一―二五六頁、京都大学学術出版会
1998「国境を越えるネットワークとエスニシティの動態――雲南省・シプソーンパンナー、タイ・ルーの事例から」、『東南アジア研究』三十五巻四号：一四―三七頁

馬場雄司
1984「Sip Song Panna の民族詩人について――雲南地方における文化複合の一形態として」、『東南アジア――歴史と文化』十三号：二九―五八頁
1990「シップソーンパンナー王国の水利組織について――ツァオロンパーサーッの機能に関して」、『東南アジア研究』二十八巻一号：八三―一〇七頁
1991「シプソーンパンナー王国のツァーンハプ（歌の専門家）とツァオペンディン（王）の権威」、『同朋大学論叢』六四・六五合併号：三二五―三四八頁
1993a「北タイ、タイ・ルー族の守護霊儀礼と仏教儀礼――『伝統』の創造とエスニシティー」、『パーリ学仏教文化学』六号：五一―六八頁
1993b「タイ・ルー族の移住と守護霊儀礼」、『社会人類学年報』十九号：一三三―一四七頁
1995「北タイ、タイ・ルー族の守護霊儀礼とその社会的背景――移住の記憶をめぐって」、杉本良男編『宗教・民族・伝統――イデオロギー論的考察』（南山大学人類学研究所叢書）：八三―一一五頁、南山大学人類学研究所
1996「北タイ、タイ・ルー族の移住・定着過程――ナーンにおける盆地開拓史とのかかわりで」、『同朋大学論叢』七三号：三七―七四頁
1999「北タイ、タイ・ルーの移住と守護霊祭祀――ムアンの解体と「村落」の生成」、杉島敬志編『土地所有の政治史――人類学的視点』二二九―二五〇頁、東京：風響社

三谷恭之
1984「東南アジア諸言語の系譜」、大林太良編『東南アジアの民族と歴史』五八―七八頁、東京：山川出版社

森茂雄
1989「「銀河系的政体」論に関する覚書」、『歴史と構造』一九八九年号：四五―六〇頁

矢野暢
1984『東南アジア世界の構図――政治的生態史観の立場から』、東京：日本放送出版協会
1986「東南アジアにおける「国家」と「支配」：試論」、石井米雄編『東南アジア世界の構造と変容』二三三―二四六頁、東京：創文

社

2-2 中国語

曹成章
1980「"滚很召"的来源及其性質」、『民族研究』一九八〇年第五期：六六―七三頁、七九頁
1982「傣族封建社会的形成」、『民族学研究』第三輯：二二〇―二三九頁、北京：民族出版社
1985「西双版納傣族封建社会土地形態的演変」、『民族学研究』第六輯：一五九―一七〇頁、北京：民族出版社
1986『傣族農奴制和宗教婚姻』北京：中国社会科学出版社
1988『傣族社会研究』昆明：雲南人民出版社

成都地図出版社
1984『西双版納旅遊交通図』成都：成都地図出版社

刀永明
1989「車里宣慰使世系集解」、雲南省少数民族古籍整理出版規劃弁公室編『車里宣慰使世系集解』一―二一七頁、昆明：雲南民族出版社

高立士
1984「西双版納召片領四十四世始末」、『民族調査研究』一九八四年第一期：一〇二―一三一頁
1992『西双版納傣族的歴史与文化』昆明：雲南民族出版社

何耀華
1987「論西双版納傣族封建領主土地占有制的変化」、『百越史研究』六〇―七六頁、貴陽：貴州人民出版社

江応樑
1950『擺夷的生活文化』、上海：中華書局
1983『傣族史』成都：四川民族出版社

李拂一
1933『車里』上海
1955『西南辺要十二版納志』台北：正中書局

李拂一（編訳）
1946『泐史』昆明：国立雲南大学西南文化研究室

劉隆（他、編）
1990『西双版納国土経済考察報告』昆明：雲南人民出版社
馬曜
1995「西双版納傣族社会経済調査総結報告」、《民族問題五種叢書》雲南省編輯委員会（編）『傣族社会歴史調査（西双版納之二）』：一―七一頁、昆明：雲南民族出版社
繆鸞和（編）
1958『西双版納傣族自治州的過去和現在』昆明：雲南人民出版社
宋恩常
1980「西双版納傣族封建土地制度」、『雲南少数民族社会調査研究』上集、昆明：雲南人民出版社（宋恩常 1986『雲南少数民族研究文集』、昆明：雲南人民出版社、二七三―二八七頁に再録）
1981「西双版納傣族封建地租形態」、『思想戦線』一九八一年第三期：七六―一一二頁
1982「西双版納傣族封建社会農民等級的階級分化」、『民族学報』二：二五三―二六二頁
1986「西双版納傣族的封建婚姻」、『雲南少数民族研究文集』五一二―五二六頁、昆明：雲南人民出版社
宋蜀華
1963「解放前傣族封建領主土地所有制及其農村公社的関係」、『民族団結』二六―三三頁
譚楽山
1989「曼占宰――一個傣族村寨的人類学調査報告」、『思想戦線』一九八九年増刊：一一七―一二五頁、昆明：雲南人民出版社
巫凌雲・張秋生
1981『西双版納傣語文概況』、昆明：雲南民族出版社
西北師範学院地理系、地図出版社（主編）
1984『中国自然地理図集』、北京：地図出版社
《西双版納傣族自治州概況》編写組
1986『西双版納傣族自治州概況』、昆明：雲南民族出版社
雲瀾
1959「西双版納傣族地区民主改革以前的封建領主経済」、『民族研究』第四期：三一―四五頁
雲南省設計院《雲南民居》編写組
1986『雲南民居』、北京：中国建築工芸出版社

張公瑾
1981「西双版納傣族歴史上的水利灌漑」、『思想戦線』一九八一年第二期：六〇—六三頁、六六頁、昆明：雲南人民出版社
張元慶
1981「西双版納傣族等級内婚和農奴主的統治」、『民族研究』一九八一年第二期：
1982「西双版納傣族農奴社会的等級制度」、『民族学研究』第三輯：二四〇—二五二頁、北京：民族出版社
陳翰笙
1984『解放前西双版納土地制度』、北京：中国社会科学出版社（原文は Chen 1949）
中国民航宣伝広告公司（編）
1985『中国民航斑期時刻表85冬季—86春季』、北京：中国民航宣伝広告公司
朱徳普
1993『泐史研究』、昆明：雲南人民出版社

2-3 英語

Chen Han-seng
1949 *Frontier Land Systems in Southernmost China*. New York: Institute of Pacific Relations.
Cohen, Paul T.
1992 "Irrigation and the Northern Thai State in the Nineteenth Century", in Gehan Wijeyewardene and E. C. Chapman (eds.), *Patterns and Illusions: Thai History and Thought*. Singapore: The Richard Davis Fund and the Department of Anthropology, Research School of Pacific Studies, The Australian National University, pp. 57-72.
Condominas, G.
1978 "A Few Remarks about Thai Political Systems", in *Natural Simbols in South East Asia*. School of Oriental and African Studies, University of London, pp. 105-112.
Hsieh, Shih-Chung
1989 *Ethnic-political adaptation and ethnic change of the Sipsong Panna Dai: An ethnohistorical analysis*. Ph. D. Dissertation, University of Washington.
Iijima, Akiko
1980 "A note on the 'Northern Thai' Manuscripts", Paper presented at Seminar on Documents in the Study of Thai History and Society, Department

of Anthropology and Pacific and Southeast Asian History, Research School of Pacific Studies, The Australian National University.

Izikowitz, K. G.

1962 "Notes about the Tai", *Bulletin of the Museum of Far Eastern Antiquities* 34:73–91.

Kingshill, Konrad

1976 *Ku Deang–The Red Tomb: A Village Study in Northern Thailand* (3rd edition). Bangkok: Suriyaban Publishers.

Lemoine, Jacques.

1987 "Tai Lue Historical Relation with China and the Shaping of the Sipsong Panna Political System", in *Proceedings of the International Conference on Thai studies*, The Australian National University, Canberra (3–6July), Vol. 3, Pt. 1, pp. 121–33.

Kato, Kumiko

1993 "Native Village in Power: Baan Taa in Muang Chiang Rung, Sipsongpanna before 'Liberation'", Paper Presented at the International Conference on Thai Studies, SOAS, London.

1994 "Muang Polities in Sipsongpanna: A Comparison of the Categories of Land and People among the Muang", 『名古屋大学文学部研究論集（史学）』40：25–50頁

1997 "Changes in Sipsongpanna in the Eighteenth Century: focusing on 1720s and 1730s", 『名古屋大学文学部研究論集（史学）』43：1–18頁

1998 "Control of Irrigation by Muang Political Power: The Case of Muang Chiang Hung (Mong Cheng Hung) of Sipsongpanna", *Tai Culture* 3 (2):49–70.

1999 "The Main Trade Routes between China and Burma through Sipsongpanna before the 1950s", 『シャン文化圏における言語学的・文化人類学的調査 (Linguistic & Anthropological Study on the Shan Culture Area)』(平成8年度～平成10年度科学研究費補助金　国際学術研究　研究成果報告書　研究代表者：東京外国語大学　新谷忠彦)：199–222頁

Ratanaporn Sethakul

1993 "Control of People Among the Lu in Sipsong Panna and in Muang Nan during the Nineteenth Century", Paper Presented at the International Conference on Thai Studies, SOAS, London.

1999 "Communal Rights and Obligations of the Lue: a Trace of Primitive Tai Society", Paper Presented at the International Conference on Thai Studies, Amsterdam.

Sai Sam Tip

1976 *The Lu in Sip Sowng Panna from the Earliest Times down to A. D. 1644.* M. A. Thesis, University of Rangoon.

Social Research Institute of Chiang Mai University

1986 *Lan Na Liturature*. Bangkok: Chulalongkorn University Bookstore.

Southall, Aiden W.

1967 "A Note on State Organization: Segmentary State in Africa and Medieval Europe", in Sylvia L. Thrupp, (ed.), *Early Medieval Society*. New York: Meredith Publishing Company, pp. 147–154.

Sunait Chutintaranond

1990 " "Mandala," "Segmentary State" and Politics of Centralization in Medieval Ayudhaya", *Journal of the Siam Society* 78(1): 89–100.

Tambiah, S. J.

1976 *World Conqueror and World Renouncer: A Study of Buddhism and Polity in Thailand against a Historical Background*. London: Cambridge University Press.

1985 "The Galactic Polity in Southeast Asia", in S. J. Tambiah, *Culture, Thought, and Social Action: An Anthropological Perspective, pp. 252–286.*

Tanabe, Shigeharu

1994 *Ecology and Practical Technology: Peasant Farming Systems in Thailand*. Bangkok: White Lotus.

1988 "Spirits and Ideological Discourse: the Tai Lu Gardian Cults in Yunnan". *Sojourn* 3(1): 1–25.

Wolters, O. W.

1968 "Ayudhya and the Rearward Part of the World", *Journal of the Royal Asiatic Society of Great Britain & Ireland* 3&4: 172–78

1982 *History, Culture and Region in Southeast Asian Perspectives.* Singapore: Institute of Southeast Asian Studies.

Wijeyewardene, Gehan

1965 "A Note on Irrigation and Agriculture in a North Thai Village", in Felicitation Volumes of Southeast Asian Studies Presented His Highness Prince Dhaninivat, Vol. 2. Bangkok: Siam Society, pp. 255–259.

2-4 タイ語

Natcha Laohasirinadh

1998 *Kaan Salaaitua khong Rat beep Chaariit nai Maenaam Khoong toonklaang: Sipsongpanna Phoo. Soo. 2369–2437* (The Decline of a Traditional State in the Middle Mekhong Basin: Sipsongpanna, 1826–1894). Bangkok: The Thailand Research Fund.

Sarasawadii Ongsakul

1986 *Prawatisaat Lanna* (Histyory of Lanna). Chiang Mai: Chiang Mai University.

人名索引

索　　引（事項・地名索引／人名索引）

事項・地名索引

著者略歴
加藤久美子（かとう　くみこ）
1964年　名古屋市生まれ．
1994年　名古屋大学大学院文学研究科博士後期課程を満期退学し名古屋大学講師となる．
1997年　同助教授となり現在に至る．

共著書に，『黄金の四角地帯 ── シャン文化圏の歴史・言語・民族』（新谷忠彦編，1998年，慶友社）など．

盆地世界の国家論
── 雲南，シプソンパンナーのタイ族史
（地域研究叢書 11）

平成 12 (2000) 年 4 月 10 日　初版第一刷発行

著　者　加 藤 久美子
発行人　佐 藤 文 隆

発行所　京都大学学術出版会
京都市左京区吉田本町京都大学構内 (606)
電話 (075) 761-6182
振替 京都 0-64877

ISBN 4-87698-401-8
Printed in Japan

印刷・製本 ㈱クイックス
定価はカバーに表示してあります